Neues Bauen mit Holz

Marc Wilhelm Lennartz
Susanne Jacob-Freitag

NEUES
BAUEN
MIT
HOLZ

Typen und Konstruktionen

Birkhäuser
Basel

Vorwort

Seit jeher errichtet der Mensch Gebäude aus Holz. Im Mittelalter wurden sogar ganze Städte aus dem natürlichen Roh- und Werkstoff gebaut.

Die Renaissance des Holzbaus unserer Tage hat Anfang der 1990er-Jahre begonnen – ein Ende ist nicht abzusehen. Der Holzbau boomt. Holz ist weltweit der einzige nachwachsende Baustoff von Belang, der das klimarelevante Kohlenstoffdioxid speichert. Im Zeitalter von Klimawandel, Treibhauseffekt und Energiewende kommt ihm eine zentrale Bedeutung zu: Die Erkenntnis, dass Ressourcen begrenzt sind, und die Tatsache, dass Holz die energieintensiven konventionellen Baustoffe in vielen Bereichen zu ersetzen vermag, haben das vielseitig verwendbare Material zum Symbol nachhaltigen Bauens schlechthin gemacht.

Zudem hat die konsequente Weiterentwicklung spezialisierter Produktionstechniken sowie digitaler Planungs- und Fertigungsmethoden den Holzbau auf eine neue Ebene ressourceneffizienten Bauens geführt. Darüber hinaus wurden insbesondere im deutschsprachigen Raum Forschung und Entwicklung signifikant vorangetrieben. Sie gelten heute weltweit als führend. Die Ergebnisse dieser Anstrengungen sind in zahlreiche Produktentwicklungen und systematisierte Bauweisen eingeflossen, die vor allem in Österreich, in Deutschland, in der Schweiz und in Südtirol/Italien erste Anwendungen gefunden haben.

Dieses Fachbuch dokumentiert anhand höchst unterschiedlicher Bauwerke die Vielfalt des modernen Holzbaus sowie seine zahlreichen Einsatzbereiche. Ob in großdimensionalen Tragwerken oder mehrgeschossigen Konstruktionen, ob im hybriden Verbund mit anderen Baustoffen oder im Kontext eines integrierten, sozialökologischen Städtebaus: Holz bietet Antworten auf viele wichtige Fragen, die jetzt und in Zukunft von Architektur und Städtebau beantwortet werden müssen.

Bereits heute steht der moderne Holzbau für eine neue, humanistische und ökologische Architektur, die nicht zuletzt die Urbanität des 21. Jahrhunderts prägen könnte.

Qualität war das Markenzeichen von Christoph &
Unmack: Die Holzbauten wurden vor der Auslieferung
in riesigen Werkshallen probeweise aufgebaut.

Auf den Spuren des modernen Holzbaus

Die heutigen Möglichkeiten in der architektonischen Entwurfsplanung und ingenieurtechnischen Konstruktion von Holzbaugewerken aller Art sind untrennbar mit zwei Holzbaupionieren verbunden: Otto Hetzer (1846–1911) und Konrad Wachsmann (1901–1980). Während Hetzer großdimensionale Tragwerke aus Holz ermöglichte, erkannte Wachsmann die industrielle Dimension, die mit dem Baustoff möglich wurde. Beide Lebenswerke sind Grundpfeiler des modernen Holzbaus.

Industrialisierung des Bauprozesses

In den 1920er-Jahren legte Konrad Wachsmann in der Lausitz den Grundstein für eine industrielle Holzbauweise, die auf weitestgehender Vorfertigung und Systematisierung beruht. Seine Wege und Ideen, die nun im frisch restaurierten Wachsmannhaus in Niesky erkundet werden können, waren ihrer Zeit weit voraus.

Der Architekt Frei Otto beschreibt das Œuvre seines Kollegen und Freundes wie folgt: „Ich halte Wachsmann für den klarsten Denker und Architekturphilosophen der modernen Baukunst. Er brachte technische Innovation und Schönheit auf einen Nenner wie kein anderer."

Die mitteleuropäischen Regionen Ober- und Niederlausitz verfügen, wie auch das östlich angrenzende Schlesien, über ein reichhaltiges Holzbauerbe. Einer der wichtigsten neuzeitlichen Protagonisten dieses Erbes wurde 1901 in Frankfurt an der Oder geboren – Konrad Wachsmann. Wie schon der berühmte Dichterfürst der Oderstadt, Heinrich von Kleist, folgte er der Maxime der freien Geistesbildung. Konrad Wachsmann suchte zeitlebens nach der idealen Werkstofflösung, um seinen Traum von einer effizienten, industriell-maschinellen vorgefertigten Systembauweise zu realisieren und zu perfektionieren. Diese damals neuartige Synthese aus

Technik und Wissenschaft definierte er als „neue Kunst der Architektur". Wachsmann folgte den geistigen Idealen des Bauhauses – und zielte auf eine umfassende Erneuerung der Gesellschaft. Gleichwohl unterschied er sich von Gropius und anderen Bauhausvertretern, die eine Rückbesinnung auf das Handwerk proklamierten, indem er auf eine maschinell-technische Komponente setzte: Denn nur diese barg den Raum für die architektonischen Utopien, von denen er träumte, über die er nachdachte und forschte.

Im Dunstkreis von Brecht, Lasker-Schüler und Grosz

Ohne abgeschlossene Schulausbildung erlernte Wachsmann das Tischler- und Zimmermannshandwerk. Auf Anraten der Familie begab er sich daraufhin nach Berlin, wo er die Kunstgewerbeschule besuchte. Die dort gelehrten Inhalte konnten den Lebens- und Wissensdurst des jungen Mannes nicht befriedigen – doch das Berlin der 1920er-Jahre hatte mehr zu bieten als Schulunterricht. Die Boheme rund um das Romanische Café faszinierte den jungen Wachsmann. Hier konnte er in die Welt von Künstlern und Schriftstellern wie Bertolt Brecht, Else Lasker-Schüler, George Grosz oder Erika und Klaus Mann eintauchen und die vom revolutionären Geist gespeiste, ganzheitliche Bewegung der aufkeimenden Moderne in Gänze aufsaugen. In dieser Zeit gelangte Konrad Wachsmann zu der Überzeugung, dass neben der Politik, der Kunst, der Literatur und der Musik auch die Architektur einer grundlegenden Erneuerung bedurfte. Der Jugendstil hatte seine transformierende Kraft bereits wieder verloren, und die vorherige Gründerzeit hatte ebenso abgewirtschaftet wie das kriegslüsterne Kaiserreich.

Eine Epoche der revolutionären Erneuerung

Das Gros der einfachen Bevölkerung und der Arbeiterschaft hauste zu jener Zeit in ärmlichen Mietskasernen, zum Teil gar in slumähnlichen Behausungen. Zudem herrschte Wohnungsnot. Ein Sachverhalt, der für Wachsmann geradezu nach Veränderung schrie. Zudem standen eine neue Sachlichkeit, Schlichtheit und Unauffälligkeit auf der Agenda, bürgerlich-aristokratischer Prunk und Protz sollten der Vergangenheit angehören.

Nachdem Wachsmann an den Kunstakademien Dresden und Berlin Architektur studiert hatte, begab er sich auf Anraten seines Lehrers Hans Poelzig 1926 nach Niesky in der Oberlausitz. Hier wurde der bis dato rastlos Suchende als Architekt bei der Christoph & Unmack AG, der damals größten Holzbau- und Maschinenfabrik Europas, schnell fündig. Das Unternehmen Christoph & Unmack war seiner Zeit nicht nur weit voraus, sondern wies eine signifikante Besonderheit auf: Entgegen der allgemeinen Bevorzugung von Glas, Stahl, Chrom und Stahlbeton als Baustoffe der Moderne basierten seine industriell vorgefertigten Hauskonstruktionen auf dem traditionellen Baustoff Holz. Die Holzbauten wurden zu dieser Zeit bereits komplett maschinell vorfabriziert, bevor sie nach ganz Europa und per Schiff sogar bis nach Afrika sowie Nord- und Südamerika exportiert wurden. Wachsmann blühte regelrecht auf, ließ sich durch den für die damalige Zeit unglaublichen Maschinenpark inspirieren und stieg in kurzer Zeit zum Chefarchitekten von Christoph & Unmack auf. Diese Position eröffnete ihm zusätzliche Möglichkeiten, seine Ideen und Konzepte hinsichtlich einer möglichst weitreichenden Vorfertigung und Systematisierung einer industriellen Holzbauweise voranzutreiben.

Vielfalt in der Einheit bei größtmöglicher Varietät

Konrad Wachsmann konzipierte standardisierte Paneelsysteme, ersann bautechnisch ausgeklügelte Vorkehrungen und reformierte die Skelettbauweise durch neue statische Berechnungsmethoden. Zudem entwarf er neue Musterhauskataloge mit einem kundenorientierten, modulartigen Gesamtkonzept. In diesen wurde nun nicht mehr, wie bis dato üblich, einzelne Haustypen offeriert, sondern der Kunde wurde in einen kreativen Ermöglichungsprozess seiner eigenen Heimstatt versetzt. Aus einem Baukasten vorgefertigter Elemente konnte der Bauherr sich selbst bedienen und gemäß den eigenen Vorstellungen sein persönliches Eigenheim zusammenstellen. Wachsmanns Kunst bestand darin, trotz der Limitation im Baukasten eine größtmögliche Varietät am einzelnen Bauobjekt zu realisieren. Der Kunde konnte vom Oberlausitzer Heimatstil über regionale Bautraditionen, die sich am jeweiligen Zielmarkt orientierten, bis zum funktionalen Erscheinungsbild der Moderne aus einer beachtlichen Stil- und Konstruktionspalette sein persönliches Traumholzhaus selbst entwerfen.

Diese Pionierzeit in Niesky hat Wachsmann später wie folgt beschrieben: „Es wurde der entscheidendste Schritt meines Lebens. In den Holzhallen der Fabrik öffnete sich mir die Welt der Maschinen, der Technologien, der Anfänge des industriellen Bauens. Alles, was dann kam und in Berlin, New York, Tokyo, Chicago, London, Moskau, Paris, Rom, Zürich oder Warschau geschah, das alles begann in Niesky, einem Dorf der Herrnhuter Brüdergemeine. In dieser Holzhausfabrik entdeckte ich den Weg, der mich zum Wendepunkt im Bauen führte." (M. Grüning: Der Wachsmann-Report, Basel u. a. 2001, S. 210)

Holzbauzentrum der Welt

Im Angebot von Christoph & Unmack standen beispielsweise Haustypen in Blockbauweise ebenso zur Auswahl wie Objekte in Skelettbauweise mit Brettschalung oder auch Tafel- und Fachwerkbauten. Ziel war es, diese Holzbauweisen so weiterzuentwickeln, dass sie industriell

B

C

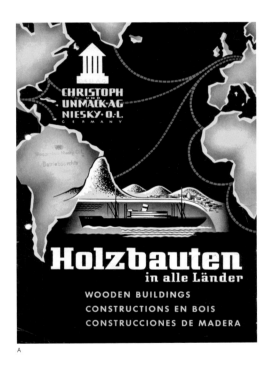

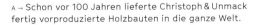

Holzbauten
in alle Länder

WOODEN BUILDINGS
CONSTRUCTIONS EN BOIS
CONSTRUCCIONES DE MADERA

A

D

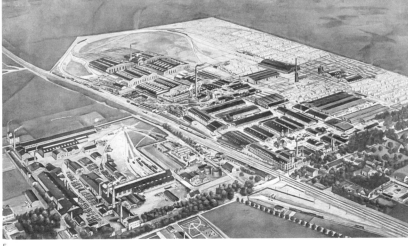

E

A → Schon vor 100 Jahren lieferte Christoph & Unmack fertig vorproduzierte Holzbauten in die ganze Welt.

B → Der Architekt Konrad Wachsmann erkannte und entwickelte die Wege und Möglichkeiten des modernen Holzbaus.

C → Architekturpioniere und Exilanten in Amerika: Walter Gropius und Konrad Wachsmann

D → Noch heute können in Niesky fast 100 Holzfertig-häuser besichtigt werden. Christoph & Unmack errichtete die Wohnhäuser für ihre Arbeiter, zugleich dienten sie als Musterhaussiedlung, in der Neukunden verschiedene Gebäudetypen begutachten konnten.

E → Das Werksgelände in Niesky offenbart die Dimension, die der industrielle Holzbau bereits Anfang des 20. Jahrhunderts hatte.

in Serie produziert werden konnten. Das Motto lautete: „Preiswert, dauerhaft, wärmedämmend, zweckmäßig, modern." Man plante und baute private wie öffentliche Gebäude, Hotels, Kirchen, Krankenhäuser, Turnhallen, Schulen, Bahnhöfe, Industrie- und Flugzeughallen, ja gar Funktürme. Neben Konrad Wachsmann arbeiteten und experimentierten auch andere namhafte Architekten für Christoph & Unmack, so zum Beispiel Prof. Albinmüller oder Henry van de Velde.

Niesky bildete zu jener Zeit das Holzbauzentrum Europas, wenn nicht gar der Welt. Noch heute können in der Kleinstadt im Landkreis Görlitz fast 100 Holzfertighäuser aus dieser Epoche besichtigt werden. Ein großer Teil davon steht in der Holzhaus-Kolonie Neu-Ödernitz, wo Christoph & Unmack wegen der allgemeinen Wohnungsnot für ihre Arbeiter 76 Häuser mit 250 Wohnungen in Tafelbauweise hatte bauen lassen. Die Arbeiterschaft war begeistert: „Wir wollen unsere neuen Holzhäuser nie mehr mit Steinhäusern vertauschen!" Die bis heute bewohnten Holzbauten dieser Epoche stehen unter einem weniger strengen Flächendenkmalschutz, der unter anderem das Ziegelrot der Dächer und das Braun der Fassaden vorschreibt, und sind trotzdem sehr gut erhalten.

Das Ende des Holzbaus im Nationalsozialismus
Mit der Machtübernahme durch die Nationalsozialisten begann das Ende des modernen Holzbaus in Niesky. Die damaligen Direktoren von Christoph & Unmack dienten sich den neuen Machthabern gerne an. In der Folge wurde in Niesky ein zentraler Planungsstab eingerichtet, die Forschungs- und Konstruktionsgemeinschaft der Reichsleitung des Reichsarbeitsdienstes und der Deutschen Holzbau-Konvention (FOKORAD), der für den Bau der Holzbaracken der mehrere Tausend Lager umfassenden Vernichtungsmaschinerie der Deutschen verantwortlich zeichnete, in denen Millionen Menschen gefoltert und umgebracht wurden. Mit den Plänen und Ideen aus diesem Planungsstab wurden – unter Mithilfe über das Reichsgebiet verteilter Holzbauunternehmen – die Gebäude für die Konzentrations- und Arbeitslager konzipiert und errichtet, dazu Feldlazarette sowie militärische Behausungen, die schnell auf- und wieder abgebaut werden konnten. Der zivile Holzbau verlor in diesen Jahren sukzessive an Bedeutung.

Nach dem Krieg wurden von Niesky aus noch ein paar Jahre lang Reparationen in Form von transportablen Holzfertigbauten geleistet, danach war das Ende des industriellen Holzbaus in der Oberlausitz besiegelt.

Nach der erfolgreichen Zeit in der Lausitz währte das Glück für Konrad Wachsmann als Architekt in Deutschland ebenfalls nicht allzu lange. Nach Studienaufenthalten in Rom zwang die Nazi-Diktatur den Architekten

jüdischer Abstammung 1938 zuerst in die Emigration nach Paris, bevor er dann 1941 mit Unterstützung seines Freundes Albert Einstein, dessen Sommerhaus in Potsdam er 1929 entworfen hatte, in die USA fliehen konnte.

Emigration und Nachkriegszeit
In Amerika machte sich Wachsmann vor allem mit dem gemeinsam mit Walter Gropius in New York gegründeten Unternehmen, der General Panel Corporation, und dem dort konzipierten „Packaged House System", einem baukastenähnlichen System für die Holzfertigbauweise, einen Namen. Dabei ließen Wachsmann und Gropius ihre definierten Bauelemente in Gänze vollautomatisch produzieren – ein Novum für die damalige Zeit. Ab 1949 lehrte Wachsmann dann als Professor für Konstruktionssysteme am Institute of Design in Chicago, das von László Moholy-Nagy und Walter Gropius als Nachfolgeinstitution des Bauhauses gegründet worden war. 1950 verhalf ihm Mies van der Rohe dazu, am Illinois Institute of Technology seine Forschungen zur Industrialisierung des Bauens als Direktor des Department of Advanced Building Research fortführen zu können.

Bereits vor seiner Emigration hatte er ein universelles Verbindungselement entwickelt, den sogenannten Wachsmannknoten, der die Montage von standardisierten Bauteilen sowohl in vertikaler als auch in horizontaler Richtung ermöglichte. Auf dieser Basis schuf Wachsmann in den USA das „Mobilar Structure Building System", ein Konstruktionssystem für großvolumige, freitragende Hallenbauten, zum Beispiel Flugzeughangars. Dieses bis dato gänzlich unbekannte Konstruktionssystem aus Verbindungsknoten und Stahlrohren entwickelte er in Teamarbeit mit Lehrenden und Lernenden – und sorgte mit diesem integrativen Denkansatz ebenfalls für internationales Aufsehen.

In den 1960er-Jahren setzte er seine Arbeit als Professor an der School of Architecture (University of Southern California) in Los Angeles fort.

Mannigfach geehrt und mit weltweit bedeutenden Architekturpreisen ausgezeichnet, verstarb Konrad Wachsmann 1980 in Kalifornien. Auf seinen ausdrücklichen Wunsch hin wurde er, obschon seine Mutter, seine Schwester und ein Neffe in einem Konzentrationslager umgebracht worden waren, in Deutschland, in seiner Heimatstadt Frankfurt an der Oder, beigesetzt. Um den Nachlass des Revolutionärs und Erneuerers kümmert sich heute die Akademie der Künste in Berlin.

Vorfertigung und Systematisierung
Der moderne Holzbau des 21. Jahrhunderts fußt in wesentlichen Kernbereichen auf den Ideen und Lösungen von Konrad Wachsmann. Die industrielle Vorfertigung sämtlicher Bauteile in großen Stückzahlen in gleichbleibend

hohen Bauqualitäten, die weitestgehende Systematisierung des Holzbaus und die Beschleunigung des gesamten Bauprozesses durch eine Vereinheitlichung, die zugleich eine konstruktive Vielfalt ermöglicht – all das hat seinen Ursprung in Niesky. Das gilt auch für das ausgeprägte Qualitätsmanagement, das unter anderem darin bestand, die Holzhäuser und andere Gewerke vor dem Verkauf bzw. dem Export in alle Welt probeweise in riesigen Werkshallen zusammenzusetzen. Die Hallentragwerke bestanden im Übrigen aus Hetzer-Bindern, die Otto Hetzer, der Pionier des Ingenieur-Holzbaus, entwickelt hatte.

Tragwerke & Konstruktionen für den Ingenieur-Holzbau
Aufgrund der zeitgeschichtlichen Einflüsse gab es Phasen, in denen nicht nur der Holzhausbau, sondern auch der Ingenieur-Holzbau ein Schattendasein führte. Während der traditionsreiche Baustoff bis Mitte des 19. Jahrhunderts kaum Konkurrenz hatte – bis dahin wurden zahlreiche leistungsfähige Konstruktionssysteme aus Holz entwickelt, denen bereits ingenieurmäßiges Denken zugrunde lag und die sich dadurch deutlich von handwerklichen Traditionen absetzten –, geriet Holz im Zuge der Industrialisierung ab etwa 1850 ins Abseits und spielte beim Bauen nicht mehr die erste Rolle. Baustoffe wie Stahl und Beton eroberten die Welt. So sind in der zweiten Hälfte des 19. Jahrhunderts die zukunftsweisenden Bauten vor allem Konstruktionen aus Stahl bzw. Eisen. Dennoch sind in dieser Zeit einzelne ingenieurtechnische Meisterleistungen entstanden, beispielsweise Funktürme, Salzlagerhallen, Bauten für die Eisenbahn und die aufkommende Luftschifffahrt.

Dass der Ingenieur-Holzbau Anfang des 20. Jahrhunderts wieder einen Aufschwung erlebte, war vor allem der Erfindung des Brettschichtholzes durch Otto Hetzer zu verdanken. Der Zimmermeister und Unternehmer aus Weimar erhielt 1906 ein Patent für seine Erfindung gebogener, verklebter Holzbauteile. Hetzers Grundgedanke war, ein Holzbauteil beliebiger Länge mit jedem möglichen Querschnitt und jeder denkbaren Krümmung aus mehreren Brettern herzustellen. Die damals als Hetzer-Träger bezeichneten Brettschichtholz-Bauteile erweiterten die konstruktiven Möglichkeiten des Ingenieur-Holzbaus entscheidend. Damit ließen sich nun Tragfähigkeiten erreichen, die Vollholz nicht bieten konnte. Spannweiten von über 40 Meter waren kein Problem mehr. Dies führte natürlich auch zu neuen Tragwerksformen. Die Erfindung des Brettschichtholzes gilt daher als die Geburtsstunde des modernen Ingenieur-Holzbaus. Die neue Holzbauweise war damals außerdem fast um die Hälfte günstiger als andere Konstruktionen, insbesondere als die Stahlbetonbauweise, und verbesserte in der Folge auch die Wettbewerbsfähigkeit des Holzbaus.

Brettschichtholz fand daraufhin Anwendung für weit gespannte Tragwerke. So hatte die erste Halle in Hetzer-Bauweise eine Spannweite von 43 Metern. Sie wurde 1910 von dem Architekten Peter Behrens für die deutsche Eisenbahn auf der Weltausstellung in Brüssel errichtet. Weitere große Tragwerke folgten bald auch in der Schweiz, zum Beispiel für die Dachkuppel des Hauptgebäudes der Universität Zürich (1911), für Industriebauten und für zahlreiche Überdachungen von Bahnsteigen. Die schweizerischen Bundesbahnen gaben damals sogar eine entsprechende Empfehlung heraus, weil mit Holz keine Korrosionsprobleme verbunden waren.

Nach dem Ersten Weltkrieg wandte man sich in Deutschland wieder verstärkt dem Ingenieur-Holzbau zu. Zwar löste sich das von Otto Hetzer gegründete Unternehmen in den 1920er-Jahren auf, damit ging jedoch sein Know-how nicht verloren. So übernahm etwa Otto Alfred Hetzer, einer seiner Söhne, von 1919 bis 1922 das Direktorat von Christoph & Unmack in Niesky und brachte dort die ingenieurtechnischen Hinterlassenschaften seines Vaters ein.

Auch andernorts in Deutschland etablierten sich große Holzbaufirmen. Es kam zu einer Welle von Patentanmeldungen, und Verbindungstechniken wurden wissenschaftlich untersucht und weiterentwickelt. Das Bauen mit Brettschichtholz beeinflusste den Holzbau in Deutschland maßgeblich und entwickelte den modernen Ingenieur-Holzbau über die Jahrzehnte zu der High-tech-Bauweise, die er heute ist.

Neue Verbindungstechniken und computergestützte Planung
Die Verbindungstechnik, aber auch die neuen Klebtechniken gehören untrennbar zum Ingenieur-Holzbau. Die frühen Ingenieur-Holzkonstruktionen waren noch fast vollständig auf handwerkliche Verbindungen angewiesen. Immer größer werdende Spannweiten erforderten aber auch immer leistungsfähigere Verbindungstechniken. Erst ihre Entwicklung ermöglichte viele Konstruktionsformen. Verbindungsmittel und -techniken wie Nägel, Stabdübel, Sonderdübel, Stahlblechformteile sowie eingeklebte Gewindestangen oder die systematische Untersuchung von Keilzinkenverbindungen trugen wesentlich zur Weiterentwicklung des Ingenieur-Holzbaus bei.

Die Kombination von Brettschichtholz mit intelligenten und tragfähigen Verbindungsmitteln eröffnete und eröffnet neue Möglichkeiten. Selbst Spannweiten weit über 100 Meter sind heute machbar. Beeinflusst werden sie natürlich auch durch die zur Verfügung stehenden Berechnungsmethoden. Fachwerkträger, Rahmen- und weit gespannte Bogenkonstruktionen sowie unterspannte Tragsysteme sind die heute bevorzugten Tragwerksarten und bereichern so den Ingenieur-Holzbau.

Die rechnergestützte Planung mit 2-D- und 3-D-CAD sowie der damit mögliche vollautomatisch gesteuerte, maschinelle CNC-Abbund zur exakten Fertigung von Brettschichtholzbauteilen fast jeder Dimension erlauben eine hocheffiziente Bauweise. Dabei lassen sich auch zweiachsig gekrümmte Bauteile ohne Weiteres realisieren.

Konkurrenzfähiger denn je

Der Holzbau von heute steht damit gleichberechtigt neben seinen Mitbewerbern Stahl und Beton. Er kann sich nicht nur unter ästhetischen und funktionalen, sondern ebenso unter wirtschaftlichen Aspekten mit den konventionellen Bauweisen messen. Bei mehreren europäischen Großprojekten der jüngsten Zeit, die materialneutral ausgeschrieben und von Bauherren auf rein ökonomischer Ebene entschieden wurden, konnte sich der Holzbau beispielsweise gegenüber dem Stahlbau durchsetzen. Moderne Ingenieur-Holzbauten sind Hightech-Holz-bauten und bieten eine bisher nicht gekannte Ästhetik. Intelligent gewählte Tragwerke sind zudem enorm leistungsfähig und gleichzeitig leicht, denn Holz weist eine hohe Festigkeit bei geringem Eigengewicht auf. Ihre besonderen Formen inspirieren viele Architekten – national wie international –, sich dem altehrwürdigen Baustoff zuzuwenden. Das Know-how auf diesem Gebiet ist in den deutschsprachigen Ländern einzigartig und auf der ganzen Welt gefragt. Dank konsequenter Forschung und Entwicklung ist der Holzbau auf höchstem technischem Niveau. Das zeigt eine Vielzahl genormter und bauaufsichtlich zugelassener Holzbauprodukte und Verbindungsmittel. Der moderne (Ingenieur-)Holzbau hat viele Gesichter und wird in Zukunft noch weitere Facetten entwickeln. Auch das neue Umweltbewusstsein und die Notwendigkeit, ressourcenschonend, energie-effizient und klimafreundlich zu bauen, wecken mehr denn je das Interesse für diese einzigartige Bauweise.

14

A

B

Linktipps
www.wachsmannhaus.niesky.de
www.museum.niesky.de
www.otto-hetzer.de
www.otto-hetzer.ch

A → Abbildung der Patentschrift von Otto Hetzer aus dem Jahr 1906

B → Otto Karl Friedrich Hetzer (Otto Hetzer Senior)

C → Die 1911 anlässlich der Internationalen Hygiene-ausstellung in Dresden vorgestellte Döcker-Muster-turnhalle nutzte als Tragwerk ein Dreigelenksystem aus verleimten Hetzer-Bindern in Form einer parabelförmigen Konstruktion. Sie sind als material-sparende Doppel-T-Querschnitte ausgeführt. Die Gemeinde Wuppertal-Langerfeld erwarb das mobile Gebäude und baute es nach der Messe an dem jetzigen Standort auf, wo es seit 1912 als Turn- und Übungshalle dient. Sie wurde 2008 saniert.

D → Querschnitt Turnhalle: Hetzer-Bogenbinder als Dreigelenksystem mit aufgeständertem Mansarddach

c

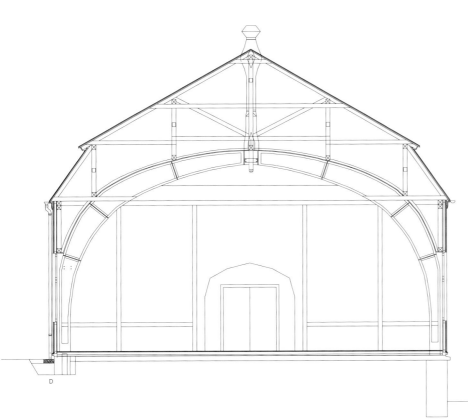

D

Öffentliche Bauten

WIPO-Konferenzsaal

Elefantenhaus

Konferenzsaal aus verschränkten Guckkästen

Ein viel beachtetes Bauwerk ist der Konferenzsaal der Weltorganisation für geistiges Eigentum im Herzen des UN-Viertels in Genf. Der höchst unsymmetrische Holzbau ist als Flächentragwerk aus Hohlkastenelementen und Fachwerkträgern konzipiert. Damit ließen sich die großen Spannweiten mit wenig Material überbrücken. Eine Besonderheit stellt der 35 Meter weit auskragende Gebäudeteil dar.

Der Hauptsitz der 1967 gegründeten Weltorganisation zum Schutz des geistigen Eigentums, kurz WIPO (World Intellectual Property Organization), in Genf hat seit September 2014 einen neuen Konferenzsaal. Das mit Lärchenholzschindeln und bronzefarben eloxiertem Aluminiumblech bekleidete, 1600 Quadratmeter große Gebäude scheint über dem Platz der Nationen zu schweben. Vier verschränkte, guckkästenähnliche Holzröhren bilden den skulpturalen Baukörper. Eine davon kragt 35 Meter über den zentralen Sockelbau aus – nach Angaben der Planer die bisher weltweit größte Auskragung eines Ingenieur-Holzbaus dieser Art.

Der Konferenzsaal wurde zwischen das WIPO-Hochhaus mit konkav gekrümmter Glasfassade von Pierre Braillard aus dem Jahr 1978 und das 2011 errichtete sechsgeschossige Verwaltungsgebäude – ebenfalls von Behnisch Architekten – gesetzt. Mit seiner Fertigstellung ist das Gebäudeensemble nun komplett.

Bauherrenwunsch: Nachhaltigkeit

Vorgabe der Bauherren war die Nachhaltigkeit des Gebäudes. Dass Holz verwendet werden sollte, stand dann sehr schnell fest. Die Materialwahl erschien den Planern sinnvoll und als die größte Stellschraube, um diesem Anspruch gerecht zu werden. Zudem galt es den Primärenergiebedarf (graue Energie) bei Errichtung und Betrieb so gering wie möglich zu halten. Doch auch bauphysikalisch, brandschutztechnisch und im Hinblick auf die hohen anzusetzenden Zusatzlasten, die aus Sicherheitsgründen bei dieser Gebäudekategorie als außergewöhnliche Lasteinwirkung zu berücksichtigen waren, konnte Holz mit seinem geringen Gewicht im Vergleich zu Beton und Stahl eindeutige Vorteile aufweisen.

Als günstig bewertete man darüber hinaus die akustischen Eigenschaften sowie die geringe thermische Masse und die damit verbundene kurze Reaktionszeit des Gebäudes beim Heizen oder Kühlen. Das kommt

Der weit aufgespreizte fächerförmige Grundriss des Konferenzsaales mit zentraler „Bühne" ähnelt einem antiken Theater. Er bietet 850 Delegierten Platz.

dem Konferenzbetrieb mit temporärer Saalbelegung bzw. nutzungsfreien Phasen entgegen.

Gesucht: Tragwerk für unsymmetrischen Baukörper

Der Baukörper, der aus vier sich verjüngenden, an Guckkasten erinnernde Holzröhren zusammengesetzt ist, ruht im Zentrum auf einem Stahlbeton-Sockelbau. Die Guckkästen kragen von hier in vier Richtungen über ihn hinweg aus. Der längste Guckkasten kragt mit einer seiner beiden Seitenwände 35 Meter weit aus, die andere Seitenwand hingegen „nur" 17 Meter. So ergibt sich für diesen Guckkasten eine über die Breite variierende Kragarmlänge.

Für das in Höhe und Breite sich ständig ändernde, höchst unsymmetrische Gesamtgebilde entwickelten die Tragwerksplaner zunächst ein Flächentragwerk in Form von selbsttragenden, biege- und torsionssteifen Röhren aus Brettsperrholz(BSP)-Platten. Mit dieser Konstruktion wollten sie zum einen die Vorteile von BSP als zweiaxial tragfähigem Material nutzen und zum anderen dem Wunsch der Architekten nach einem maximalen Anteil an Holz entsprechen.

Mit einem reinen Flächentragwerk hätten aber bei Boden- bzw. Deckenspannweiten von bis zu 20 bzw. 28 Meter nur die globalen, also die über die Scheiben verteilten Zug- und Druckspannungen in Längsrichtung aufgenommen werden können, nicht jedoch die lokalen Biegespannungen in Querrichtung, beispielsweise durch Schnee auf dem Dach oder durch die besetzten Sitzreihen auf dem Boden. Zu deren Lastabtrag waren Versteifungen quer zur Kragrichtung erforderlich. Daher modifizierten die Ingenieure die einfache Massivholzlösung und erarbeiteten verschiedene Varianten aufgelöster und zusammengesetzter Konstruktionen mit Rippen für die Quertragfähigkeit. Am Ende fiel die Wahl auf Hohlkastenelemente.

Mit insgesamt 1,50 Meter Höhe sollten 18 Zentimeter breite Rippen aus Kerto-S im Abstand von 1,25 Meter schubfest mit den ober- und unterseitigen Platten aus 15 Zentimeter dickem BSP verbunden werden, sodass wieder ein Flächentragwerk entstand, das beide Beanspruchungen aufnehmen kann.

Mehr Stahl im Holzbau zur Einhaltung des Budgetrahmens

Eine eigens für das Projekt gebildete Arbeitsgemeinschaft gestaltete diese Konstruktion dann ein weiteres Mal zu einer noch kostengünstigeren Variante um, die allerdings den Holzanteil des Tragwerks reduzierte: Sie ersetzte BSP und Kerto der Hohlkästen durch Brettschicht(BS)-Holz und verringerte ihre Höhe auf 1,20 Meter. Für die Seiten der auskragenden Röhren wählte sie schubfest beplankte Fachwerkträger. Diese

Änderungen hin zu einachsig lastabtragenden Bauelementen erforderten nun zusätzlich den Einbau von Stahlträgern und -stützen. Mit dieser Lösung ging es an die Ausführung.

Tragstruktur auf Brückenlagern

Die größten Herausforderungen stellten die Steifigkeit und die Verformung der 35 Meter auskragenden Röhre sowie die Auflager für das Gebäude dar. Letzteres vor allem, weil sie auf dem bereits vorhandenen Unterbau nur an bestimmten Stellen angeordnet werden konnten. So ist der Baukörper über 18 Punktlager im Stahlbeton-Sockelbau verankert.

Um die verschieden großen und unterschiedlich gerichteten Kräfte aus Eigengewicht, Verkehrs-, Wind- und sicherheitsbedingter Zusatzlasten sicher in den Unterbau übertragen zu können, setzten die Tragwerksplaner Lager ein, wie sie im Brückenbau üblich sind – nicht zuletzt auch, weil die Lasten mit bis zu 1000 Tonnen teilweise ähnlich hoch sind.

Kalottenlager stellen die kontrollierte Lastübertragung zwischen Bauwerksüberbau und -unterbau sicher und ermöglichen allseitige Kippbewegungen sowie Verschiebungen des Überbaus. Vertikal- und Horizontalkräfte werden direkt in den Sockelbau eingeleitet, Rotationen nehmen die bewegliche Kalotte und ein konkav geformtes Lagerunterteil auf.

Herausforderung „sicherheitsbedingte Zusatzlasten"

Das Gesamtgebäude reagiert unter den vertikalen Lasten wie ein Kragbalken auf zwei Stützen. Diese Lasten setzen sich zusammen aus dem Eigengewicht, der Verkehrslast für den Konferenzsaal ($4\,kN/m^2$) bzw. der Verkehrslast in den übrigen Bereichen ($2\,kN/m^2$) und der Schneelast ($0,8\,kN/m^2$). Das aus ihnen resultierende Moment am Kragarmauflager aufzunehmen, war aufgrund der enormen Kraglänge von 35 Metern eine knifflige Aufgabe.

Die Ingenieure zerlegten das Moment in ein Zug-Druck-Kräftepaar und spannten es mit Stahlpfosten und -diagonalen über die beiden Auflager des Fachwerkträger-Endfelds in den Unterbau zurück. Die größte aufzunehmende Zugkraft betrug 200 Tonnen!

Die offene Stirnseite dieser Röhre schließt ein biegesteifer Rahmen mit Stahlauskreuzung zur Stabilisierung (wie auch die anderen Guckkastenfenster). Damit konnte ein Teil der Lasten der 35-Meter-Auskragung der einen Seite auf den Fachwerk-Kragbalken mit 17 Meter Kragarm der anderen Seite übertragen und so die Steifigkeit des Gesamtsystems verbessert werden.

Eine besondere Herausforderung für die Ausbildung des Tragwerks stellte die Aufnahme der Horizontalkräfte dar. Schon allein die sicherheitsbedingten Zusatzlasten

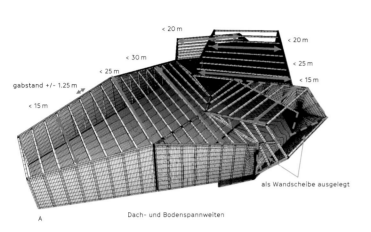

gabstand +/- 1.25 m

< 20 m
< 30 m
< 25 m
< 15 m
< 20 m
< 25 m
< 15 m

als Wandscheibe ausgelegt

Dach- und Bodenspannweiten

A

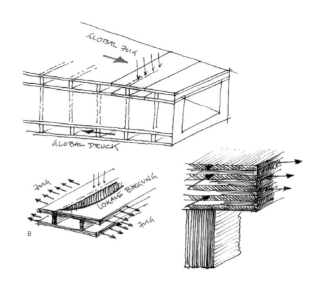

GLOBAL ZUG

GLOBAL DRUCK

ZUG

LOKALE BIEGUNG

ZUG

B

21

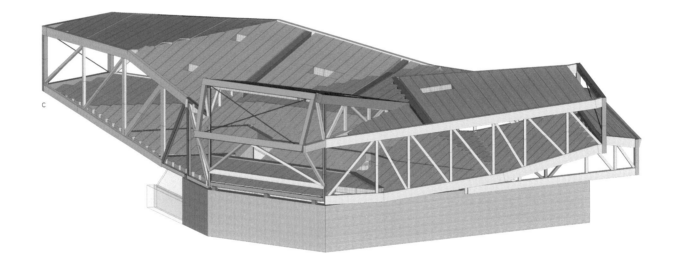

C

A → Dach- und Bodenspannweiten, eingetragen
im 3-D-Computermodell der Tragwerksvariante
„Hohlkästen aus BSP und Kerto-Rippen"

B → Prinzip der zweiachsigen Lastabtragung mit
BSP-Hohlkästen

C → Umgesetzte Tragwerksvariante: Statt BSP-
Hohlkästen rundum wählten die Planer schließlich
BS-Holz-Hohlkästen für Boden, Decken und Wände
sowie Fachwerkträger. Das führte zum Einsatz
von mehr Stahlbauteilen.

D → Das zum Himmel gerichtete Panoramafenster
belichtet das Podium des Konferenzsaals.

D

hatten eine Größe von etwa dem Zehnfachen der Wind-last. Zusammen mit der Erdbebenlast summierten sich die horizontalen Lasteinwirkungen auf ein Vielfaches des sonst Üblichen. Zur Aufnahme der daraus resultie-renden Quer- und Torsionskräfte dienen Querschotts in und zwischen den auf Abstand verlegten Hohlkästen.

FEM für die Bestimmung der Kräfte und Verformungen

Das Gebäude wurde als 3-D-Computermodell mithilfe der Finite-Elemente-Methode (FEM) als räumliches Trag-werk simuliert. Damit ließen sich die Kräfte und Ver-formungen bestimmen und die Bauteile dimensionieren.

Das Zusammenwirken der zu Scheiben und Rahmen verbundenen Hohlkastenelemente der Decken, Böden und Wände bzw. der beplankten Fachwerkträger sorgt für die Gebäudeaussteifung.

Hohlkästen schubfest zu Scheiben verbinden

Die 1,25 Meter breiten und 1,20 Meter hohen Hohlkasten-elemente (Platten und Rippen: d = 10 cm) der Dach-flächen überspannen bis zu 28 Meter, die 90 Zentimeter hohen Elemente der Böden bis zu 20 Meter. Sie wurden im Abstand von 2,50 Meter per Kran zwischen die 50 Zentimeter dicken und bis zu 11,50 Meter hohen Wandscheiben bzw. die Ober- und Untergurte der Fachwerke eingehängt.

BS-Holz-Randträger mit integrierten reißverschluss-artigen Stahlnockenbändern schließen die Wände – ebenfalls Hohlkästen aus 10 Zentimeter dicken BS-Holz-Platten und 30 Zentimeter hohen BS-Holz-Rippen – oben ab. Sie dienen den Deckenhohlkästen als Auflagerkonsole.

Die Nockenbänder nehmen die passgenau dafür ausgefrästen Plattenränder der Hohlkästen oben und unten auf und halten sie unverschieblich. Verschrau-bungen sorgen für die Wand-Decken- bzw. Wand-Boden-Anschlüsse und bilden die biegesteifen Rahmen bzw. Röhrenabschnitte aus.

Zwischen die Hohlkästen wurden BS-Holz-Quer-schotts eingebaut. Über die Ausfräsungen in den seitlich überstehenden Platten der Hohlkästen können sie exakt von oben eingeschoben und mit ihnen ver-zahnt werden. Weitere BS-Holz-Platten schließen die Lücken ober- und unterseitig. Mit den Querschotts und den angrenzenden Hohlkästen verschraubt, verbinden sie die Elemente zu Scheiben und damit die Rahmen zu torsionssteifen Röhren.

Unikate im Hinblick auf Geometrie und Festigkeitsklasse

Jeder Hohlkasten des Gebäudes hat eine andere Länge und Auflagergeometrie, und die BS-Holz-Rippen der Wände, Decken und Böden sind unterschiedlich hoch. In Abhängigkeit der Spannweiten sind ihnen aber auch verschiedene Festigkeitsklassen zugeordnet. Die Decken-elemente wurden zudem mit einer Überhöhung aus-geführt. Diese war jeweils so bemessen, dass sich die Hohlkästen nach der Montage aufgrund ihres Eigen-gewichts geradeziehen. Das Maß der Überhöhung ist ebenfalls trägerspezifisch. So sind alle Elemente Unikate.

Präzise Planung mit 3-D-CAD

Die Planung und Fertigung der BS-Holz-Bauteile erfolgte mit einem 3-D-Computermodell, in das alle Geometrien samt Ausfräsungen für Anschlussbleche und Stahlverbinder sowie Lüftungsauslässe exakt eingearbeitet wurden. Dieses Modell bildete dann die Grundlage für die CNC-Bearbeitung aller Holz-und Stahlbauteile.

Die werkseitig vorgefertigten BS-Holz-Hohlkasten-Elemente sind vergleichsweise leicht und ermöglichten eine effiziente Montage per Kran. Lediglich für die Errichtung des großen Kragarms nutzte man ein Lehr-gerüst: Die untere Geschossdecke und die Hohlkasten-wände wurden, ergänzt durch die Fachwerkträger, eingebaut und mit den Dachelementen zu einer großen Holzröhre verbunden. Erst nach Fertigstellung, wenn alle Elemente kraftschlüssig miteinander verbunden sind, funktioniert das Tragsystem. sjf

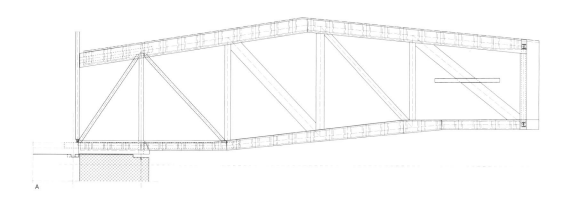

A → Das Moment aus dem 35 Meter langen Kragarm, der die eine Seite des längsten Guckkastens bildet, wird in ein Zug-Druck-Kräftepaar zerlegt und im Endfeld in den Unterbau eingeleitet.

B → Der Fachwerkträger auf der anderen Seite des gleichen Guckkastens ist statisch ein Balken auf zwei Stützen mit 17 Meter Kragarm.

C → Einheben eines werkseitig vorgefertigten Hohlkasten-Trägers

D → Einbau der Querschotts zwischen die Hohlkästen zur Aufnahme der Torsionskräfte

E → Wie ein Puzzle fügen sich Stahlnocken und Rand-ausfräsungen ineinander. BS-Holz-Platten schließen nach Einbau der Querschotts die Lücken zwischen den Hohlkästen.

23

C

D

E

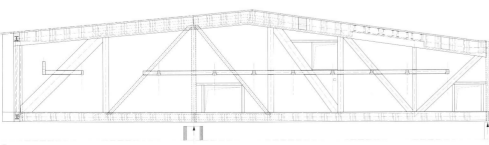

B

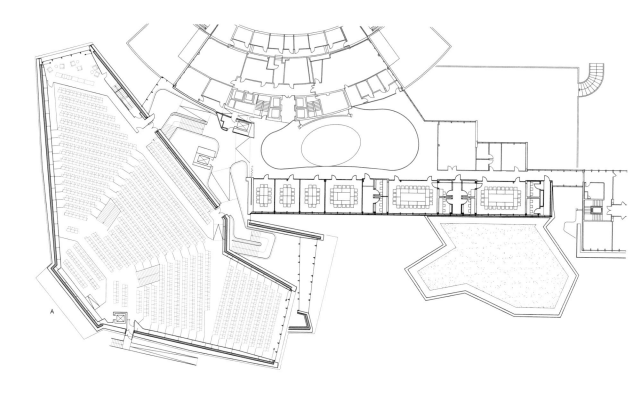

A

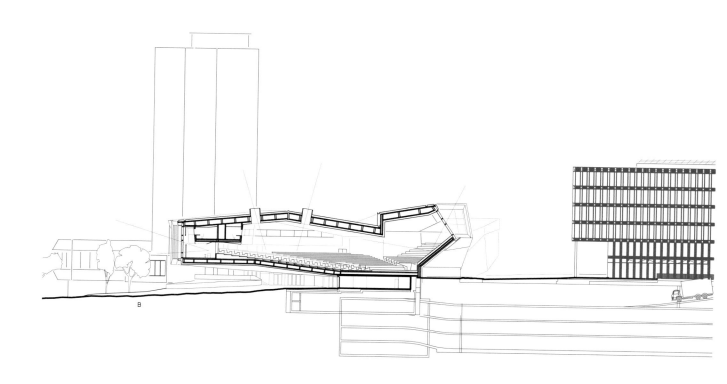

B

A → Grundriss

B → Querschnitt: Ein Seitenflügel des Konferenzsaals kragt 35 Meter weit über den Platz der Nationen aus.

C → Kompakt und weitgehend geschlossen scheint der WIPO-Konferenzsaal mit den sich verjüngenden, auskragenden Gebäudeflügeln über dem Platz der Nationen zu schweben und kontrastiert mit den beiden bestehenden Glas-Stahl-Beton-Gebäuden des WIPO-Komplexes.

Bauvorhaben Konferenzsaal der Weltorganisation für geistiges Eigentum (OMPI – Organisation Mondiale de la Propriété Intellectuelle; WIPO – World Intellectual Property Organization) in Genf, www.wipo.int

Bauweise Ingenieur-Holzbau

Bauzeit August 2011 bis September 2014

Baukosten k.A.

Bruttogeschossfläche (BGF) 7700 m²

Bruttorauminhalt (BRI) 29 000 m³

Bauherr World Intellectual Property Organization (WIPO), Genf (CH), www.wipo.int

Architektur Behnisch Architekten, Stuttgart (D), www.behnisch.com

Objektüberwachung Atelier Coplan, Fribourg (CH), www.atelier-coplan.ch

Projektsteuerung Burckhardt+Partner AG, Carouge GE (CH), www.burckhardtpartner.ch

Tragwerksplanung / Konzeption Holzkonstruktion schlaich, bergermann und partner, Stuttgart (D), www.sbp.de; T Ingénierie SA, Genf (CH), www.t-ingenierie.com

Tragwerksplanung Stahlbetonkonstruktion Erricos Lygdopoulos, Genf (CH)

Tragwerksplanung / Ausführung und Montage Holzkonstruktion Consortium Bois OMPI: Charpente Concept SA, Perly (CH), www.charpente-concept.com; SJB Kempter + Fitze AG, Herisau (CH), www.sjb.ch; JPF-Ducret SA, Bulle 1 (CH), www.jpf-ducret.ch; Dasta Charpentes Bois SA, Plan-les-Ouates (CH), www.dasta.ch

Landschaftsarchitekten Oxalis Architectes paysagistes SARL, Carouge (CH), www.oxalis-landscape.ch

Klimaplanung und Haustechnik Transsolar Energietechnik GmbH, Stuttgart (D), www.transsolar.com; Sorane SA, Ecublens (CH), www.sorane.ch; Riedweg & Gendre SA, Carouge (CH), www.rgsa.ch

Elektroplanung MAB-INGENIERIE SA, Morges (CH), www.mab-ing.ch; Amstein + Walthert SA, Genf (CH), www.amstein-walthert.ch

Fassadenplanung Emmer Pfenninger Partner AG, Münchenstein (CH), www.eppag.ch; Lieferung Holzschindeln: Theo Ott, Ainring-Hammerau (D), www.holzschindeln.de; Ausführung Holzschindel-Fassade: Baeriswyl AG, Düdingen (CH), www.baeriswyl-ag.ch

Ausführung Glasfassade und Dach Sottas SA, Bulle (CH), www.sottas.ch

Akustik Müller-BBM, Planegg (D), www.muellerbbm.de

Auflager / Brückenlager Mageba SA, Bülach (CH), www.mageba.ch

Verbaute Holzmenge 2100 m³ BS-Holz

Kohlenstoffanteil (C) 525 t

CO_2-Speicherung 1924 t

Projektdetails
– 3595 m² bzw. 1280 m³ Hohlkästen, davon 395 m³ Außenwandelemente
– 2745 m² Platten mit d = 10 cm
– 430 m³ BS-Holz für Fachwerkträger
– 2370 m² Schindeln
– Größte Auskragung: 35 m
– Höhe der Wände: 11,50 m

Linktipp
Bau in Zeitrafferaufnahme:
http://tinyurl.com/mc58ehc
unter „Morphing of the construction"

C

Eine Kuppel wie ein Blätterdach

Das Elefantenhaus im Zürcher Zoo ist nicht nur eine Herberge für zehn Asiatische Elefanten, sondern auch eine bauliche Attraktion mit einem außergewöhnlichen Tragwerk. Vor allem der mehrteilige Verbundquerschnitt des netzartigen Kuppeldaches stellt eine konstruktive Pionierleistung dar und setzt neue Maßstäbe in der Umsetzung der Entwurfsidee in die tragwerksplanerische Lösung.

Nach drei Jahren Bauzeit eröffnete Anfang Juni 2014 der neue Kaeng-Krachan-Elefantenpark im Zoo Zürich. Mit insgesamt etwa 11000 Quadratmeter ist die Unterkunft für bis zu zehn Asiatische Elefanten sechsmal so groß wie die ursprüngliche Anlage aus den 1970er-Jahren. Für den Neubau wurde 2008 ein internationaler Architekturwettbewerb ausgelobt mit dem Ziel, eine Anlage der Extraklasse zu schaffen, die weltweit ihresgleichen sucht.

Der Siegerentwurf von Markus Schietsch Architekten und Lorenz Eugster Landschaftsarchitektur und Städtebau konzipierte den Elefantenpark als weitläufige Landschaft mit Außengehegen und dichter Vegetation in den Besucherbereichen. Darin eingebettet liegt das bauliche Highlight: das Elefantenhaus. Die Idee der Architekten war, den natürlichen Lebensraum der Elefanten in Thailand nachzubilden. Die flache Kuppel sollte Teil der Landschaft werden und an ein Blätterdach erinnern.

Mehrteilige Leichtbaukonstruktion

Netzartig überspannt die 6800 Quadratmeter große, frei geformte Dachschale aus Holz das Innengehege mit einem Durchmesser von rund 80 Metern. Insgesamt 271 in die Holzschale eingeschnittene Oberlichter, die mit transparenten Luftkissen aus UV-durchlässiger ETFE-Folie eingedeckt sind, sorgen in der bis zu 18 Meter hohen Halle für viel Tageslicht.

Die Umsetzung dieser gelöcherten und sehr flachen Dachschale (Verhältnis Spannweite zu Stich: 8:1) erforderte die Entwicklung einer hoch effektiven und gewichtssparenden Konstruktion. Den Tragwerksplanern gelang es, dafür einen mehrteiligen vernagelten und verschraubten und damit linear-elastischen Verbundquerschnitt zu entwickeln, der vor Ort montiert werden konnte.

Die gewünschte flächige Dachuntersicht sollte von Leitungen frei bleiben und als tragende Bekleidung wirken. Eine hohe Bedeutung kam dem Anteil der Öffnungen

Blick in die Dachschale mit Oberlichtern: Die netzartige Untersicht ist frei von Leitungen. Dank der lichtdurchlässigen Membranen können unter dem Dach auch Pflanzen gedeihen.

mit etwa 35 Prozent zu. Die Lage der dafür vorgesehenen Oberlichter ist nicht beliebig, sondern folgt den statischen Möglichkeiten, die das Schalenmodell zulässt. Sie sind geometrisch völlig unterschiedlich und haben eine Größe von bis zu 40 Quadratmeter.

Das Elefantenhaus ist als ringförmiger Stahlbetonbau angelegt. Der dynamisch geschwungene Dachrand orientiert sich in seinem Verlauf an den darunterliegenden Nutzungen. Einfluss auf die Höhen und die Gestaltung des Unterbaus hatten etwa „Anprall- und Angriffshöhen" der Elefanten (6 Tonnen auf 2,5 Meter Höhe), Sichtbezüge zwischen Innen- und Außenbereichen für die Besucher sowie Torhöhen für die Durchfahrt.

Teilweise schlechter Baugrund

Das Projektareal liegt an einem Hang, weshalb sich das Gebäude mit seinem Untergeschoss hangseitig eingräbt und die Bodenplatte auf Fels liegt. Talseitig dagegen, wo die lokalen Dachwiderlager platziert sind, gab es nur wenig tragfähige und setzungsempfindliche Schichten. Das erforderte Rückverankerungen im Fels.

Wegen der schwierigen Baugrundverhältnisse war ein leichtes Tragwerk gefragt, und so kam Holz ins Spiel: Die freitragende Holzschale wird von einem Stahlbeton-Ringbalken eingefasst und über die Vorspannkraft der darin eingelegten, bis zu 120 Meter langen Stahlkabel zusammengespannt. Die tief heruntergezogenen Randbereiche des Ringbalkens markieren die fünf Auflagerstrecken: Sie leiten die Kräfte aus dem Dach in die vier Stützenreihen sowie in die gebogene Außenwand der Stallungen, die etwa ein Drittel des Gebäudeumfangs ausmacht, als Linienlager ab. Um die horizontalen Schubkräfte der Schale an den Tiefpunkten abzutragen, sind die talseitig angeordneten Widerlager mit vorgespannten Litzenankern im Fels zurückgebunden. Die lokalen Widerlagerbereiche sind in einzelne auskragende Wandscheiben aufgelöst. Diese Tragstruktur verschmilzt mit der lamellenartigen Holz-Fassadenstruktur zu einem dynamischen System, das fließende Übergänge zwischen den Bereichen konzentrierter Lasteinleitung und der transparenten Fassadenstruktur dazwischen schafft.

Die Komplexität der Dachschale setzt sich auch in der Fassade fort: Die Anschlüsse der geknickten BS-Holz-Fassadenstützen an den Dachrand mussten so konzipiert sein, dass sie vertikale Verformungen im Dezimeterbereich aufnehmen können.

Ringbalken mit zweiachsiger Biegung

Der große Unterschied zu herkömmlichen Kuppelkonstruktionen liegt darin, dass sich die Dachschale des Elefantenhauses nicht auf einer horizontalen Linie abstützt. Dadurch konnte man kein Zugband ausbilden, das den Horizontalschub aufnimmt, was die Gründung wesentlich vereinfacht hätte. Beim Dachrand handelt es sich vielmehr um einen Balken, der durch zweiachsige Biegung beansprucht ist. Denn um den Ring gegen die Schale vorspannen zu können, wechseln die Stahlkabel ihre Lage im Querschnitt kontinuierlich von oben nach unten – je nachdem, ob sie in der „Kuppe" oder im „Tal" des Ringbalkens liegen. Die Wendepunkte liegen jeweils vor den Auflagern, das heißt, es entsteht auch Biegung um die schwache Achse.

Die Lösung: ein mehrteiliger Verbundquerschnitt

Statisch funktioniert die Dachkonstruktion als Schalentragwerk mit versteifenden Strahlen. Hierfür haben die Ingenieure einen mehrteiligen Querschnitt mit nachgiebigem Verbund aus Mehrschichtplatten und Konstruktionsvollholz (KVH) entwickelt.

Drei Lagen Dreischichtplatten (3 × 8 Zentimeter) bilden das 24 Zentimeter dicke Primärtragwerk. Sie bestehen aus insgesamt 600 einzelnen „Puzzleteilen", die mit einer halben Million Nägeln untereinander verbunden sind. Zusätzlich aufgeschraubte dreiteilige Vollholzrippen um die Öffnungen herum verstärken das Holzschalentragwerk. Wo Hauptstrahlen verlaufen, sind sie dazwischen angeordnet. Das Ganze ist mit 24 Zentimeter Mineralwolle ausgedämmt. Eine 57 Millimeter dicke Kerto-Q-Platte schließt den statischen Querschnitt mit 54 Zentimeter Höhe als Obergurtplatte ab. Über diesem Aufbau liegt die Installationsebene, die mit Holzklötzen wie ein Hohlboden ausgeführt ist.

Weitere Vollholzrippen (zweiteilig) und Holzwerkstoffplatten bilden die Dämmebene. Die obere Beplankung, eine 28 Millimeter dicke zementgebundene Spanplatte, nimmt die tangential zur Dachfläche auftretenden Kräfte der Luftkissen in den Randprofilen auf.

Da die Hauptstrahlen als nachgiebige Verbundquerschnitte zu erstellen waren, treten relativ große Verformungen auf. Sie können in der Größenordnung des für übliche Hochbauten Verträglichen (l/300) abgeschätzt werden. Die Konstruktion der Luftkissen war deshalb so auszubilden, dass sie sich vorfertigen ließ, die Fixierung der Randprofile auf die Unterkonstruktion aber Toleranzen von 2 bis 3 Zentimetern ausgleichen kann.

Die oberste Beplankung erhielt schließlich noch eine Abdichtungsbahn. Darauf ist eine 50 Zentimeter abgesetzte Wartungsebene aufgeständert. Im Endausbau erreichte das Dach eine Dicke von rund 90 Zentimetern (ohne Wartungsebene).

15 000 Schrauben für einen sicheren Verbund

Die Kraftübertragung zwischen den drei orthotropen Schichten der Dachschale erfolgte über die vollflächige Vernagelung. So wären die 24 Zentimeter bereits ausreichend gewesen, um das Eigengewicht der Schale

A → Der Zürcher Zoo ist seit 2014 um eine Besonderheit reicher: Das Elefantenhaus zeichnet sich durch ein einzigartiges Dach und eine besondere Fassade aus.

B → Beispiel für den „verebneten" bzw. abgewickelten Zuschnitt der Plattenstreifen

C → Querschnitt mit Geologie. Die Anlagen im Innen- wie Außenbereich sind mit Ausnahme des Managementbereichs (links) mit Sand und einem verdichteten Erde-Sand-Boden ausgestattet. Die sehr flache Dachschale erzeugt hohe Horizontalkräfte auf die lokalen Widerlager – bis zu 500 Tonnen.

D → Lastabtragende Stahlbetonpfeiler und Ringbalken mit Lage der Spannkabel

E → Mit der Finite-Elemente-Methode (FEM) entwickeltes Schalenmodell mit tragenden Strahlenbögen. Grundlage jeder FEM-Berechnung bilden Polygonnetze, die die mathematisch präzisen geometrischen Flächen unterteilen und in berechenbare Einzelteile zerlegen.

29

A

B

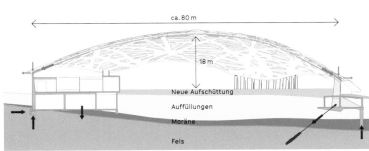

ca. 80 m

18 m

Neue Aufschüttung

Auffüllungen

Moräne

Fels

C

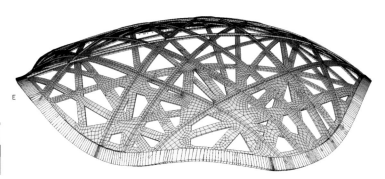

E

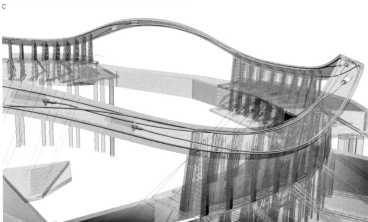

D

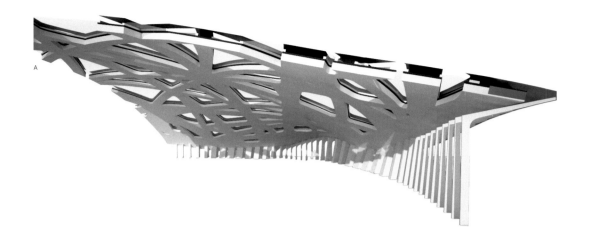

A

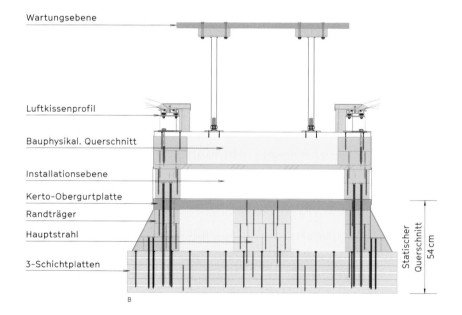

Wartungsebene

Luftkissenprofil

Bauphysikal. Querschnitt

Installationsebene

Kerto-Obergurtplatte

Randträger

Hauptstrahl

3-Schichtplatten

B

Statischer Querschnitt 54 cm

C

A → Perspektivischer Schnitt

B → Regelquerschnitt. Duktilität und Robustheit der Konstruktion werden durch die stiftförmigen Verbindungsmittel erreicht.

C → Regelquerschnitt mit Stahlbetonringbalken, eingespanntem Brettschichtholz-Fassadenpfosten und Auslegerbalken (mit gelenkigem Anschluss an den Ringbalken) aufzunehmen. Um jedoch die notwendige Biegesteifigkeit für asymmetrische Lastfälle wie beispielsweise Wind oder Schnee zu erzielen, werden die drei Randträger der Oberlichter und die Obergurtplatte benötigt. Sie bilden zusammen mit der Schale ein räumliches Wabentragwerk.

Zur Übertragung der Schubkräfte zwischen der Kerto-Obergurtplatte und der Dachschale benötigte man spezielle, bis zu 85 Zentimeter lange Schrauben.

Präzise Konstruktionsdaten dank automatisierter Rechenmodelle

Die konstruktive Lösung für die Dachschale ist das Ergebnis eines iterativen Formfindungsprozesses mit parametrischer Software. Ziel des parametrischen 3-D-Modells war es, die umfangreichen architektonischen und ingenieurtechnischen Rahmenbedingungen von der ersten Entwurfsphase an in die Programme einzubeziehen, um die komplette 3-D-Geometrie automatisch generieren und überprüfen zu können. Ein solches Modell war erforderlich, um das anisotrope Material Holz im mehrlagigen und nachgiebigen Verbund ausreichend genau abzubilden.

Das parametrische 3-D-Modell wurde mithilfe mehrerer Programme erstellt. Darin flossen – zunächst als 2-D-Modell – die Definitionen der Träger, Knoten und Ränder in ihrer Grundrissprojektion sowie die Knotenverteilung über das Gesamtmodell mit wählbarer Dichte ein. Danach wurde das Ganze dreidimensional verformt, wobei die Lage der Öffnungen erhalten blieb.

In das 3-D-Modell konnten neben der Geometrie auch Bauteilparameter sowie alle von den Ingenieuren definierten statischen Systemparameter wie Federlagerung oder Kopplungen eingegeben werden. Damit ließ sich das Ergebnis jedes Teilprogramms kontrollieren und manuell um eventuell notwendige Anpassungen oder Ausnahmen erweitern. Dies ermöglichte es, die spezifischen Anforderungen in jeder Stufe einzuarbeiten, zu präzisieren oder zu verändern.

Plattenzuschnitt für zweifach gekrümmte Dachgeometrie

Für die Herstellung und Montage der zweifach gekrümmten Dachschale musste die Freiformfläche in ebene Streifen abgewickelt werden (Verebnung). Zur Ausbildung der Schalentragwirkung sollten möglichst großformatige Plattenstreifen verwendet werden. Unter Berücksichtigung der maximalen Produktions- und Transportabmessungen wurde jede der drei Lagen Dreischichtplatten mithilfe eines dafür programmierten Software-Moduls abgewickelt. Sie sind bis zu 3,4 × 12 Meter groß. Die Definition der Plattenstöße erfolgte nach den statischen Anforderungen. Das Fugenbild der raumseitigen

Lage ist in der Dachuntersicht ablesbar. Die Fugenbilder aller drei Lagen wurden übereinandergelegt. So war es möglich, auf der ersten Lage bereits die Achsen der zweiten einzuritzen.

Je Lage ergaben sich an die 200 Platten. Für jedes dieser Unikate wurde eine Datei in Maschinencode und ein Werkstattplan erstellt. Damit stand der automatisierten Plattenproduktion nichts mehr im Weg.

Erste Lage vollflächig, zweite und dritte ausgeschnitten

Das zweifach gekrümmte Dach des Elefantenhauses wurde auf einem Spantengerüst errichtet. Hierfür wurden Holzspanten auf einem vollflächigen Lehrgerüst montiert, die die Negativform der Dachschale ergaben. Darauf folgte das Primärtragwerk aus drei Lagen Dreischichtplatten. Jede Plattenlage wurde um 60 Grad zur vorhergehenden verschwenkt auf die formgebenden Spanten aufgebracht, sodass die Haupttragrichtung jeder Lage zu einem Widerlagerbereich hin führt.

Für eine möglichst einfache Montage vor Ort haben die Tragwerksplaner den Plattenaufbau so gewählt, dass sie sich zweiachsig leicht biegen lassen. Ihr Eigengewicht reicht fast aus, um sich über das Gerüst selbst in Form zu biegen.

Während die erste Lage aus Stabilitätsgründen noch vollflächig montiert wurde, waren bei der zweiten Lage die Oberlichter bereits vorgeschnitten. Zur Orientierung wurden ihre Geometrien in die Oberfläche der ersten Lage eingeritzt. Die dritte Lage war vom Roboter fertig gefräst und diente als Schablone, um die endgültige Form der Oberlichter nach Einbringen sämtlicher Verbindungsmittel mit Abbundkettensägen über alle drei Lagen hindurch sauber auszuschneiden.

Ringbalken folgt auf Montage der Dachschale

Den Übergang zum Ringbalken bildeten die Planer so aus, dass die erste Lage direkt als Schalung verwendet werden konnte. Auch die Konterschalung, die man zum Betonieren mit selbstverdichtendem Beton braucht, wurde ins Tragwerk integriert. So entstand die Einspannung der Dachschale in den Ringbalken, der betoniert wurde, nachdem die Dachschale montiert war. Danach ist das Dach selbsttragend, und das Lehrgerüst kann nach und nach entlastet werden.

Holzklötze der Leitungsebene als Einschraubhilfe

Es folgte die Montage der Randbalken und Hauptstrahlen nach einem exakten Verlegeplan sowie die Ausbildung der Leitungsebene mit Holzklötzen. Ihre Anordnung erfolgte so, dass sie als Platzierungshilfe für die unter 45 Grad kreuzweise einzudrehenden Schraubenpaare dienen, die das Mehrschichtpaket des statischen Querschnitts darunter „zusammenspannen". Die diagonal eingebrachten Vollgewindeschrauben bilden in der nachgiebigen Verbundkonstruktion eine Art Fachwerk aus, womit die erforderliche Biegesteifigkeit erreicht wird.

Die Klötze geben Anzahl, Anordnung und Einschraubrichtung vor und ermöglichen eine gute Führung der 85 Zentimeter langen Verbinder. Das erleichterte den Monteuren die Arbeit erheblich.

Das Verhalten des siebenteiligen Verbundquerschnitts ist auf Zug und Druck ähnlich. Die Biegesteifigkeit entspricht wegen der großen Nachgiebigkeit in den Fugen jedoch nur etwa 30 Prozent eines vergleichbaren Querschnitts mit starrem Verbund. Das Bauwerk wurde mit dem Ulrich Finsterwalder Ingenieurbaupreis 2015 ausgezeichnet. sjf

D

A

B

C

A → Nachdem die Dreischichtplatten miteinander vernagelt waren, wurden die Öffnungen der ersten Lage per Abbundkettensäge ausgeschnitten bzw. die der zweiten nachgeschnitten.

B → Auf die fertig montierte Dachschale folgt eine Furnierschichtholz(FSH)-Platte als aufgeständerte Wartungsebene.

C → Montage der Randträger und Hauptstrahlen

D → In der zweiten und dritten Lage sind Öffnungen für die Oberlichter bereits ausgeschnitten.

E → 3-D-Schemazeichnung des Übergreifungsprinzips der Randträger in den verschiedenen Lagen. Bei den Strahlenknoten geht je Richtung jeweils nur jede zweite Lamelle durch. Diagonal eingedrehte WR-T-Schrauben (oben) und andere SFS-Schraubentypen (WT-T, WS-T und Verbundschraube VB) über der Dachschale aus drei Dreischichtplatten.

F → Die Holzklötze der Installationsebene sind gleichzeitig Positionierungs- und Führungshilfe für die 85 Zentimeter langen, unter 45-Grad-Winkel einzubringenden WR-T-Sonderschrauben.

G → Die Luftaufnahme zeigt die netzartige Struktur der weitgespannten Dachschale eindrucksvoll.

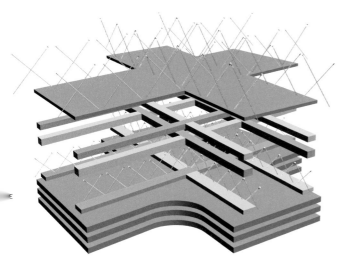

E

F

Bauvorhaben Elefantenhaus Zoo Zürich, www.zoo.ch

Bauweise Ingenieur-Holzbau auf Stahlbetonunterbau

Bauzeit Mai 2011 bis Mai 2014

Baukosten 57 Mio. sFr.

Bauvolumen 68 000 m³

Bauherr Zoo Zürich AG, Zürich (CH), www.zoo.ch

Gesamtleitung cga – consulting group aeberhard gmbh, Winterthur (CH),
www.cgateam.ch; BGS & Partner Architekten AG, Rapperswil (CH),
www.bgs-architekten.ch

Architektur Markus Schietsch Architekten GmbH, Zürich (CH),
www.markusschietsch.com

Baumanagement Fischer Architekten AG, Zürich (CH) (Teilbauleitung,
Ausführungsplanung Stallungen / Lodge), www.fischer-architekten.ch;
BGS & Partner Architekten AG, Rapperswil (CH), www.bgs-architekten.ch

Landschaftsarchitektur Lorenz Eugster Landschaftsarchitektur und
Städtebau GmbH, Zürich (CH), www.lorenzeugster.ch; vetschpartner
Landschaftsarchitekten AG, Zürich (CH), www.vetschpartner.ch

Tragwerksplanung, Fassadenengineering, Bauleitung Holzbau /
Gebäudehülle Walt+Galmarini AG, Zürich (CH), www.waltgalmarini.com

HLS-Planung Tri Air Consulting AG, Jona (CH), www.triair.ch

Elektroplanung Schmidiger + Rosasco AG, Zürich (CH), www.srzh.ch

Parametrische Planung Kaulquappe GmbH, Zürich (CH),
www.kaulquappe.net

Montage Holzbau ARGE Elefantenpark Holzbau: Implenia Schweiz AG
Holzbau, Zürich (CH), www.implenia.com; STRABAG AG Holzbau,
Lindau (CH), www.strabag.com

Plattenproduktion und Fassadenkonstruktion MERK Timber GmbH,
Züblin Holzingenieurbau, Aichach (D), www.merk.de

Verbindungsmittel (Schrauben) SFS intec AG, Heerbrugg (CH),
www.sfsintec.biz

Luftkissen Vector Foiltec GmbH, Bremen (D), www.vector-foiltec.com

Verwendete Holzmengen 14 000 m² Dreischichtplatten (500 t Holz)
in 600 Einzelbauteilen; 400 m³ Randträger / Hauptstrahlen (150 t KVH);
3 500 m² Kerto-Obergurtplatten (100 t)

Verbaute Holzmenge 2 041 m³

Kohlenstoffanteil (C) 510,25 t

CO_2-Speicherung 1871 t

G

Gewerbebauten

Einkaufen unter der Riesenwelle

Im Oktober 2012 öffnete das G3 Shopping Resort in Gerasdorf, am Stadtrand von Wien, seine Pforten. Besonders ins Auge fällt das lang gestreckte, wellenförmige Dach. Seine Konstruktion setzt sich aus verschieden großen und unterschiedlich gebogenen Brettsperrholz-Platten zusammen.

Das „G3" in „G3 Shopping Resort" verweist darauf, dass es sich in Gerasdorf um drei große Gebäudekomplexe handelt, die an den Seiten eines zentralen Parkplatzes liegen: Sie beherbergen ein Einkaufszentrum, ein Fachmarktzentrum und einen Baumarkt. Als „Resort" sollen sie einen besonders angenehmen Ort repräsentieren, der zum Entspannen und Verweilen einlädt.

Das Einkaufszentrum ist das größte der drei Gebäude. Es besitzt ein 740 Meter langes, 70 bis 140 Meter breites, bumerangförmiges Holzdach mit einer Fläche von 58 000 m². Doch nicht nur die Dimension ist beeindruckend, sondern auch die Form: Wie eine riesige Welle erstreckt sich das Dach über den Grundriss. Es besteht aus gekrümmten Brettschicht(BS)-Holz-Trägern, auf die Brettsperrholz(BSP)-Platten verlegt sind. Das Ganze ruht auf etwa 800 bis zu 20 Meter hohen Stützen. Die seitlich angeordneten Läden besitzen konventionelle Flachdächer, ebenfalls in Holzbauweise.

Das Dachtragwerk haben die Architekten und Tragwerksplaner gemeinsam konzipiert. Dabei sind die BS-Holz-Träger der „Riesenwelle" im Gebäuderaster von 8 Metern angeordnet und bilden mit den eingespannten Stahl- und Stahlbetonstützen das Primärtragwerk, während die aufliegende und aussteifende Dachscheibe das Sekundärtragwerk darstellt. Aufgrund der stark variierenden Form, die zudem zwei tropfenförmige Aus-

sparungen aufweist, kamen drei verschiedene Tragsysteme zum Einsatz:

- In den lang auslaufenden Endbereichen sind die BS-Holz-Träger nach innen geneigt, in der Mitte über einen speziellen Stahlknoten verbunden und auf Stahlbeton-Außenstützen und Y-förmigen Stahlmittelstützen aufgelagert.
- In der Gebäudemitte spannen dreiteilige BS-Holz-Träger – die längsten Teile sind bis zu 80 Meter lang – von den äußeren Stahlbetonstützen über zwei innen liegende vierarmige „Baumstützen" aus Stahl. Stahlknoten verbinden die dreiteiligen Träger biegesteif, und zwar durch eingeschlitzte Bleche mit Langlochausbildungen und Stabdübeln, die Längenveränderungen zwängungsfrei zulassen.
- In den Bereichen mit den tropfenförmigen Aussparungen spannen die BS-Holz-Träger als Einfeldträger von Stahlbetonstütze zu Stahlbetonstütze.

Ergänzend gibt es noch Querträger, die als Druck- und Zugriegel fungieren. Sie liegen am Dachrand in den Achsen der Stahlbetonstützen und in der Dachmitte in den Achsen der Stützenköpfe.

Dachscheibe aus Plattenunikaten

Die geschwungene Dachform mit ihren Wölbungen und Rundungen in verschiedene Richtungen stellte die

Das Malldach hat eine Länge von 740 Metern und misst an der der breitesten Stelle, dem Haupteingang, 80 Meter. Es überspannt das Einkaufseldorado wie eine Riesenwelle.

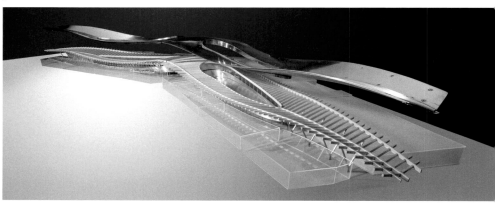

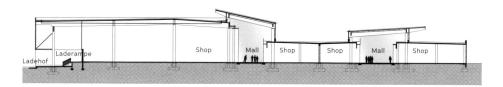

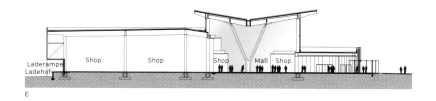

A → Luftaufnahme der Holzschale des wellenförmig geschwungenen Daches im Rohbau. Sie weist im Mittel einen Höhenunterschied von etwa 8 Metern auf.

B → Modell des Malldaches mit Längs- und Querträgern als Primärtragwerk und BSP-Dachscheibe (hier aus Alu) als Sekundärtragwerk

C → Weitläufig und luftig zeigt sich die Shopping-Mall im fertigen Zustand.

D → Querschnitt in den Bereichen mit tropfenförmigen Aussparungen

E → Querschnitt in den lang auslaufenden Endbereichen

Konstrukteure von Graf-Holztechnik vor besondere Herausforderungen. BSP lässt sich zwar bis zu einem gewissen Grad gut wölben, sodass es Rundungen mitmacht. Die Krümmungen der Dachfläche in zwei Richtungen zu bewerkstelligen, erforderte jedoch eine detaillierte Planung im Hinblick auf die Elementausbildung, die Anordnung der Plattenstöße und deren Verbindungen untereinander zu einer Scheibe.

Mit der 3-D-Planungssoftware cadwork wurde jede Platte regelrecht „konstruiert", denn fast jede ist ein Unikat: Ein Großteil der Platten war mit 16 Metern Länge – sie spannen über zwei Binderfelder – und 3 Metern Breite von den Abmessungen her zwar meist gleich, doch die statisch erforderliche Dicke wurde für jede Platte einzeln berechnet, um die Konstruktion so schlank und wirtschaftlich wie möglich zu dimensionieren. Das führte dazu, dass es nun 13 verschiedene Plattenstärken zwischen 9,4 und 24 Zentimeter gibt.

Bei der Montage wurden die einzelnen Platten wie Bahnen und jeweils um eine halbe Plattenlänge versetzt verlegt. Durch die Krümmung der Dachfläche ergaben sich bei den 16 Meter langen Platten von der unteren Ecke über die Diagonale zur oberen Ecke Höhenunterschiede bis zu einem Meter. Zudem verwindet sich aufgrund der ungleichmäßigen Rundungen und Wölbungen des Daches jede Platte etwas anders. Aus dieser Geometrie resultieren an den Längsrändern der Platten teilweise bis zu 2 Zentimeter breite Fugen zur jeweils benachbarten Platte. Da sich trotzdem eine Scheibe ausbilden ließ, nahm man die sich öffnenden und schließenden Fugen in Kauf und ersparte sich damit eine aufwendige Bearbeitung der Plattenränder. Eine abgehängte Decke sorgt dafür, dass man die Fugen auf der Unterseite nicht sieht.

Mit Schubleisten, Nägeln, Schrauben und Tellerschrauben zur Dachscheibe

Die Verbindung der Platten untereinander erfolgte dann auf der Oberseite über Schubleisten aus 25 Millimeter dicken OSB-Streifen. Die Monteure legten sie in entsprechende Ausfräsungen der Plattenränder ein und vernagelten sie mit den BSP-Platten, sodass sie schubsteif miteinander verbunden sind. Darüber hinaus sind die Plattenquerstöße mit den BS-Holz-Trägern verschraubt.

Die Plattenlängsseiten werden zusätzlich mit Tellerkopfschrauben zusammengehalten, um die zwischen den BS-Holz-Trägern unterschiedlich „durchhängenden" BSP-Platten auf eine Höhe zu bringen und sie formstabil miteinander zu verbinden.

Aus den unterschiedlich dicken BSP-Platten ergibt sich nach dem Verlegen eine flächenbündige Unterseite, aber eine plattenweise höhenversetzte Oberseite. Um die unterschiedlichen Plattenhöhen im Gesamtdachaufbau auszugleichen, wurde auch die Wärmedämmung plattenweise unterschiedlich dick gewählt.

Zwischen Holzdach und Dämmung befindet sich eine applizierte kaltselbstklebende Dampfsperrbahn. Auf die Dämmschicht folgt lediglich eine PVC-freie FPO-Kunststoffdachbahn als wasserdichte Außenhaut.

Kurze Vorbereitung und anspruchsvolle Logistik

Die große Herausforderung für das ausführende Holzbauunternehmen war die sehr knappe Vorbereitungszeit: Es erhielt den Auftrag für die Dachkonstruktion Anfang Dezember 2010, und die Montage sollte bereits am 1. April 2011 starten. Es blieben also nur vier Monate für die Arbeitsvorbereitung und die Vorfertigung.

Alle Elemente mussten bis Mitte Januar 2011 als vollständige 3-D-CAD-Zeichnung erfasst sein, um sie dann dem BSP-Produzenten für den passgenauen CNC-Abbund zur Verfügung zu stellen. Hierfür bemaßen die Ingenieure des Holzbauunternehmens jedes Detail und jeden Anschluss, arbeiteten die Konstrukteure die Ergebnisse dann im 3-D-CAD ein und erstellten daraus abbundfähige Pläne. Das Gleiche geschah für die Primärkonstruktion aus BS-Holz-Trägern und Stützenanschlüssen mit jeweils anderer Neigung.

Schon während der Detailplanung galt es, für jede Platte auch deren genaue Verlegestelle und den Montageablauf zu berücksichtigen, damit die Platten in der richtigen Reihenfolge produziert und angeliefert werden konnten. So erhielten sämtliche BSP-Teile eine Transportnummer inklusive Bauteilbezeichnung, Positionsnummer, Plattenstärke und Lage im Lkw. Dazu wurden Positionspläne erstellt, um auf der Baustelle für sämtliche Platten problemlos den richtigen Einbauort zu finden. Die Werkplanung des Holzbaus kostete etwa 9 000 Arbeitsstunden Zeit und füllte rund 100 Ordner.

Montage gleicht einem riesigen Puzzlespiel

Die vorgefertigten Holzbauteile konnten bei den produzierenden Unternehmen gelagert werden, sodass man auf der Baustelle keine Lagerfläche benötigte. Die Elemente wurden auf Abruf dann Fuhre für Fuhre zur Baustelle gebracht und direkt von 50 Fachleuten montiert. Sie verbauten pro Tag zwischen 1200 und 1500 Quadratmeter Platten. Insgesamt waren für die 8 000 Kubikmeter BSP 160 Transporte notwendig.

Entscheidung für ein BSP-Dach

Als Dacheindeckung hatten die Architekten zwei Varianten ausgeschrieben: zum einen OSB-beplankte Holzrahmenbau-Elemente mit integrierter Wärmedämmung und feuchteaktiver Dampfbremse, zum anderen eine BSP-Konstruktion. Obwohl Letztere um 11 Prozent teurer war, entschied sich der Bauherr für sie, denn mit ihr ließen sich bauphysikalisch und konstruktiv bessere Ergebnisse erzielen, unter anderem eine flexiblere raumseitige Anordnung der Haustechnik. Auch die Möglichkeit, große Kräfte aus Wind oder Erdbeben und Wind von der Fassade und dem bis zu 8 Meter weit auskragenden Dach über die BSP-Scheibe aufzunehmen, lieferte ein gewichtiges Argument. sjf

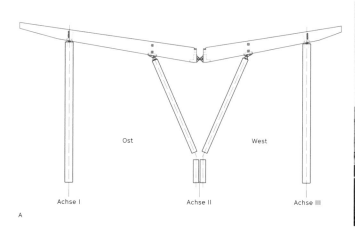

A

B

C

D

Bauvorhaben G3 Shopping Resort in Gerasdorf bei Wien (A)

Bauweise Einkaufszentrum Ingenieur-Holzbau

Bauzeit Einkaufszentrum November 2010 bis Herbst 2012

Eröffnung Herbst 2012

Holzbaumontage Einkaufszentrum April bis Juli 2011

Investitionssumme 200 Mio. Euro

Bruttogeschossfläche ca. 90 000 m²

Nutzfläche ca. 88 000 m²

Bauherr / Bauträger HY Immobilien Ypsilon GmbH in Wien (Tochter der BAI Bauträger Austria Immobilien GmbH, Wien (A), www.bai.at)

Projektentwicklung BAI Bauträger Austria Immobilien GmbH, Wien (A), www.bai.at

Architektur, Vorstatik und integrale Planung ATP Architekten und Ingenieure, Wien (A), www.atp.ag

Ausführungsstatik Holzbau Graf-Holztechnik GmbH, Horn (A), www.graf-holztechnik.at, in Kooperation mit Dipl.-Ing. Johann Zehetgruber Ziviltechniker GmbH, Zwettl (A)

Holzbau Graf-Holztechnik GmbH, Horn (A), www.graf-holztechnik.at

Prüfingenieur RWT Plus ZT GmbH, Dipl.-Ing. Dr. Richard Woschitz, Wien (A), www.rwt-plus.at

Baumeister Leyrer + Graf Baugesellschaft m.b.H., Horn (A), www.leyrer-graf.at

Produktion und Lieferung der BSP-Holz-Platten Mayr-Melnhof Holz Reuthe GmbH, Reuthe (A), www.mm-holz.com, und Stora Enso Wood Products GmbH, Bad St. Leonhard (A), www.clt.info

Verbaute Holzmenge 11 500 m³

Kohlenstoffanteil (C) 2 875 t

CO_2-Speicherung 10 534 t

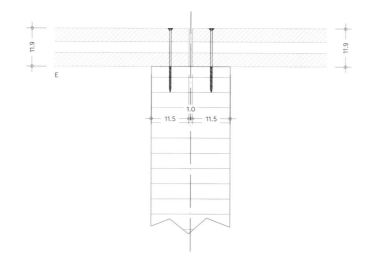

E

1.0

11.5 | 11.5

11.9 | 11.9

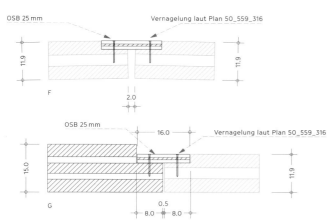

OSB 25 mm   Vernagelung laut Plan 50_559_316

11.9 | 11.9

F

2.0

OSB 25 mm   16.0   Vernagelung laut Plan 50_559_316

15.0 | 11.9

G

0.5

8.0 | 8.0

41

H

I

J

A → Dachquerschnitt in den lang auslaufenden Endbereichen. Alle Auflager sind gelenkig ausgebildet.

B → Anschlussknoten für die symmetrisch nach
innen geneigten BS-Holz-Binder in den lang auslaufenden „Dachzwickeln" hinter den tropfenförmigen Aussparungen

C → Eingeschlitzte Bleche mit Langlochausbildungen
und Stabdübeln verbinden die dreiteiligen BS-Holz-
Träger in der Dachmitte biegesteif miteinander.

D → Die geschwungene Dachform weist im Mittel
einen Höhenunterschied von etwa 8 Metern auf.

E → BSP-Platten-Querstoß über BS-Holz-Träger

F → BSP-Platten-Längsstoß ohne Höhenversatz

G → BSP-Platten-Längsstoß mit Höhenversatz

H → Jede BSP-Platte spannt über zwei Trägerfelder.
Bei den Querstößen werden sie an die BS-Holz-Träger
geschraubt.

I → Die Montage der BSP-Platten erfolgt um eine
halbe Plattenlänge versetzt.

J → Die Ausfräsungen an den Plattenlängsrändern sind
für die OSB-Streifen vorgesehen.

Vollholz statt Fachwerk

Ein Holzgroßhändler nutzte die Neubauten seiner Niederlassung zur Präsentation der Möglichkeiten, die der moderne Ingenieur-Holzbau bietet. Für die äußerst komplexe Dachkonstruktion der Lagerhalle kamen aus Gründen der Wirtschaftlichkeit keine aufgelösten Fachwerkträger, sondern massive Vollholz-Querschnitte zum Einsatz. Der gleichmäßige Rhythmus der Binder schafft ein ruhiges, homogenes Erscheinungsbild.

Schon von Weitem sticht die gewaltige Lagerhalle der Niederlassung des Holzgroßhändlers Scheiffele-Schmiederer (SCS) in Philippsburg-Huttenheim (Baden-Württemberg) ins Auge: zum einen aufgrund ihrer Größe, zum anderen aber auch aufgrund der ungewöhnlichen Dachlandschaft. Rund 3 000 Kubikmeter Material hält das Lager ständig vor. Die Palette reicht von Produkten für den konstruktiven Holzbau wie Brettschicht(BS)-Holz und Konstruktionsvollholz (KVH) bis hin zu Werkstoffen wie OSB-, Dreischicht-, Mehrschicht- und DWD-Platten. Für die Belieferung der Kunden stehen mehrere Sattelzüge und große Nutzfahrzeuge zur Verfügung. Diese Größenordnungen an Material und rangierenden Transportfahrzeugen galt es bei der Planung zu berücksichtigen.

Weniger ist mehr

Die Planer trafen die Baustoffwahl weitgehend zweckorientiert und kostenminimierend. Die Ästhetik des Neubaus sollte aus einer gelungenen Formgebung und einer geschickten Kombination der Baustoffe resultieren. So dominieren einfache, industrielle Materialien wie Beton, BS-Holz, Stahlblech und Polycarbonat. Neben den Betonfahrbahnplatten und eingespannten Stahlbetonstützen wurde das komplette Dachtragwerk mit schlanken BS-Holz-Bindern realisiert. Das 160 Meter lange Bauwerk besteht aus zwei gekoppelten Hallentrakten mit zusammen 70 Meter Breite. Jeder besitzt eine schmale und eine breite Pultdachfläche – gegeneinander geneigt und in der Höhe versetzt. Für eine künftige Erweiterung lässt sich das modulare Prinzip fortsetzen.

Blick in die Ladezone. Hier spannen die BS-Holz-Träger des Pultdaches über 24 Meter von Stütze zu Stütze bzw. vom Längsträger rechts zu den aufgeständerten Auflagerkonstruktionen der Sheds. Der gleichmäßige Rhythmus der BS-Holzträger überspielt die komplizierte Statik und sorgt für eine ruhige Anmutung.

A → Lageplan mit Stützenstellung. Die Flächen-
aufteilung der Pultdächer korrespondiert mit dem
Stützenraster.

B → Hallen-Querschnitt

C → Die Lagerhalle beeindruckt sowohl durch ihre
Größe als auch durch ihre lebendige Dachlandschaft,
die für angenehme Leichtigkeit sorgt.

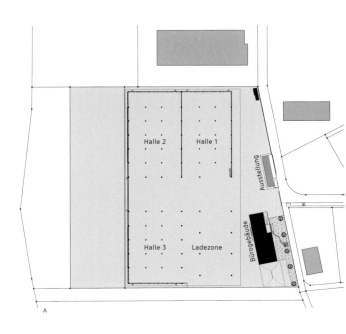

Halle 2   Halle 1

Halle 3   Ladezone

A

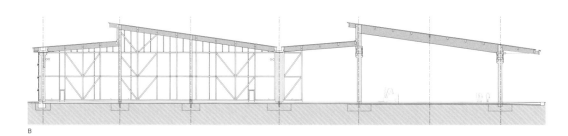

B

C

Bauherren-Vorgabe: kein Fachwerk für große Spannweiten

Die Hallentrakte basieren auf drei Achsen, was sich auch in der Dachform widerspiegelt: Die breiten Pultdächer überspannen jeweils zwei Achsen, die schmalen eine. Während die BS-Holz-Binder die Lagerbereiche als Zweifeldträger unter der langen und als Einfeldträger unter der kurzen Dachfläche mit relativ kleinen Stützweiten von 12 Metern überspannen, müssen die Binder in den stützenfreien Zonen der Fahrstraße und der Ladezone als Einfeldträger Längen von 24 bzw. 27 Metern überbrücken. Das erforderte eine statisch anspruchsvolle Lösung.

Aus Kostengründen wünschte der Bauherr ein Hallentragwerk aus Vollholz-Querschnitten statt einer aufwendig zu montierenden Fachwerkkonstruktion. Die Planer mussten für die unterschiedlichen statischen Situationen ein einheitliches Konstruktionsbild finden. Dazu wählten sie in allen Hauptlängsachsen BS-Holz-Binder mit annähernd gleichen Querschnitten und führten sie als Mehrfeldträger über die Stahlbetonstützen. Auf diesen sind sie entweder gabelgelagert und dadurch gegen Kippen gesichert oder in den Shed-Achsen, wo die Stützen höher sind, durch eine Art „Nadelöhr" durch die Stützen „gefädelt". Die 12 bis 24 Meter langen Dachbinder spannen von Stahlbetonstütze zu Stahlbetonstütze oder vom Längsträger zu den aufgeständerten Auflagern der Shed-Achsen. Zwischen die Dachbinder eingefügte Querträger bilden die Unterkonstruktion für den Dachaufbau und sichern zugleich die Binder gegen seitliches Ausweichen. In der äußeren Längsachse wird die Knicklänge der über die Ladezone spannenden Dachbinder noch durch zusätzliche Verstrebungen verkürzt. Sie bilden eine Art geneigtes Fachwerk, das die Konstruktion zusätzlich stabilisiert.

Die Dachkonstruktion über den Lagerbereichen ist nach dem gleichen Prinzip ausgeführt, aber entsprechend den statischen Gegebenheiten abgewandelt. Eine Vielzahl von K-Verbänden steift die Dachkonstruktion als Ganzes aus.

Brandschutz: Gliederung in Brandabschnitte

Das Tragwerk ist als F30-Konstruktion ausgeführt. Aufgrund des Brandschutzes sind die 13 000 Quadratmeter Hallenfläche in einzelne Brandabschnitte aufgeteilt. Dabei bildet jeder Lagerbereich einen eigenen Brandabschnitt. Zwischen den hinteren beiden Lagern befindet sich eine Stahlbeton-Brandwand. Im vorderen Bereich fungiert die sehr breite Fahrgasse als trennendes Element, und die Ladezone wurde als nahezu brandlastfrei eingestuft.

Außenhaut aus Polycarbonat und Trapezblech

Die Außenwände und die Dachflächen bestehen aus lichtdurchlässigen Polycarbonatplatten und Trapez-blechpaneelen. In der Ladezone und im Einfahrbereich der Fahrstraße ist die Halle seitlich offen. Komplett witterungsgeschützt sind also nur die Bereiche, in denen das Holz lagert.

Die Shed-Oberlichter und die mit ausgerundeten Holzkeilen „aufgebogenen" Blechpaneele in der Fassade sorgen für eine gute Durchlüftung. Ihre Fläche entspricht zwei Prozent der Hallengrundfläche und damit genau dem, was für den Rauchabzug offen sein muss. Weitere drei Prozent würden im Brandfall die Polycarbonatplatten des Daches liefern: Unter Feuer schmelzen sie und tropfen nichtbrennend ab.

Die stufenweise aufgebogenen Trapezbleche lassen das voluminöse Bauwerk leicht erscheinen und strukturieren es elegant. Die mit vertikaler Lichtfuge verlegten Paneelbahnen ziehen die Halle in ihrer Breite optisch etwas zusammen. Die unterste Reihe aus dunklen Paneelen erzeugt den Eindruck eines Sockels und erdet den Bau.

Holzkiste auf Stahlbeton

Neben der Lagerhalle platzierten die Architekten ein zweigeschossiges Bürogebäude, das der Halle an architektonischer Qualität in nichts nachsteht. Das rund 34 Meter lange und etwa 13,50 Meter breite Bauwerk ruht auf einem etwa ein Meter hohen Stahlbetonsockel. Die Anhebung der Geschosse sorgt dafür, dass die Mitarbeiter in ihren Büros im Erdgeschoss nicht auf die Reifen und Chassis der auf dem Gelände verkehrenden Lkws schauen müssen, sondern fast auf Augenhöhe mit den Fahrern sitzen. Im hinteren Gebäudeteil befinden sich ein Lager und eine Werkstatt, die – ohne Sockel – ebenerdig zugänglich sind.

Das Obergeschoss beherbergt das Archiv, den Sozialbereich mit Umkleiden und den Waschraum. Ihnen sind zwei lang gestreckte Loggien vorgelagert. Der Bauherr wünschte einen möglichst hohen Schallschutz zwischen den Geschossen und gleichzeitig ein stützenfreies Großraumbüro rechts neben der langen Zugangsrampe. Bei einem Grundriss von etwa 10 × 10 Metern war eine Deckenkonstruktion erforderlich, die außer für den Schallschutz auch dazu geeignet ist, diese Spannweite zu überbrücken. Eine gute Raumakustik war ebenfalls gefordert.

Mischbauweise aus Holz und Stahlbeton

Sieht man vom Sockel und dem hinteren Gebäudebereich aus Stahlbeton-Fertigteil-Elementen ab, ist das Gebäude ein Holzbau. Der Architekt hat gemeinsam mit dem Tragwerksplaner auf der Basis der logistischen und gestalterischen Wünsche sowie der statischen und bauphysikalischen Anforderungen die jeweils optimalen Konstruktionsmittel für das Tragwerk gewählt. So ist der hölzerne Teil des Gebäudes eine Mischkonstruktion

45

aus unterschiedlichsten Holzbauelementen. Während sich der Holzbau bei den Wänden im Erd- und Obergeschoss auf Brettsperrholz(BSP)-Scheiben und im Bereich der Glasfassade auf tragende Pfosten-Riegel-Konstruktionen aus Furnierschichtholz (FSH) – zum Teil auf Brüstungen in Holzbauweise abgestellt – beschränken ließ, war es bei den Decken zwischen den Geschossen und zum Dach erforderlich, verschiedene Holzelemente und -konstruktionen zu kombinieren. Ein interessantes Detail: Auch der Aufzugsschacht besteht aus BSP.

Als Decke über dem Großraumbüro wählte der Architekt eine Konstruktion aus Hohlkastenelementen, die trotz geringen Eigengewichts und geringer statischer Höhe eine hohe Tragfähigkeit bieten und bis zu 8 Meter überspannen. Da die Spannweite im Großraumbüro allerdings 10 Meter beträgt, entschied der Tragwerksplaner, sie zweilagig zu verwenden. Die beiden Element-Ebenen sind über eine Verklebung statisch verbunden. Dadurch erreicht die Decke eine Höhe von 44 Zentimetern. Die Unterseite ist aus Gründen der Raumakustik mit einer Lochung versehen und mit einem dahinterliegenden Absorbervlies ausgestattet.

Für den Schallschutz wurden die Hohlkästen mit Kalksandsteinen und Splitt gefüllt. Als Schwingungsdämpfer minimieren sie die Übertragung von Gehgeräuschen und erreichen in Kombination mit dem Bodenaufbau einen Trittschalldämmwert von 42 Dezibel.

Über dem Empfangsbereich wurden ebenfalls Hohlkastenelemente mit Akustiklochung und Schwingungsdämpfern verlegt – wegen der kürzeren Spannweite von 6,40 Meter genügte hier eine Lage. Die restlichen Büros erhielten eine Decke aus BSP, das Lager und die Werkstatt eine aus Stahlbeton.

Hinterlüftetes Kaltdach mit Abhängungen

Für die Dachkonstruktion kamen 39 Zentimeter hohe, wärmegedämmte Hohlkastenelemente aus FJI-Trägern (beidseitig beplankte Doppel-T-Träger mit Kerto-Gurten und OSB-Stegen) zum Einsatz. Auf ihnen liegt eine Unterdachbahn als Witterungsschutz, darüber befindet sich die Hinterlüftungsebene. Wie bei einem

konventionellen Dachstuhl trägt eine Pfetten-Sparren-Konstruktion ein leicht geneigtes Dach mit einer Abdichtungsbahn ohne Bekiesung. Über die Länge der auskragenden Loggia, die den Eingangsbereich und die Rampe überdacht, wurden in die Kaltdachkonstruktion zusätzlich sechs 62,5 Zentimeter hohe FSH-Binder eingebaut, um die Loggia über BS-Holz-Pfosten abzuhängen. Die Binder bilden einen 10 Meter langen Einfeldträger mit 3,5 Meter langem Kragarm. Das Eigengewicht der Dachkonstruktion, die mit den Hohlkastenelementen gekoppelt ist, reicht aus, um die Last aus den Kragarmen aufzunehmen, sodass an den anderen Trägerenden keine abhebenden Kräfte wirken.

Passivhaustaugliche Gebäudehülle

Die Qualität der Gebäudehülle entspricht der eines Passivhauses: Auf die BSP-Außenwände im Erd- und Obergeschoss folgt eine 30 Zentimeter dicke Wärmedämmschicht zwischen FJI-Trägern als Unterkonstruktion – den Wandabschluss bilden diffusionsoffene Holzfaserplatten. Auch der Raum zwischen den Sichtbetonvorsatzschalen und dem Sockel bzw. den BSP-Brüstungen des Großraumbüros wurde mit 30 Zentimeter Wärmedämmung ausgefüllt. Gut gedämmte Dachelemente und dreifach verglaste Fenster komplettieren die passivhaustaugliche Gebäudehülle. So kommen die Außenwände im Obergeschoss auf einen U-Wert von 0,116 W/(m²K), das Dach auf einen U-Wert von 0,1004 W/(m²K).

Preiswürdig

Obwohl das Bürogebäude und die Lagerhalle voneinander getrennt sind und auch eine unterschiedliche Formensprache besitzen, bilden sie doch eine überzeugende Einheit. Das Bürogebäude war 2013 einer der Gewinner bei dem in jenem Jahr erstmals ausgelobten Wettbewerb „HolzbauPlus" des deutschen Bundesministeriums für Ernährung und Landwirtschaft. Es ging aus 150 Bewerbungen als Siegerobjekt in der Kategorie „Gewerbliches Bauen" hervor und erhielt außerdem eine Anerkennung beim Holzbaupreis Baden Württemberg 2015. sjf

A   B   C

A → Stahlbetonstützen mit „Nadelöhr" und Gabellager am Stützenkopf nehmen die Längsträger ebenso auf wie die Dachbinder.

B → Die LIGNATUR-Flächenelemente (LFE) werden mithilfe von deckengleichen Stahlträgern als Auflagerschiene zur Geschoss(trenn)decke zusammengebaut.

C → In die Schlitze auf der Oberseite der Elemente werden nach der Montage die Kalksandsteine zur Schalldämpfung eingelegt und die Elemente mit Splitt gefüllt.

D → Die Deckenelemente weisen eine Akustiklochung auf und bieten einen großen Vorteil: Rohbau ist gleich Ausbau.

E → Das neue Bürogebäude präsentiert sich als kompakter Kubus mit vielen Ein- und Ausblicken. Die Fassade gliedert sich in zwei Zonen: unten eine „mineralische", oben eine „organische" aus Holz.

F → Explosionszeichnung. Bis auf den Sockel im hinteren Gebäudebereich aus Stahlbeton-Fertig-Elementen handelt sich um einen Holzbau, dessen Gebäudehülle Passivhausniveau erreicht. Er unterschreitet die EnEV 2009 um 40 Prozent.

D

E

Bauvorhaben Neubau einer Lagerhalle und eines Bürogebäudes der Scheiffele-Schmiederer KG in Philippsburg-Huttenheim (D)

Bauweise Ingenieur-Holzbau

Baujahr 2011

Bauzeit Lagerhalle: Februar 2011 bis Oktober 2011; Bürogebäude: April 2011 bis Februar 2012

Nutzfläche 11 335 m² (Lagerhalle), 767 m² (Bürogebäude)

Umbauter Raum 142 500 m³ (Lagerhalle), 4 437 m³ (Bürogebäude)

Bauherr Scheiffele-Schmiederer KG, Philippsburg (D), www.scheiffele-schmiederer.de

Architektur gumpp . heigl . schmitt architekten, München (D), www.gumpp-heigl-schmitt.de

Tragwerksplanung Lagerhalle: Dr. Linse Ingenieure GmbH, München (D), www.drlinse.de
Bürogebäude: Ingenieurbüro von Fragstein, Landau (D), www.von-fragstein.com

Holzbau Lagerhalle: Hess Timber GmbH & Co. KG, Kleinheubach (D), www.hess-timber.com; Bürogebäude: Holzbau Tretter, Neustadt/Weinstraße-Mußbach (D), www.mit-gunst-und-verlaub.mussbach.de

Prüfingenieur Bürogebäude und Lagerhalle: Ing.-Büro Blaß & Eberhard, Karlsruhe (D), www.ing-bue.de

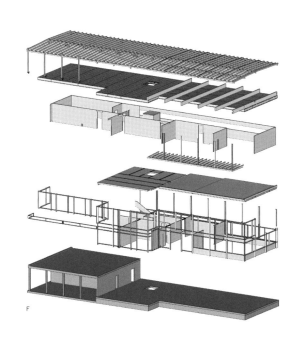

F

Neues Herz für eine alte Strecke

Seit 2013 hat Niederösterreich ein neues Wahrzeichen: das Betriebszentrum an der Station Laubenbachmühle der Mariazellerbahn. Ein Entwurf mit hölzernem Dachtragwerk siegte beim Architektenwettbewerb. Die Rippenschale überspannt sämtliche Funktionsbereiche und lässt viel Tageslicht ins Gebäudeinnere.

Ende der 2000er-Jahre kündigten die österreichischen Bundesbahnen an, sämtliche nicht rentablen Nebenbahnen zu schließen. Das Land Niederösterreich entschied daraufhin, einige Nebenbahnen – darunter auch die Mariazellerbahn – zu übernehmen und sie touristisch weiterzuführen.

Die Mariazellerbahn ist das Herzstück aller Nebenbahnen. Sie wurde Anfang des 19. Jahrhunderts gebaut und war die erste elektrifizierte Schmalspurbahn. Von St. Pölten aus fährt sie ins Pielachtal hinein und dann über die Berge bis nach Mariazell.

Da die Strecke auch kulturhistorisch einzigartig ist, beschloss das Land, die Mariazellerbahn auszubauen und sie mit neuen Zügen und Zuggarnituren auszustatten. Da die alten Werkstätten und Einrichtungen in St. Pölten bereits Museumscharakter hatten, musste auch ein neues Betriebszentrum für die technische Infrastruktur gebaut werden.

Touristisches Highlight nach dem Vorbild des Schweizer Glacier-Expresses

Für das neue Betriebszentrum wählte man die Station Laubenbachmühle als idealen Standort. Ideal deshalb, weil sie nicht nur in der Mitte der Strecke liegt, sondern weil hier auch die atemberaubende Fahrt nach Mariazell beginnt, bei der sich die Bahn in großen Serpentinen den Berg hinaufwindet. Erklärtes Ziel war es, ein touristisches Highlight nach dem Vorbild des Schweizer Glacier-Expresses zu schaffen.

Passenden Entwurf per Wettbewerb gefunden

Für das anspruchsvolle Projekt wurde im Jahr 2011 ein offener internationaler Generalplaner-Realisierungswettbewerb ausgeschrieben. Das Anforderungsprofil sah den Bau von drei Einheiten vor: eine Remisenhalle – also eine Garage für die Bahnen –, ein Werkstattgebäude und eine Bahnhofshalle. Das Gesamtensemble sollte neben den betrieblichen Funktionen auch touristische Aspekte berücksichtigen.

Kompakt unter einem Dach vereint und gut in die Landschaft integriert

Der Siegerentwurf fasste alle Einheiten unter einem Dach zusammen und kreierte damit ein homogenes Gebäude, das sich gut in die Landschaft einfügt. Er punktete bei der Jury auch mit dem Holzbau, da man in Niederösterreich auf ökologische Bauweisen setzt.

Der Architekt hat außerdem Werkstatt und Remise – anders als es bei eisenbahntechnischen Einrichtungen dieser Art üblich ist – hintereinander statt nebeneinander angeordnet und die Einheiten dennoch geschickt mit dem Durchgangsbahnhof kombiniert. Sie sind in der Tallinie

Blick in die Remise mit ihren fünf Gleisen. Das aufgelöste Dachtragwerk und die speziellen Wandkonstruktionen aus Stahlstützen und beplankten Fachwerkwänden erlauben viel Glas für viel Tageslicht und Rundum(ein)blicke.

auf Abstand aneinandergereiht und mit einer kleinen Drehung aus der horizontalen Bezugslinie geschwenkt. Die dadurch entstandene V-förmige „Lücke" zwischen den Hallen lässt sich nun als großzügiger Eingangsbereich nutzen, der die Besucher zum Bahnsteig lenkt.

Die Rautenstruktur der tonnenartig geformten Dächer ist als Analogie zu sich kreuzenden Gleisen zu verstehen. Mit dem geschwungenen Dach haben die Architekten die lang gezogenen hügeligen Bewuchsbänder der umgebenden Landschaft als Form aufgenommen. Dabei ist es ihnen auch gelungen, die Hallen so zu integrieren, dass ihre Höhe kaum auffällt.

Die Gebäudeform folgt der Funktion

Die Abmessungen der Remisen- und der Werkstatthalle waren mit rund 64 Meter Länge und etwa 37,5 Meter Breite durch die Länge der Züge und die nebeneinanderliegenden Gleise von Anfang an vorgegeben. In die Remise können fünf Bahnen eingestellt werden, direkt daneben liegt die Waschhalle mit dem sechsten Gleis und einige Nebenräumen. In der Werkstatthalle kommen drei Gleise unter und daran angrenzend verschiedene Lager-, Arbeits-, Haustechnik- und Aufenthaltsräume sowie Umkleiden und sanitäre Anlagen.

Die Gebäudehöhe von bis zu 12 Metern und die Radien des geschwungenen Tonnendaches mit ansteigendem Endbereich haben sich aus dem Lichtraumprofil der Bahnen und den Mindestabständen zwischen Bahn, Oberleitung und Dach bzw. den Werkstatteinrichtungen ergeben.

Rautenbild aus Haupt- und Nebenträgern

Die beiden spiegelgleichen Hallenbaukörper haben jeweils vier Längsachsen (A, B, B' und C) im Abstand von plus/minus 11 Metern. Drei davon bilden die Auflagerlinien für die Dachkonstruktion: Für die Endauflager in den Achsen A sahen die Tragwerksplaner eine Stahlbetonrippenwand vor. Als Mittelauflager in den Achsen B dienen Stahlbetonwände bzw. wandartige Stahlbetonträger auf Stützen. Die Endauflager der Achsen C bilden Stahldoppelstützen mit dazwischengehängten beplankten Holz-Fachwerkwänden.

Die rund 36 Meter langen Brettschicht(BS-)Holz-Hauptträger (b/h = 24 cm × 110 – 150 – 123 cm, GL32) des Dachtragwerks überspannen in Form von Bogenbindern die drei Achsen im Abstand von 5 Metern, wobei das erste Feld (A–B) knapp 11 Meter misst und das zweite (B–C) etwa 22 Meter.

Während die Binder in den Endauflagern gelenkig angeschlossen sind – zum einen an die aus der Stahlbetonrippenwand herausgeführten Hammerstützen, zum anderen an die Stahldoppelstützen –, sind sie in den zinnenartig geformten Wandkronen des Mittelauflagers gabelgelagert.

Die etwa 12 Meter langen BS-Holz-Nebenträger – ebenfalls Bogenbinder mit variabler Höhe (b/h = 22 cm × 150 – 123 cm / 138 – 150 cm / 110 – 138 cm, GL24) – schließen mit einem Winkel von rund 25 Grad diagonal zwischen ihnen an und überspannen damit jeweils ein 11-Meter-Längsachsenfeld. So treffen Haupt- und Nebenträger an den Auflagern immer in einem Punkt zusammen bzw. „kreuzen" sich in der Mitte des großen Feldes. Daraus ergibt sich die dreiecks- bzw. rautenförmige Netzstruktur, in die der Architekt auch Oberlichter integriert hat.

Die Anschlussknoten dafür entwickelten die Tragwerksplaner zusammen mit dem ausführenden Holzbauunternehmen. Die spitz anschließenden Nebenträger sind mit speziell aufgeschraubten Stahlplatten ausgestattet, die dann auf der Baustelle über einen Bolzen verbunden werden konnten. Diese Lösung ermöglichte eine einfache und schnelle Montage und eine fast unsichtbare Verbindung. Die Planungsdaten wurden über ein millimetergenaues 3-D-CAD-Modell im CNC-Abbund umgesetzt.

Installationsebene zwischen Dachtragwerk und Dachschale

Das Brandschutzkonzept sah für das gesamte Gebäude eine Sprinkleranlage vor. Um für diese und auch weitere Installationen eine flexible Leitungsführung zu ermöglichen, wurde zwischen Tragwerk und Dachschale eine durchlaufende Installationsebene über eine Aufdopplung an der Unterseite der Dachschale vorgesehen. Die Installationslattung ist deckungsgleich mit den Rippen der Dachelemente angeordnet und dient gleichzeitig als Unterkonstruktion für die Deckenuntersicht. Diese Lösung schloss die Ausbildung der Dachschale als aussteifende Scheibe weitestgehend aus, was aufgrund der Vielzahl der Oberlichter ohnehin kaum möglich war.

Stabilisierung der Tragstruktur

Die Kippstabilisierung der Hauptträger erfolgt im Achsabstand von plus/minus 11 Metern. Einerseits werden die Binder über eine Gabellagerung in den Stahlbetonwänden gehalten, andererseits sorgen verdrehsteife Anschlüsse an den trägergleichen Unterzügen in der Bahnhofshalle für ihre stabile Lage.

Im Endauflagerbereich, über den Lichtbändern der Außenwände, wurden sie über eine entsprechende Verschraubung mit den Dachelementen – und teilweise in Kombination mit einzelnen Stahlauskreuzungen – stabilisiert. Im Bereich der 22-Meter-Hallen-Spannweiten gibt es zudem verstärkte Rippen in der Dachschale, die als durchlaufende Zug-Druck-Riegel ausgebildet sind und im 5 Meter breiten Giebel-Endfeld in „lokale Dachscheiben" einbinden. Diese leiten schließlich die

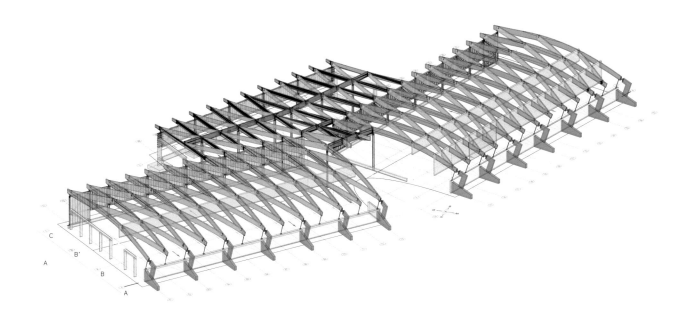

B

C

A → Isometrie: Das Dachtragwerk der Werkstatt
(links) und der Remise (rechts) ist baugleich.
Im Abstand von fünf Metern überspannen die Hauptträger (türkis) zwei Felder, die kurzen Nebenträger
(olivgrün) sind diagonal dazwischen angeschlossen.

B → Wie ein Riesenmaul nimmt der Eingangsbereich
zwischen den Hallen die Besucher auf und lenkt
sie zur Bahnhofshalle. Die Glasfassaden ermöglichen
Einblicke in Remise und Werkstatt.

C → Die beiden Hallen reihen sich in der Tallinie
aneinander. Die Bahnhofshalle verbindet sie geschickt
zu einem homogenen Gebäudekomplex, der sich
gut in die Landschaft einfügt.

A → Zwischen Dachtragwerk und Dachelementen wurde eine Installationsebene für Sprinkler und Elektroleitungen angeordnet.

B → Blick in die Werkstatthalle mit Kranbahn

C → Die parallel angeordneten Hauptbinder überspannen den Grundriss als Zweifeldträger. Die kurzen Nebenträger sind diagonal dazwischen montiert. Der nur mit einem Bolzen montierte Haupt-Nebenträger-Anschluss liegt in der Mittelachse des großen Hallenfeldes.

D → Blick auf die Stirnseite der Werkstatthalle: Die Hauptbogenbinder mit variablen Querschnittshöhen schließen an den Endauflagern gelenkig an. Am Mittelauflager sind sie gabelgelagert.

E → Einfeldträger überspannen die rund 55 Meter lange und 20 bis 25 Meter breite Bahnhofshalle. Als Zwischenauflager dient ein trägergleicher Unterzug auf Stahldoppelstützen.

F → Eingangsbereich Station Laubenbachmühle innen

52

B

C

D

A

E

Stabilisierungskräfte in die Stahlbetonwand bzw. den Stabilisierungspunkt der Außenwand ein.

Strebenböcke in den Fachwerkwänden als „Ersatzstützen"

Die Fachwerkwände, die über Stahlkonsolen zwischen den Stahlstützen eingehängt sind, wurden als 4 Meter hohe und 10 Meter lange Elemente vorgefertigt. Sie bestehen aus einem starken Ober- und Untergurt sowie einem Strebenbock in A-Form mit einem vertikalen Stiel. Sie sind gedämmt und beidseitig beplankt. Der Strebenbock ist jeweils in der Elementmitte platziert. Er nimmt – da nur alle 10 Meter eine Stahlstütze steht – die Lasten der im 5-Meter-Abstand aufliegenden Hauptträger als Ersatzstütze auf und leitet sie in die benachbarten Stahlstützen ein.

Bahnhof mit Einfeldträgern überdacht

Die Achse C ist die Übergangsachse zwischen der Werkstatt bzw. Remise und der Bahnhofsüberdachung. Ihr Tragwerk ist nach dem gleichen Prinzip konzipiert wie das der übrigen Dächer. Hier fungiert als Mittelauflager allerdings ein trägergleicher Unterzug, der auf Stahldoppelstützen aufliegt. An diesen schließen die Haupt- und Nebenträger als Einfeldträger an. Für die gewünschte durchgängige Transparenz in einem Bereich von 3 Metern über dem Boden wurden auch hier Stahldoppelstützen in Kombination mit 10 Meter breiten, beplankten Fachwerkwänden genutzt. Sie bilden die Außenwand und geben den Blick frei auf Züge, die auf dem Gleis vor der Halle fahren.

Dachelemente für Wärme-, Feuchte- und Schallschutz

Alle Dachelemente sind wärmegedämmt und haben eine feuchteadaptive Dampfbremse – außer denjenigen in der Waschstraße. Diese erhielten eine dampfdichte Folie, um ein Eindringen von Feuchtigkeit in die Konstruktion zu verhindern.

Die Untersicht der Dachelemente bilden – auch hier mit Ausnahme der Waschstraße – gelochte Dreischichtplatten. Die Akustikprofilierung sorgt dafür, dass die Anforderungen an die Nachhallzeit in den verschiedenen Hallenbereichen erfüllt werden.

Die Laubenbachmühle im Reise- und Kulturfokus

Ziemlich genau 13 Monate nach Bekanntgabe des Wettbewerbsergebnisses fuhr bereits der erste Zug auf den neu verlegten Gleisen. Eine durchaus rekordverdächtige Bauzeit! Das neue Betriebszentrum war Teil der Niederösterreichischen Landesausstellung 2015 und rückte damit auch als innovatives Gebäude in den Fokus der Öffentlichkeit. sjf

Bauvorhaben Bahnhof und Betriebszentrum Laubenbachmühle der Mariazellerbahn in Frankenfels (A)

Bauweise Ingenieur-Holzbau

Baujahr 2013

Bauzeit Dezember 2011 bis Mai 2013

Baukosten 20 Mio. Euro (netto)

Bauherr NÖVOG Niederösterreichische Verkehrsorganisationsgesellschaft m.b.H., St. Pölten (A), www.noevog.at

Architekt / Generalplaner Architekt Zieser Ziviltechniker GmbH, St. Pölten und Wien (A), www.zieserarchitekt.com

Tragwerksplanung Holzbau, Tragwerkdetails RWT plus ZT GmbH, Dipl.-Ing. Dr. Richard Woschitz, Projektleitung: Ing. Anton Oster MSc., Wien (A), www.rwt.at

Ausführung und Werkplanung Holzbau Rubner Holzbau GmbH, Ober-Grafendorf (A), www.holzbau.rubner.com

Verbaute Holzmenge 1250 m³

Kohlenstoffanteil (C) 312,50 t

CO_2-Speicherung 1146 t

F

Neue Wege im Holzrahmenbau

Beim Bau eines Biosupermarktes in Luxemburg wurde weltweit erstmals eine luftdichte und leimfreie Massivholzplatte in sichtoffener Qualität verwendet. Die Schwarzwälder Erfindung eröffnet dem Holzbau weitreichende Möglichkeiten.

Seit 1988 folgt der landwirtschaftliche Betrieb im luxemburgischen Windhof den Vorgaben des biodynamischen Landbaus. Die Biobauern investierten dabei nicht nur in die Modernisierung ihres Hofes, sondern auch in den Bau eines eigenen Biosupermarktes. Darin offerieren sie auf rund 380 Quadratmetern Verkaufsfläche ein Vollsortiment, das zuvorderst die Erzeugnisse der Luxemburger Biobauern-Genossenschaft BIOG in Form eines erweiterten Hofladenmodells vermarktet. Eine Grundidee des Standortes ist es, die Kunden wieder näher an die regionale Nahrungsmittelherstellung heranzuführen. So ermöglichen im Inneren des Verkaufsraums platzierte Fenster einen freien Blick in die Stallungen. Der im Februar 2014 eröffnete Biosupermarkt wurde in einer neuartigen ökologischen Holzrahmenbauweise ausgeführt. Dieser Aspekt war für die Bauherrschaft wichtig, da sie, der Philosophie ihres Biohofes folgend, auch gesund und unbelastet bauen wollte.

Baubiologische Alternative zu OSB- und Spanplatten
Konventionelle Holzrahmenbauten arbeiten bei der Aussteifung der gedämmten Holzrahmenkonstruktion mit OSB- und/oder Spanplatten, in denen sich gesundheitsschädigende Isocyanate oder Formaldehyd befinden können. Beim Biosupermarkt hingegen wurde die tragende Holzrahmenkonstruktion mit einer seit 2013 auf dem Markt befindlichen leimfreien Massivholzplatte beplankt und ausgesteift. Erfunden hat diese Dieter Junker, der der baubiologischen Alternative den Namen GFM (= Glue-Free Massive = leimfrei und massiv) verliehen hat.

Die Produktinnovation ist komplett frei von Bauchemie, sie besteht aus reinem Schwarzwälder Nadelholz, gesägt, gehobelt und getrocknet. Hervorzuheben ist, dass es Junker gelang, die einzelnen Brettlagen durch eine in Jahrhunderten bewährte, traditionelle Zimmermannsverbindung rein mechanisch zusammenzufügen: den Schwalbenschwanz, der zusätzlich zur horizontalen Sicherung auch eine gewisse Beanspruchung auf Zug ermöglicht. Die Brettlagen der Massivholzplatte, die über eine Standarddicke von 30 Millimetern verfügen, weisen eine diagonale Linienführung auf. Dadurch können die statischen Kräfte bei der Aussteifung der Rahmenkonstruktion effektiver aufgenommen werden. Der konstruktive Nachweis erfolgt über den Eurocode 5 als Brettschalung mit Diagonalaussteifung. Die Produktion der GFM-Platten basiert auf fünf Einzeldielen aus heimischem, PEFC-zertifiziertem Weißtannen- oder Fichtenholz mit einer Restfeuchte von ca. 12 Prozent, in die zimmermannsmäßige Schwalbenschwanzverbindungen gefräst werden. Danach werden die Bretter unter hohem Druck zu rechteckigen, 3,21 oder 3,91 Meter langen und 62 Zentimeter breiten Platten miteinander verpresst. Im Anschluss fährt ein Laser über die Massivholzfläche und versiegelt etwaige Astlöcher und Undichtigkeiten mit einem unbedenklichen Heißwachs. Danach ist die Platte in Gänze luftdicht, was die Prüfung und Zulassung nach DIN 13829 bestätigt hat. Dabei erzielte sie in unterschiedlichen Einbausituationen Luftdurchlässigkeiten zwischen q50 0,01 m³/(m²h) und 0,23 m³/(m²h).

Das Wechselspiel von vertikaler und horizontaler Außenbekleidung verleiht dem Biosupermarkt ein dynamisches Element.

Bauherrenwunsch: sichtoffene Qualität

Die GFM-Platten kommen ohne zusätzliche Dampfbremsen aus. Über ein mechanisches Einhängesystem können sie von zwei Zimmerleuten problemlos angebracht werden. An den Breitseiten verfügen die Platten über ein überlappendes Profil, in das im Falle einer gewünschten flächigen Luftdichtigkeit ein Quellband eingelegt wird, das diese sicherstellt. Durch die aussteifende Konstruktion mit reinem Holz sowie einer Luftdichtigkeit ohne Folien vermag der Holzrahmenbau nun in den Markt der ökologischen und schadstofffreien Bauweisen vorzudringen, der bis dato dem massiven Holzbau vorbehalten war.

Den Luxemburger Bauherren ist es zudem zu verdanken, dass Junker das GFM-Produktspektrum um eine Platte mit geschliffener, sichtoffener Qualität erweitert hat. Beim Anblick der GFM-Platte entstand die Idee, deren Holzoberfläche für den Innenbereich in den Verkaufsräumen sichtoffen zu lassen und nicht wie sonst üblich zum Beispiel mit Gipskartonplatten zu bekleiden. Obschon der Entwickler der Diagonalplatte derlei Wünschen aufgrund der Maßtoleranz der Einzelbretter skeptisch gegenüberstand und darauf hinwies, dass sie nur als OSB-Ersatz gedacht sei, blieben die Holzoberflächen in der Ausführung sichtbar. Dieses Konzept einer einfachen technischen Konstruktion, die sowohl die Aussteifung der Rahmenkonstruktion sichert als auch den baubiologischen und optischen Ansprüchen genügt, hat alle Beteiligten vollends überzeugt. Durch den Verzicht auf Gipsfaserplatten und den Wegfall des damit verbundenen zeitintensiven Verspachtelns selbiger konnte die Aussteifung der Rahmenkonstruktion mit der GFM-Platte zum gleichen Preis wie mit den günstigeren, konventionellen Systemen erfolgen. Abschließend wurden die geschliffenen Holzoberflächen nur noch geölt. Die Massivholzplatte kann außer für die Beplankung von Holzständerwänden auch für Boden-, Decken- und Dachflächen sowie als Fassadenplatte eingesetzt werden.

Luxemburger Langhaustradition

Beim Entwurfsplan des Biosupermarktes mit seiner lang gestreckten, rechteckigen Ausrichtung hat sich der Architekt Stephan Hain an der Tradition des Luxemburger Langhauses orientiert, die dem historischen Teil des Hofensembles zugrunde liegt. Um den mineralischen Alt mit dem hölzernen Neubau zu verbinden, hat Hain Teile einer alten Bruchsteinmauer, die für den Neubau weichen musste, als gestalterisches Element in dessen Eingangsbereich integriert. Das Fundament und den Bodenaufbau konzipierte er ebenso einfach wie effizient. Auf eine kapillarbrechende Schicht aus Schaumglasschotter wurde eine Bodenplatte aus Industriebeton platziert, die zugleich die Bodenheizung trägt. Schaum-

glas besteht zu 100 Prozent aus aufgeschäumtem Altglas und wird vor allem zur Wärmedämmung und Stabilisierung verwendet. Weil dieses relativ leichte Material druckfest, wasserdicht, schadstofffrei, lastabtragend und nahezu unverrottbar ist, kann auf den ansonsten bei der Dämmung gegen das Erdreich üblichen teuren Schichtenaufbau unter der Fundamentplatte verzichtet werden. Die Betonplatte wurde nach dem Antrocknen oberflächig geschliffen, sodass der Belag unmittelbar nach Beendigung der Rohbauarbeiten fertiggestellt war. Dadurch konnte das kostenintensive Verlegen von zusätzlichen Dämm-, Dicht-, Heiz- oder anderweitigen Bodenbelagsebenen entfallen.

Zellulosedämmung und Gründach

Die im Gebäudeinneren mit der sichtoffenen Massivholzplatte finalisierte Wandkonstruktion wurde im Außenbereich mit einer Schalung aus Weißtanne bekleidet. Um das Haus in den bauhistorischen und architektonischen Kontext einzubinden, setzte Hain den Bereich der vormaligen Bruchsteinwand mit einer grauen Farbgebung ab und führte ihn damit an das nachbarliche Ensemble des alten Bruchsteinhofes heran. Die Rhombusschalung des Supermarktes gestaltete er in weiten Teilen mit einer vertikalen Linienführung, einzig die Anbindung zum Lager und Wohnbereich erhielt eine horizontale Ausrichtung. Zudem wurden die Holzlatten mit einer speziellen baubiologischen Nadelholzlauge behandelt, damit sie möglichst zeitnah eine gleichmäßige Vergrauung erreichen. In das als Balkendecke konzipierte Dach wurden fertig vorproduzierte Holzgefache eingebaut, die unterseitig mit Multiplexplatten und oberseitig mit zementgebundenen Spanplatten versehen sind. Wie bei den tragenden Außenwänden wurden auch hier die Zwischenräume mittels eingeblasener Zellulose gedämmt. Dem schließt sich eine Lüftungsebene von 12 Zentimetern an, die von mit Nut und Federn versehenen Rauhspundbrettern abgedeckt wird. Abschließend folgt eine PVCfreie Abdichtung, auf die die Grünbedachung mit einer Substratschicht von 40 Zentimetern aufgebracht wurde. Um eine gesicherte und funktionierende Hinterlüftung des Gründaches zu gewährleisten, wird die Frischluft aus der Lüftungsanlage des Supermarktes durch die Lüftungsebene der Dachkonstruktion angesaugt. Ein Bypass verhindert dabei, dass im Sommer etwaige hohe Luftfeuchtigkeit in der Lüftungsebene kondensiert. Zur Absicherung messen an exponierten Stellen Sonden permanent Feuchtigkeit und Temperatur und verhindern somit eine potenzielle Auffeuchtung des Daches.

Betonkernaktivierung durch Kühlwärme

Das energetische Versorgungskonzept wurde mehrstufig konzipiert. So verfügt der Supermarkt über eine

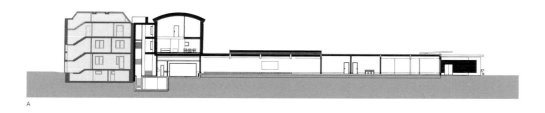

A

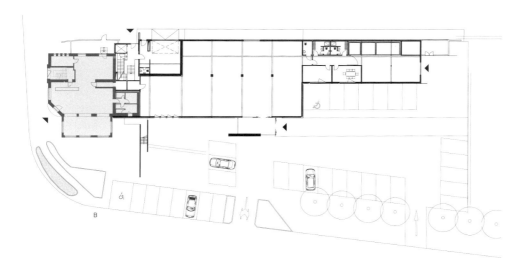

B

C

A+B → Die langgestreckte, rechteckige Ausrichtung
sowie der Grundriss des Supermarktes (hier EG)
orientieren sich an der bauhistorischen Tradition des
Luxemburger Langhauses.

C → Natürliche Materialien und gesunde Nahrungs-
mittel: Biolandbau und ökologischer Holzbau haben
in der Luxemburger Langhausarchitektur zueinander-
gefunden.

B

Sichtschutz im oberen Bereich der Wand:
Auskragung der 60/90 Latten über die Brüstung

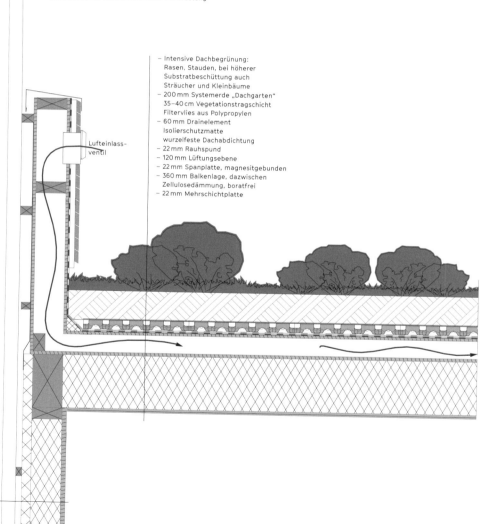

– Intensive Dachbegrünung:
  Rasen, Stauden, bei höherer
  Substratbeschüttung auch
  Sträucher und Kleinbäume
– 200 mm Systemerde „Dachgarten"
  35–40 cm Vegetationstragschicht
  Filtervlies aus Polypropylen
– 60 mm Drainelement
  Isolierschutzmatte
  wurzelfeste Dachabdichtung
– 22 mm Rauhspund
– 120 mm Lüftungsebene
– 22 mm Spanplatte, magnesitgebunden
– 360 mm Balkenlage, dazwischen
  Zellulosedämmung, boratfrei
– 22 mm Mehrschichtplatte

Lufteinlass-
ventil

– 60 mm Holzschalung,
  vertikal (60/60, 60/90)
– 40 mm Lattung
  horizontal (40/60)
– 60 mm Holzweichfaserplatte,
  paraffiniert
– 200 mm Holzständer,
  dazwischen Zellulosedämmung,
  boratfrei
– 30 mm GFM Diagonalschalung

A

Fußbodenheizung mittels Betonkernaktivierung, wobei die mäandrierend verlegten Heizschleifen direkt in die Bodenplatte miteingegossen wurden. Gespeist wird der Betonkern von der Abwärme der Kühlanlagen für die Lebensmittel, also unmittelbar aus der Kühlung der Kühltresen und Kühlboxen. Dabei entzieht ein Wärmetauscher dem Verflüssiger die Wärme und führt diese einem Pufferspeicher zu. Die dort erzielte Temperatur reicht aus, um den Supermarkt zu beheizen, da dort ganzjährig nur 19 Grad Celsius Raumtemperatur benötigt werden und da die Energieverteilung über die Gesamtraumfläche nur eine geringe Vorlauftemperatur von gut 30 Grad Celsius erfordert. Lediglich in den Büros und den Umkleiden wurden für Lastspitzen im Winter Heizkörper sowie für den Eingang ein Warmluftschleier installiert, die von der Zentralheizung des Wohngebäudes betrieben werden.

Den Bau des Supermarktes nahmen die Bauherren zudem als Anlass, um die Heizungsanlage im Altbestand zu erneuern. Auf dem Lagerdach wurde eine solarthermische Anlage installiert, deren Wärmegewinnung bei Bedarf von einem Pelletkessel unterstützt wird. Der alte Gaskessel dient heute als Redundanz sowie zur Abdeckung von Spitzenlastzeiten. mwl

C

A → Die Hinterlüftung des Gründachs ist in die zentrale Lüftungsanlage integriert worden. Dabei wird die Frischluft von außen zuerst zur Belüftung der Dachkonstruktion genutzt, bevor sie in den Biosupermarkt geführt wird.

B → Die Massivholzplatten waren anfangs nur als baubiologische Alternative zur Aussteifung der Holzrahmenkonstruktion gedacht. Erst später folgte die Idee, diese sichtoffen zu belassen.

C → Die diagonale Linienführung der Massivholzplatte erhöht nicht nur deren statische Funktion, sondern erzeugt zugleich ein angenehmes Raumambiente.

Architektur hainarchitektur, Wasserbillig (L), www.hainarchitektur.lu

Bauherren Demeter Hof Guy und Sylvie Meyers-Weis, Windhof (L), www.naturata.lu

Holzbau Holzbau Henz GmbH, Trierweiler (D), www.holzbauhenz.de

Geschäftsfläche 546 m²

Davon Verkaufsfläche 393 m²

Heizwärmebedarf 64 kWh/m²a (= Wärmeschutzklasse C)

Primärenergiebedarf 28 kWh/m²a (= Gesamtenergieeffizienzklasse A) (hierzu: Wärme aus Kühlung darf nicht berücksichtigt werden)

Luftdichtigkeit 1,18 1/h

Baukosten 1 Mio. Euro

Verbaute Holzmenge 248 m³

Kohlenstoffanteil (C) 62 t

CO_2-Speicherung 227 t

Gesundes Arbeiten und Wohnen

In Italien wurde ein Gewerbe-Wohn-Mischbau aus vorgefertigten Massivholzelementen unter baubiologischen Gesichtspunkten realisiert. Das zertifizierte Plusenergiegebäude verfügt über eine emissionsfreie Energieversorgung und kommt ohne Folien und automatische Lüftung aus.

Die Casa Salute S.r.l. Holzbauunternehmung hat ihren Firmensitz in Südtirol von Bozen in das Gewerbegebiet Schwemm in Margreid verlagert. Dabei setzte die Bauherrschaft bei dem zweigeschossigen Holzbau, der zugleich als Wohndomizil dient, auf ebenso ökologische wie klimafreundliche Materialien und Systeme. Die Entwurfsplanung musste der schmalen und länglichen Form des Grundstückes Rechnung tragen: Daher richtete der Architekt Marco Sette den Holzbau nach Süden hin in gekurvter Form mit einer vierfach verglasten Panoramafront aus, um einen maximalen solaren Gewinn zu erzielen. Zugleich konnte dadurch auch das weite Tal des Unterlandes in die Räume eingebunden werden. Der zweigeschossige Wohn-Büro-Mischbau erinnert in seiner Form an ein liegendes, rechtwinkliges Dreieck, dessen Hypotenuse eine lang gezogene, nach außen gewölbte Kurve zeichnet. Im Erdgeschoss befindet sich der Bürotrakt inklusive Ausstellungsbereich, der über die großzügige Verglasung des Halbrunds lange mit natürlichem Licht versorgt wird und auch im Winter noch einen nennenswerten Solareintrag erzielt. Der Wohnbereich im Obergeschoss verfügt über vergleichsweise kleinere, gleichwohl immer noch großzügige Glasflächen, die sich zu den umliegenden Feldern und den Weinbergen hin öffnen. Eine Terrasse erstreckt sich vom Obergeschoss des Hauptbaus über das Flachdach zum Gästehaus, das den Kunden die Möglichkeit bietet, das Raumklima eines wohngesunden Massivholzbaus persönlich zu erfahren.

Das Kernstück des zweigeschossigen Holzbaus bildet eine ellipsenförmige Innentreppe mit einer sektional gekurvten Wand, die aus einzelnen, leicht gekurvten Vollholzelementen besteht. Umsäumt von tragenden Holzsäulen, verbindet sie das Erdgeschoss mit dem Obergeschoss. Von diesem zentralen Fixpunkt richtete Marco Sette sämtliche Räume aus.

Elementbasiertes Massivholzbausystem

Der Baukörper wurde in der Rombach-Nur-Holz-Systembauweise realisiert. Dabei handelt es sich um komplett vorgefertigte, massive Wand-, Decken- und Dachelemente, die mit einem Kran in Kurzzeit zum Rohbau aufgestellt werden. Die Systemelemente bestehen aus verschieden starken Nadelholz-Brettlagen (Tanne und Fichte), die in Kreuzlagenform mittels Hartholzschrauben zu kompakten Massivholzbauteilen miteinander verbunden werden. Aus statischen Gründen setzt die Firma Rombach zusätzlich auf eine vertikale, zentrale Balkenlage von 6 bis 8 Zentimetern sowie auf eine oder mehrere Brettlagen, die, mit einem Winkel von 45 Grad angebracht, die Festigkeit dauerhaft sicherstellen. Aufgrund des Einsatzes von Hartholzschrauben aus

Der sektional gekurvte Baukörper trägt der lokalen Bausituation Rechnung und generiert über großzügige Fensterflächen einen hohen Lichteinfall und solare Gewinne.

Buchenholz konnte auf Leim, Metall oder Dübel verzichtet werden, sodass die Einstofflichkeit des Gesamtsystems – nur Holz – erhalten bleibt.

Bei der Konstruktion der Massivholzelemente werden zuerst Innengewinde in die Brettlagen hineingedrückt, in die man nachfolgend die Schrauben aus Buchenholz dreht. Hierbei wird die ausgleichende Feuchtigkeitsbewegung des Holzes als zusätzlich stabilisierender Faktor genutzt. Denn während die Hartholzschrauben einen Feuchtigkeitsgrad von 6 bis 8 Prozent besitzen, weisen die Wandelemente aus Weichholz einen Restfeuchtegehalt von 12 bis 13 Prozent auf. Durch die ausgleichende Bewegung im Holzverbund zieht sich die trockenere Buchenholzschraube in Richtung des feuchteren Brettlagenholzes fest. Damit entsteht ein stabiler Kraftschluss im Massivholzelement, sodass Setzungen oder Schwundrisse im Holzbaukörper vermieden werden. Zudem drängt das durch das Hineindrücken der Gewindegänge verdichtete Holz zurück, was abermals die Festigkeit im Gesamtsystem stärkt. Diese hohe Stabilität in Verbindung mit der von der Vollholzschraube garantierten geringen Flexibilität bietet auch in erdbebengefährdeten Gebieten höchste Sicherheit. Die wellenförmigen Kräfte der Erdstöße können größtenteils bereits im Inneren der Wand kompensiert werden, bevor sie auf die Wandverbindungen auftreffen, wo meist die größten Schäden auftreten. Zudem bieten die Holzschrauben einen größeren Schutz als Metallverbindungen, da sie weniger schnell ausreißen. An den Verbindungsstellen wird ein Nut- und Federprofil in die Decklamellen gehobelt, was den Luftzug unterbindet.

Umgedrehtes Deckenelement

Der Massivholzbau wurde diffusionsoffen konzipiert, sodass in den Räumen ein optimales Raumklima im gesunden und vom Menschen als angenehm empfundenen Bereich zwischen 30 und 55 Prozent relativer Luftfeuchte vorherrscht. Der bewusst einfach gehaltene Außenwandaufbau des Casa Salute, der aus einem 26 Zentimeter dicken Massivholzelement mit einer 16 Zentimeter starken Dämmschicht aus ökologischen Holzweichfaserplatten besteht, erzielt einen rechnerischen U-Wert von 0,13 W/m²K. Die Massivholzelemente wurden mit einem Schwerlastanker auf der betonierten Bodenplatte montiert und verankert, wobei die Nivellierung über eine Montageschwelle aus Lärchenholz von 8 × 10 Zentimeter erfolgte. Finalisiert wurden die Außenwände mit einer Bekleidung aus witterungsresistentem Lärchenholz bzw. mit einem natürlichen Kalkputz. Ein holzbaulich-architektonischer Clou ersparte der Bauherrschaft die Kosten für den Unterbodenaufbau inklusive Fußboden im ersten Obergeschoss: Die Vollholzdecke mit einer Stärke von 25 Zentimetern ließ

man umgekehrt mit der Sichtfläche nach oben montieren Nach unten hängte man die Decke ab und nutzte diesen Zwischenraum für die Installationsebene, die mit einer thermoakustischen Naturdämmung ausgefüllt wurde. Zudem verfügt dieser massive Boden- bzw. Deckenaufbau durch den hohen Holzanteil über eine große Wärmespeicherkapazität. Das abschließende Flachdach besteht aus einer 25 Zentimeter dicken Massivholzplatte, die mit einer Holzweichfaserplatte von 20 Zentimetern gedämmt wurde und über einen rechnerischen U-Wert von 0,12 W/m²K verfügt.

Emissionsfreie Versorgungslösung

Ursprünglich sollte ein zentral platzierter Kachelofen die Grundlast für beide Etagen übernehmen. Da Emissionen jedoch komplett vermieden werden sollten, nahm man davon Abstand, was zudem den Bau eines Kamins überflüssig machte. Stattdessen installierte man ein effizientes Kapillarrohr-Flächenheizsystem, wobei die Heizmatten aus Polypropylen (PP) in den Lehmputz der abgehängten Decke gelegt wurden. Das System funktioniert mit nur 50 Liter Wasser auf 350 Quadratmeter Wohnfläche als Flächenheizung auf der Basis gesunder, langwelliger Strahlungswärme. Den Kachelofen stattete man ebenfalls mit den Kapillarrohren aus. Im Vergleich zu konventionellen Flächenheizungen bestehen die Kapillarrohrmatten nicht aus wenigen Rohren, sondern aus sehr vielen kleinen, dicht beieinander liegenden, wasserführenden Kapillaren mit einem Außendurchmesser von 3,4 oder 4,3 Millimetern, die eine deutlich größere Oberfläche ausbilden. Das System vermag dadurch die verwendeten Flächen nahezu komplett auszunutzen. Infolgedessen reichen schon geringe Vorlauftemperaturen von 25 bis 27 Grad Celsius aus, um eine behagliche Raumtemperierung zu erzielen – mit signifikant niedrigen Energieverbräuchen. Darüber hinaus bietet das System zugleich eine sommerliche Kühlung, denn dann strömt kühles Wasser mit einer Vorlauftemperatur von circa 18 Grad Celsius durch das Mattensystem. Dies wird durch zwei getrennt geführte, hydraulische Wasserkreisläufe ermöglicht, die durch einen Edelstahl-Wärmetauscher separiert werden. Ein weiterer Vorteil sind die geringen Aufbauhöhen der vorgefertigten Kapillarrohrmatten, die zum Beispiel unmittelbar unter den Bodenbelag und oberhalb des Estrichs verlegt werden können. So kann die Energie schneller und effizienter in den Raum gebracht werden als bei konventionellen Flächenheizungen, die vergleichsweise träge reagieren und einer langen Vorlaufzeit bedürfen.

Hybridkollektoren und -wärmepumpen

Das Kapillarrohrsystem wird dual gespeist. Auf dem Flachdach arbeiten Hybridkollektoren, deren Energie man

A

A → Auch die Decke des Mischbaus besteht aus massivem Holz; sie wurde mit einem Kran in kürzester Zeit platziert und montiert.

B → Die vielen kleinen Kapillarrohre übertragen die Energie auf die ganze Fläche der mit einem Lehmputz finalisierten Massivholzdecke.

C → Die fertig vorproduzierten, massiven Wandelemente werden über Kreuz miteinander verschraubt.

D → Der Längsschnitt des zweigeschossigen Plus-energie-Massivholzbaus.

B

C

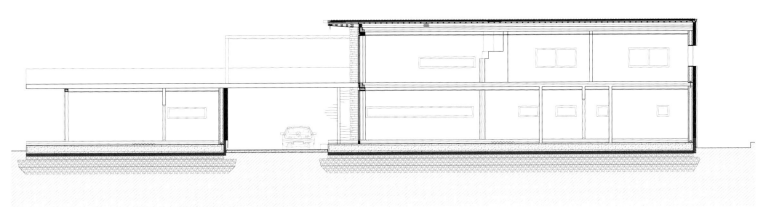

D

selbst nutzt, mit einer installierten Leistung von 5 Kilowatt bei einer Fläche von 33,70 Quadratmetern. In diesen sind die getrennten Systeme der solaren Nutzung – Fotovoltaik (Strom) und Solarthermie (Warmwasser) – in einem Modul integriert. Dabei wird der Hybridkollektor von einer Trägerflüssigkeit gekühlt, wodurch die Fotovoltaikmodule länger im Leistungsbereich einer effizienteren Stromproduktion bleiben, was einen höheren Stromertrag von bis zu 20 Prozent bedeutet. Die Leistungsfähigkeit der Module ist bei etwa 25 Grad Celsius Zelltemperatur optimal. Ihre Energieausbeute sinkt je Grad Celsius Temperaturanstieg um circa 0,33 bis 0,5 Prozent, was gerade in der ertragreichen heißen Sommerzeit zu Verlusten führt. Gleichzeitig wird die absorbierte Wärme der Kühlung zur Versorgung mit Warmwasser bzw. zur Heizungsunter-

stützung genutzt. Bei mangelndem Wärmeertrag übernimmt eine Luft/Wasser-Wasser/Wasser-Hybrid-Wärmepumpe die Versorgung, die ihren Strom wiederum direkt von den Fotovoltaikeinheiten erhält. Die Ausgangsenergie entnimmt das Wasser-Wasser-Modul dem erwärmten Kühlwasser der Hybridkollektoren, solange dieses entsprechende Temperaturen liefert. Danach schaltet die Hybrid-Wärmepumpe automatisch auf das Luft-Wasser-Modul um und bedient sich der Außenluft als Trägermedium. Zwei systemintegrierte 500-Liter-Pufferspeicher sorgen dafür, dass die Hybrid-Wärmepumpen nur tagsüber mit selbst erzeugtem Strom arbeiten, da sie die Energie für Heizung und Brauchwasser in der Nacht ausreichend zur Verfügung stellen. Den Überschuss speist man ins öffentliche Stromnetz ein. mwl

Casa Salute, Margreid

64

A

A → Das Erdgeschoss dient als Büro, Besprechungs- und Schulungsraum.

B → Der Grundriss des Erdgeschoßes zeigt den Wohn-Gewerbe-Mischbau mit angeschlossenem Musterhaus.

C → Der massive Holzbau orientiert sich in Form und Ausführung an der natürlichen Tallage auf schmalem Baugrund.

Bauherr Casa Salute S.r.l., Margreid (I), www.casa-salute.it

Architektur Studio M7 – Architekt Marco Sette, Bozen (I), www.m-7.it

Elemente Holzbau Rombach Bauholz und Abbund GmbH, Oberharmersbach (D), www.nur-holz.com

Dämmung und Verputz Holzbau Firma Paul Pitschl, Aldein (I), www.zimmerei-pitschl.it

Statik Ing. Attilio Marchetti Rossi, Pesaro (I), www.marchettirossi.com

Glasfassaden Wolf Artec, Natz-Schabs (I), www.wolf-fenster.it

Statische Bauaufsicht und Kollaudierung Ing. Erich Habicher, Oberbozen/Ritten (I)

Installationsplanung Energytech / Ing. Norbert Klammsteiner, Bozen (I), www.energytech.it

Geomantisches Gutachten Georg Ungerer, Kurtatsch (I), www.georgungerer.it

Strahlungsfreie Elektroinstallation und kabelloses Lichtschaltersystem Fa. Bioelektrik – Leonhard Plattner, Jenesien (I); Fa. Opus, Reichelsheim (D), www.opusgreen.net

Heizsystem Fa. Othmar Romen, Kaltern (I); Clina GmbH, Berlin (D), www.clina.de

Nettogeschossfläche 350 m²

Transmissionswärmeverluste in der Heizperiode QT 9597 kWh/a

Lüftungswärmeverluste in der Heizperiode QV 1578 kWh/a

Interne Wärmegewinne in der Heizperiode Qi 3936 kWh/a

Passive solare Wärmegewinne in der Heizperiode Qs 6496 kWh/a

Zertifizierung Klimahaus Gold-Nature

Baukosten 900 000 Euro

Verbaute Holzmenge 180 m³

Kohlenstoffanteil (C) 45 t

CO₂-Speicherung 165 t

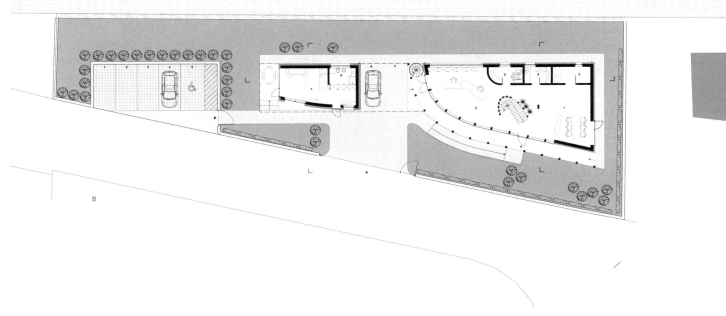

Sportbauten

Einfach, aber wirkungsvoll

Die Vierfach-Sporthalle zweier Schulzentren ist seit August 2012 das Glanzstück in Sargans. Aufgrund ökologischer Gesichtspunkte stand beim Entwurf von Beginn an die Reduktion auf das Wesentliche im Vordergrund. Die besondere Ästhetik, umgesetzt mit modernster Holzbautechnik, basiert auf einfachen, aber wirkungsvollen Gestaltungsmitteln und ist einer frühen und engen Kooperation zwischen Architekten und Tragwerksplanern zu verdanken.

Die neue Sporthalle in Sargans im Kanton St. Gallen liegt eingebettet zwischen den hoch aufragenden Berggipfeln des Pizol, des Falknis und des Gonzen. Bevor sie errichtet wurde, stand an der gleichen Stelle eine fast 30 Jahre alte Dreifach-Sporthalle. Sie wies so viele Schäden auf, dass die Kosten für eine zeitgemäße Sanierung plus Anbau einer notwendig gewordenen weiteren Sporthalle nur unwesentlich unter den Neubaukosten gelegen hätten – eine Lösung, die außerdem weder baulich noch betrieblich zufriedenstellend gewesen wäre. So entschied sich der Bauherr, das Hochbauamt St. Gallen, für Abriss und Neubau und führte 2008 einen anonymen, einstufigen Architekturwettbewerb durch.

Enges Korsett für eine starke Idee

Das Hochbauamt legte den Fokus des Projekts auf Nachhaltigkeit und auf regionale Wertschöpfung. Es forderte Minergie-Standard, die Einhaltung eines festen Budgets von 20 Millionen Schweizer Franken (damals rund 16,4 Millionen Euro) sowie geringe Unterhalts- und Entsorgungskosten. Zudem sollte die Bauzeit möglichst kurz sein, um die sportlichen Aktivitäten nicht allzu lange unterbrechen zu müssen. Gefordert war außerdem, die vorhandene Pfahlgründung des Vorgängerbaus für das neue Bauwerk zu nutzen, da die Tragfähigkeit des Baugrunds im ehemaligen Sumpfland des Rheins sehr schlecht ist.

Aufgrund all dieser Einschränkungen und Vorgaben hatten die Architekten die Sporthalle bereits beim

Der Entwurf der neuen Vierfach-Sporthalle sollte eine nachhaltige Architektur sicherstellen und zugleich begeistern. Diese zwei Faktoren sollen eine langfristige Akzeptanz bei der Bevölkerung gewährleisten.

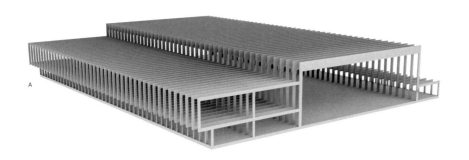

A

D

E

F

B

G

C

A → 3-D-Visualisierung der Tragstruktur. Links: Umkleiden, sanitäre Bereiche und Sporträume. Mitte: Sporthalle. Rechts: Geräteräume.

B → Die schlanken Rahmen bieten dem Nutzer einen fast unverstellten Blick nach draußen und lassen viel Tageslicht in die Halle.

C → Die enge Stellung der Rahmen prägt den Raumeindruck. Das Tragwerk wirk als gestaltendes Element.

D → Die geringe Rahmenbreite von 14 Zentimetern erforderte den stehenden Zusammenbau der Rahmen auf einem Hilfsgerüst. Anschließend konnten sie mit dem Kran an die endgültige Stelle versetzt werden.

E → Die Rahmenriegel mit den vorgerichteten GSA-Anschlussteilen wurden auf die Baustelle geliefert.

F → Die GSA-Anschlussteile liegen im Querschnitt der Rahmenecke und sind nach der Montage kaum zu sehen.

G → Unterseitig geschlossene Pi-Platten-Elemente werden zwischen die Rahmen gehängt und zu einer Dachscheibe verbunden.

H → Die 7 Meter hohe, aussteifungsfreie Glasfassade im Nordosten bringt gleichmäßig viel Tageslicht in die Halle.

I → Grundriss EG

J → Querschnitt

71

H

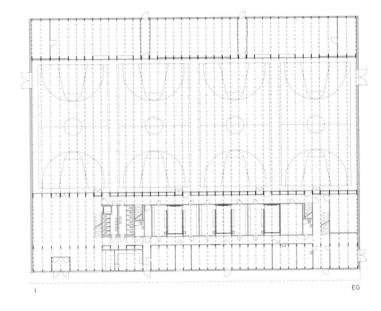

I   EG

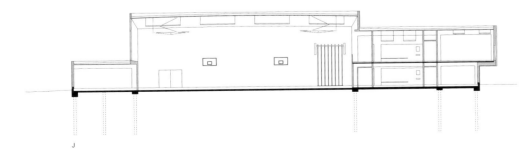

J

Wettbewerb als Leichtbau in Holz konzipiert – was sich schließlich als entscheidendes Auswahlkriterium für ihren Entwurf herausstellte.

Entwurfsidee und Ziel der Planungsgemeinschaft war es, einen sinnlichen, ausdrucksstarken Edelrohbau mit einer Tragstruktur aus hochwertigem, möglichst sparsam und sinnvoll eingesetztem Holz zu errichten. Zur Kosten- und Ressourcenoptimierung prüften die Architekten deshalb bei jeder Projektphase aufs Neue, ob Arbeitsschritte bzw. Material eingespart oder Bauteile weggelassen werden können. Diese sorgfältige, konsequente Architektur ist nun das Markenzeichen des etwa 66 Meter langen und 56 Meter breiten Bauwerks.

Städtebaulich orientiert sich die Sporthalle an der benachbarten, bereits sanierten und erweiterten Kantonsschule sowie deren Positionierung im gesamten Campus. Die neue, 10 Meter hohe Sporthalle schafft den Übergang zwischen Hallenvolumen und den umgebenden kleineren Gebäuden unter anderem dadurch, dass auf einer Längsseite der Halle im Nordosten ein eingeschossiger, niedrigerer Baukörper folgt. In ihm befinden sich die Geräteräume. In der Sporthalle selbst unterteilen doppelwandige Hubfaltwände aus Kunstleder den Raum je nach Bedarf in vier kleinere Einheiten. Im zweigeschossigen Bereich, der sich auf der anderen Hallenseite im Südwesten anschließt, sind innerhalb einer Infrastrukturzone oben wie unten Garderoben und Sanitärzellen, im Obergeschoss zusätzlich die Räume für Fitness und Gymnastik, im Erdgeschoss unter anderem Küche, Technik und Außengeräte untergebracht. Der innere Aufbau ist somit einfach und pragmatisch in Funktionen gegliedert und der Baukörper je nach Nutzungsanforderungen der Räume in der Höhe gestaffelt.

Sinnliche Ausstrahlung dank neuer Techniken

Das Haupttragwerk der knapp 30 Meter breiten Vierfach-Sporthalle bilden 40 schlanke Brettschichtholz-Rahmen aus heimischer Fichte in unterschiedlich hohen Festigkeiten. Da nicht an allen Stellen des Tragwerks gleich große Kräfte auftreten und folglich nicht überall gleich hohe Brettschichtholz-Festigkeiten notwendig waren, konnten durch diese Anpassung Kosten eingespart werden. Mit einem Abstand von 1,65 Meter eng aneinandergereiht, erzeugen die Rahmen den Eindruck einer filigranen Holzlamellenwand bzw. -decke.

Die abgehängten Deckenleuchten in der Halle platzierten die Architekten zwischen den Rahmenriegeln. Wenn sie abends leuchten, ergeben sie einen schönen Kontrast zu den schwarzen Deckenelementen, die mit für die gute Raumakustik verantwortlich sind. Zusammen mit den Riegeln entsteht ein optisch ansprechendes Farb- und Formenspiel, das sich auch in der durchgängigen, 7 Meter hohen Glasfront der Sporthalle spiegelt.

Nur mit einigen ingenieurtechnischen Kniffen ließ sie sich von aussteifenden Elementen frei halten. So kann das Tageslicht gleichmäßig über die gesamte Hallenlänge ins Innere fallen.

Die serielle und dichte Tragstruktur aus schlanken Querschnitten zieht sich konsequent über alle Gebäudebereiche hinweg, führt damit zu einer überzeugenden Stringenz und außergewöhnlichen Ästhetik. Die so entstehende „soziale Nachhaltigkeit" war den Architekten genauso wichtig wie die ökologischen Aspekte. Denn auch wenn die hier verwendeten 2500 Kubikmeter Rohholz einer Menge entsprechen, die den Planern zufolge im Schweizer Wald in 3,21 Stunden nachwächst: Die Ästhetik gilt für sie als Schlüssel für die langfristige Akzeptanz eines Bauwerks in der Gesellschaft und bildete ihr Leitmotiv für das Projekt.

Die Rahmen

Möglich wurde diese Ästhetik jedoch erst durch den geschickten Einsatz einer neuen Verbindungstechnik und einer guten Idee seitens der Tragwerksplaner, die früh in die Planung einbezogen wurden. Trotz der Länge von 28,80 Metern sind die Rahmenriegel (GL28h) bei einer Bauteilhöhe von 140 Zentimetern nur 14 Zentimeter dick, und die knapp 10 Meter hohen Rahmenstiele (GL36) mit 14 × 80 Zentimeter sind ebenfalls sehr schlank. Um Letztere so filigran zu halten, galt es, sie durch einen ingenieurtechnischen Trick zu entlasten. Dazu erhielten die Stiele bei der Vorfertigung der Rahmen eine Innenneigung, sodass deren Fußpunkte bei der Montage zur Fixierung in den Stahlgelenken einige Zentimeter nach außen in die Vertikale gezogen werden mussten. Diese Zwangsverformung erzeugt eine Art Vorspannmoment in den Rahmenecken, das sich teilweise mit dem Moment aus den Vertikallasten des Riegels aufhebt und damit die Stiele entlastet. Zur schadensfreien Aufnahme aller Lasteinflüsse in den Rahmenecken nutzten die Tragwerksplaner eine neue Verbindungsart, die GSA(Gewinde-Stangen-Anker)-Technologie. Dabei handelt es sich laut Entwickler um ein kraft- und formschlüssiges Verbundsystem, das sich durch hohe Tragfestigkeit, Steifigkeit und duktiles Verhalten auszeichnet. Die Rahmen und Stiele wurden mit je zwei speziellen Stahlbändern und Bolzenverbindungen im äußeren und inneren Eckbereich sowie einer Gewindestange, die die oberen mit den unteren Stahlbändern verbindet, zusammengeschlossen. Dabei nimmt die Gewindestange den Querzug auf und wirkt Rissen entgegen. Als Dachelemente kamen (unterseitig mit einer Akustikplatte geschlossene) Doppel-T-Platten zum Einsatz. Sie wurden zwischen die Rahmenriegel gehängt und zu einer Dachscheibe verbunden.

Im zweigeschossigen Gebäudeteil ist die Geschossdecke als Holz-Beton-Verbund-Konstruktion ausgeführt –

mit Unterzügen aus kombiniertem Fichte-Esche-Brett-schichtholz und Gitterträgerplatten. Da hier das größte Feld mit fast 11 Meter Spannweite die 15 Tonnen schweren Betonfertigteil-Duschzellen trägt, wurden Verbundanker aus dem Brückenbau eingesetzt.

Die Verwendung von Eschen-Brettschichtholz (GL40) ermöglicht es aufgrund der mindestens 50 Prozent höheren Biege- und Schubfestigkeiten, die Trägerquerschnitte um etwa 60 Prozent kleiner zu dimensionieren. Die Minimierung der Trägerhöhe wirkte sich positiv auf die gesamte Gebäudekubatur, auf die Quadratmeter der Fassadenfläche und somit auf nötige Ressourcen und Kosten aus.

Die Gebäudehülle bilden Holzrahmenbau-Elemente mit 20 Zentimeter Mineralfaserdämmung und eine Vertikalschalung, ebenfalls aus unbehandeltem, einheimischem Fichtenholz, die so mit der Tragstruktur korrespondiert. Im Bereich der Fenster öffnet sich die Schalung lamellenartig, wird halb transparent, lässt den Betrieb dahinter erkennen und trägt damit zum filigranen Gesamtausdruck bei.

Erdbebenlasten: in der Schweiz immer ein Thema

Ein Erdbebennachweis ist in der Schweiz obligatorisch. Um die Lasten für die weiter verwendete Holzpfählung des Vorgängerbaus gering zu halten, haben die Planer die Aussteifung gegen Wind und Erdbeben aus Holz konzipiert: Das Abfangen von Erdbebenlasten gewähr-

leisten wenige Holzrahmenbauwände mit OSB-Beplankung in den Sporthallen-Längswänden. Sie sind als Schubfelder konzipiert. Die Aussteifung des Gebäudes in Querrichtung übernehmen die Rahmen.

Als Nebentragwerk und zugleich als aussteifende nachgiebige Schubfelder wurden bei den Dächern Dreischichtplatten eingesetzt. Sie stabilisieren den Baukörper in Längsrichtung und leiten die Horizontallasten aus Wind und Erdbeben in die Wandscheiben ab.

Der zweigeschossige Garderobentrakt bewirkt, dass der Massenschwerpunkt des Gesamtgebäudes außerhalb der Sporthalle liegt. Damit kommt die 7 Meter hohe Glasfassade ohne Aussteifungselemente aus.

Patina als Teil der Poesie des Gebäudes

Was am Ende ganz selbstverständlich und einfach daherkommt, ist das Ergebnis einer großen Investition in Ideen und Innovationen. Insgesamt ist die Architektur stringent und wohltuend klar – innen wie außen. Einzig die Fassade könnte das Erscheinungsbild im Laufe der Zeit stören: Vergrauung und witterungsbedingte Veränderungen der Verschalung werden Ungleichmäßigkeiten erzeugen. Dessen sind sich die Architekten allerdings bewusst. Sie setzen damit die alpenländische Tradition im Umgang mit der natürlichen Veränderung von Holz im Außenbereich fort und verstehen diese sich ändernde Patina auch als Teil der Poesie des Gebäudes. sjf

Was am Ende ganz selbstverständlich und einfach daherkommt, ist das Ergebnis einer großen Investition in Ideen und Innovationen.

Bauvorhaben Vierfach-Sporthalle / Regionale Sportanlage (RSA) in Sargans (Kanton St. Gallen, CH)

Bauweise Ingenieur-Holzbau

Baujahr 2012

Bauzeit April 2011 bis Mai 2012

Baukosten / Budget 20,09 Mio. sFr.

Geschossfläche 4 859,50 m²

Hauptnutzfläche 2 907 m²

Nebennutzfläche 753,50 m²

Umbauter Raum 32 534 m³

Bauherr Hochbauamt des Kantons St. Gallen, St. Gallen (CH), www.hochbau.sg.ch

Architektur Blue Architects & Ruprecht Architekten, Zürich (CH), www.bluearchitects.com und www.ruprecht-architekten.ch

Bauleitung Ghisleni Planen Bauen, Rapperswil (CH), www.ghisleni.ch Tragwerksplanung Massiv- und Holzbau: Walt + Galmarini, Zürich (CH), www.waltgalmarini.com

Holzbau Blumer-Lehmann AG, Gossau (CH), www.blumer-lehmann.ch

Rahmen und HBV-Träger neue Holzbau AG, Lungern (CH), www.neueholzbau.ch

Fassaden- und Ausbauplanung Pirmin Jung – Ingenieure für Holzbau AG, Rain (CH), www.pirminjung.ch

Verbaute Holzmenge ca. 1250 m³

Kohlenstoffanteil (C) ca. 313 t

CO_2-Speicherung ca. 1146 t

Schnelle Skater gut bedacht

Die erste überdachte Inline-Arena Deutschlands kommt bunt und weiträumig daher. Die hölzerne Dachkonstruktion ruht auf nur vier Innenstützen. Zwei 125 Meter lange Gerberträger und 44 Bogenbinder überspannen das Oval.

Seit April 2010 hat die Stadt Geisingen im südlichen Baden-Württemberg ein neues Aushängeschild: Die „arena geisingen". Sie ist Deutschlands erste überdachte Anlage für den Inlinesport und bietet ideale Bedingungen für Freizeit, Wettkampf und Training. Möglich wurde dieses Projekt durch den Mut eines privaten Investorenehepaares, das sich lange mit dem Gedanken trug, seine Heimatstadt um eine neue Attraktion zu bereichern. Die eigentliche Idee ergab sich eher zufällig, als ein Freund des Paares den Inlinesport für sich entdeckte und voller Leidenschaft davon berichtete. Da sei der Funke übergesprungen. Bald fanden die Investoren heraus, dass es in ganz Baden-Württemberg keine geeignete Bahn für diesen Sport gab, und so entstand das millionenschwere Vorhaben.

Eine Überdachung musste her
Sehr schnell stand fest, dass es eine überdachte Anlage werden sollte. Zum einen wollten die Investoren so eine witterungsunabhängige Sportanlage schaffen, zum anderen komfortable Plätze für Zuschauer einrichten. Denn auch Weltmeisterschaften sollten hier stattfinden. Deshalb wurde die Arena nach internationalen Standards und Reglements gebaut.

Die Planungs- und Bauphase dauerte rund dreieinhalb Jahre. Die etwa 7500 Quadratmeter große Skaterhalle, die einem Amphitheater gleicht, sollte sich harmonisch in die Tallandschaft der Donau einfügen.

Ausgeklügeltes Tragsystem der Dachkonstruktion
Ein Tragwerk aus Brettschicht(BS)-Holz-Trägern überdacht heute das etwa 125 Meter lange und 68 Meter breite Bauwerk wie ein Trägerrost auf Stützen. Um die Sicht der bis zu 3000 Zuschauer nicht zu beeinträchtigen, wünschte die Bauherrschaft neben den vielen Randstützen so wenige Innenstützen wie möglich. Die Tragwerksplaner konnten aufgrund eines geschickt gewählten Tragsystems die Zahl auf vier begrenzen. Platziert wurden sie nahe der Ecken des Infields.

Das Dachtragwerk besteht im Wesentlichen aus zwei blockverklebten BS-Holz-Hauptträgern (b/h = 42 cm × 242 cm, GL28c), die im Abstand von 26 Metern auf je zwei eingespannten Innen- und Randstützen gabelgelagert aufliegen und den ellipsenförmigen Grundriss in Längsrichtung als Dreifeldträger überspannen, sowie aus senkrecht daran anschließenden bogenförmigen Querträgern (b/h = 16 cm × 213 cm, GL28c).

Aus Produktions- und Transportgründen mussten die Hauptträger in drei Teile geteilt werden, was die Ausführung als Durchlaufträger mit Gerbergelenken (momentenfreie Anschlüsse), kurz: Gerberträger, nahelegte. Die Lage der Momenten-Nullpunkte im Mittelfeld und damit der Gelenke bestimmte folglich die Teillängen der Hauptträger, die nicht den Feldweiten entsprechen. Unter Berücksichtigung der Feldweiten von 30 – 45 – 37,50 Metern ergab sich für das längste Bauteil eine Länge von 48 Metern.

Damit die Hauptträger nach der Montage nicht durchhängen, wurden sie überhöht ausgeführt. Ihr Eigengewicht „zieht" sie nach dem Einbau wieder in die Horizontale. Anders die 44 bogenförmigen, zwischen 14 und 25,50 Meter langen Querträger: Sie sorgen im Achsraster von 7,50 Metern dafür, dass das Dach eine flache Wölbung erhält – ähnlich einem Tonnendach.

Die futuristisch anmutende Speedskating-Arena in Geisingen bietet ideale Bedingungen für Spitzensportler, Hobby-Inlineskater und Urlauber der Region. Der farbig leuchtende, in der Landschaft schwebende Ring ist weithin sichtbar.

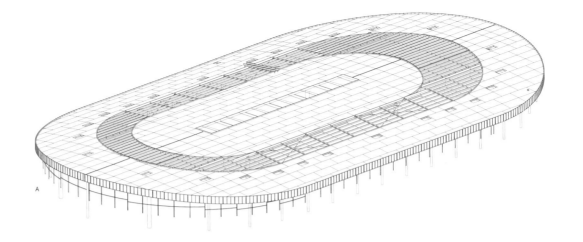

A

B

C

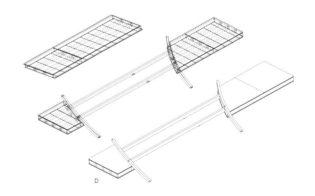

D

A → Isometrie des Gebäudes mit Oberlichtring und eingezeichneten Dachelementen

B → Das ovale Bauwerk sollte einem Amphitheater gleichen und wird von einer trägerrostartigen Dach-konstruktion aus BS-Holz-Bindern überspannt, die außer auf Randstützen nur auf vier Innenstützen ruht.

C → Halber Querschnitt durch die Dachkonstruktion: An die Hauptträger schließen die gebogenen Querträger an.

D → Vorgefertigte „Mischelemente" mit integrierten BS-Holz-Pfetten: Die Tragrippen der Dachelemente führen in den Kurvenbereichen der Oberlichter aus ihnen heraus und werden sichtbar. Sie wirken im eingebauten Zustand wie separat verlegte Pfetten.

Aus gestalterischen Gründen sind die Querträger fast so hoch wie die Längs- bzw. Hauptträger und schließen unterkantenbündig an sie an. Ihre Höhe wurde lediglich um die Dicke der Kastenelemente der Dacheindeckung reduziert, damit diese wiederum oberflächenbündig mit den Hauptträgern abschließen.

Herausforderung: Planung der Dachelemente

Die kurze Bauzeit von Mitte November bis Ende Januar erforderte eine weitgehende Vorfertigung (90 Prozent) des Daches. Der ovale Grundriss und der tonnendach-förmige Hallenquerschnitt stellten die Statiker bei der Planung und Fertigung der Dachelemente vor eine ebenso große Herausforderung wie die 3-D-Ausführungs-planer: Denn nicht nur die Dachfläche krümmt sich kontinuierlich über die Breite des Gebäudes. Auch das rundumlaufende Tageslichtband mit den Pfetten, die teilweise als Tragrippen in die geschlossenen Dachelemen-te hineinführen, musste in die Planung integriert und werkseitig vorgefertigt werden. So gibt es 146 verschie-dene Elementtypen bei insgesamt 240 Dachelementen. Mithin ist fast jedes Element ein Unikat. Die exakten Geometrien wurden aus dem 3-D-CAD-Modell ermittelt und so für die CNC-Produktion vorbereitet, sodass auf der Baustelle alle Teile stimmten, da es keine Chance zur Nachbesserung gab. Mithilfe eines Verlege- und Positi-onsplans gelangten dann die passenden Elemente an die richtigen Stellen.

Dacheindeckung wirkt als aussteifende Scheibe

Die knapp 30 Zentimeter dicken Dachelemente mit Volldämmung, fertiger Dachhaut und Akustikprofilierung wurden auf der Holzkonstruktion verlegt. Angesichts der erhöhten Schallschutzanforderungen in der Arena entwickelte das ausführende Holzbauunternehmen eine Sonderprofilierung und ließ die Akustikplatten prüfen.

Die oberseitige OSB-Beplankung steht an den Stößen entweder über oder ist zurückgeschnitten, so-dass sich beim Zusammenfügen ein Stufenfalz ergibt, über den die Elemente schubfest miteinander vernagelt und zu einer aussteifenden Scheibe verbunden wer-den können. Da das rundumlaufende Oberlicht keine durchgängige Scheibenausbildung erlaubt, übernehmen im Bereich des Lichtbandes Stahlauskreuzungen diese Aufgabe.

Für die Ausbildung der Scheibenwirkung in Längs- und Querrichtung spielte auch die versetzte Anordnung der Elemente eine Rolle. Die Planer wählten die Abmessungen und Positionen der Dachelemente so, dass sie im Zusammenspiel die bestmögliche Scheibenwirkung ent-falten können – bei gleichzeitiger Beachtung der zu-lässigen Transportmasse. Dabei geriet die Entwicklung des Verlegeplans zu einem Puzzlespiel.

Das Dach trägt also einen wesentlichen Teil zur erforder-lichen Gesamtsteifigkeit des Gebäudes bei. Eine wichtige Rolle spielen aber auch die Rand- und Innen-stützen. Sie sind überwiegend eingespannt, jedoch auf eine bisher selten ausgeführte Art und Weise: Es handelt sich um Rammpfähle aus Stahlrohren, die bis zu 10 Meter weit ins Erdreich getrieben wurden, um die erforderliche Tragfähigkeit sicherzustellen. Auf der gewünschten Stützenhöhe abgeschnitten, wurden die Stahlrohre mit Beton verfüllt. Die Kombination aus Dach-scheiben, Stützen und biegesteifen Anschlüssen gewähr-leistete die notwendige Gesamtsteifigkeit des Gebäudes.

Randträger als Deckenauflager

Als Randauflager für die Dachelemente spannen BS-Holz-Träger von Randstütze zu Randstütze. Den Abschluss des über die Randträger überstehenden Daches bilden OSB-Schürzen. Entlang der Traufen der Längsseiten sind sie rechteckig zugeschnitten und auf die Stirnseiten der Dachrandelemente aufgeschraubt. Geometrisch komplex gestaltete sich der Zuschnitt der Plattenstreifen im Übergang bzw. im Bereich der gebogenen Traufen an den Gebäude-Schmalseiten. Hier steigen die Traufen an, und jede Stelle ist anders geneigt. Mit 3-D-CAD ließen sich auch diese Plattengeometrien exakt bestimmen und fertigen.

Entwässerung

In die Dachelemente integrierte und beheizbare Rohre entwässern die Dachfläche. Im äußeren Dachring führen sie das Wasser von den Gullys entlang der Attika zu den Fallrohren. Im Bereich der ovalen Dachscheibe leiten sie es entlang der Aufkantung des Oberlichts zu den vier Innenstützen. Abnehmbare Deckel lassen Kontrollen am Unterdrucksystem jederzeit zu.

Summa summarum …

Das Tragsystem besteht insgesamt aus etwa 600 Kubik-metern BS-Holz. Sie verteilen sich auf die beiden 125 Meter langen Hauptträger, 44 Bogenbinder und 16 einachsig gebogene Attikarandträger. Hinzu kommen 250 Pfetten im aufgekanteten, transluzenten Oberlichtbereich. Die Architekten wollten so viel natürliches Tageslicht wie mög-lich in die Arena holen. Dafür wurden 2000 Quadratmeter transparente Prokulitplatten und Oberlichter montiert. Das ausführende Holzbauunternehmen hat die gesamte Dachkonstruktion in etwa 14 Tagen produziert und an-schließend vor Ort montiert. Da es sich um eine Winterbau-stelle handelte, musste die Dachfläche schnell hergestellt und wetterfest gemacht werden. Das ließ sich mit den vorgefertigten Dachelementen einfach bewerkstelligen.

Das Dach kam in 42 Lkw-Ladungen. Davon waren drei Sondertransporte mit einer maximalen Transportlänge von 52,5 Metern und 74 Tonnen Gesamtgewicht. Rund 450 Kilometer hatten die Fahrer mit ihren überlangen und schweren Fahrzeugen zurückgelegt. Zwei Kräne hievten die Träger millimetergenau in die dafür vorgesehenen Auflager, dort justierten und verankerten die Monteure sie.

Ein Glücksfall für alle

Bei der Eröffnung waren sich die Besucher einig: Die in privater Initiative errichtete „arena geisingen" ist ein Glücksfall für die Stadt, die gesamte Region, vor allem aber ein Unikat in der Inline-Szene. sjf

A

C

B

D

Bauvorhaben arena geisingen

Bauherr Uhrig Straßen- und Tiefbau GmbH, Geisingen (D), www.uhrig-bau.eu

Entwurf Schoyerer Architekten BDA, Mainz (D), www.schoyerer.de

Architektur CENTRAPLAN – Architekten-Planungsgesellschaft mbH, Kirchzarten (D), www.centraplan-architekten.de

Tragwerksplanung und CAD-Werkstattplanung WIEHAG Vertriebsbüro Pfullingen in Kooperation mit kw-holz, Ingenieurgesellschaft mbH, Bad Orb (D), www.kw-holz.de

Holzbauer Wiehag GmbH, Altheim (A), www.wiehag.com

Verbaute Holzmenge 600 m³

Kohlenstoffanteil (C) 150 t

CO_2-Speicherung 550 t

E

F

A → Das erste Teilstück eines Hauptträgers ist montiert. Er reicht 6,50 Meter über das Endfeld ins Mittelfeld hinein. Hier schließt das mittlere Teil über einen Gerber-Gelenkstoß an. Die aufgeschweißten Gabel-lager auf den eingespannten Stahlstützen halten den Träger gegen Kippen.

B → Einheben der Dachelemente und anschließendes Verbinden zu einer Scheibe über den Stufenfalz.

C → Montage der Dachrandelemente

D → Die Dachelemente liegen auf den Querträgern und schließen oberflächenbündig mit den Haupt-trägern ab.

E → Stützen- bzw. Hauptträgerabstand: 26 Meter. Die quer anschließenden Bogenträger formen das Dach zu einer flachen Tonne.

F → Die Skating-Halle liegt am Rande der Ortschaft Geisingen, eingebettet in eine Freizeitanlage.

Wellness unter Wassertropfen

Den Wasserpark Acquaworld in Concorezzo bei Mailand überspannt ein enormes Dachtragwerk aus Holz in Form von Wassertropfen. Seine unregelmäßige Struktur konnte am kostengünstigsten mit Brettschichtholz-Bindern hergestellt werden – bei allen Bädern ohnehin die beste Wahl wegen der Unempfindlichkeit des Baustoffs gegen Chlor.

In Concorezzo, im Herzen der italienischen Provinz Monza und Brianza in der Lombardei, steht der Wellnesstempel Acquaworld. Eröffnet wurde das Spaßbad im Oktober 2011. Die optische Hauptattraktion der Anlage sind zweifelsohne die kuppelartigen Überdachungen. Sie symbolisieren Wassertropfen und weisen eine vollkommen unregelmäßige Struktur auf. Transparente Luftkissen auf einer Längsseite sorgen als Dacheindeckung für reichlich Tageslicht im Halleninneren. In der Nacht leuchtet das Gebäude wie ein Lampion. Der Rest des Daches, rund 60 Prozent der Kuppelfläche (etwa 4000 Quadratmeter), ist begrünt und wirkt von Weitem wie ein grüner Hügel.

Kuppeln wie Wassertropfen

Die Architekten wollten ein Gebäude schaffen, dessen Erscheinungsbild klar für Ökologie und Gesundheit steht. Gleichzeitig galt es für das Dachtragwerk ein chlorunempfindliches Material zu verwenden. Holz erfüllt all diese Bedingungen. Stahl hingegen war nicht nur korrosionsbedingt von vornherein ausgeschlossen, sondern auch, weil er sich nur mit unverhältnismäßig hohem Aufwand in die vielen verschiedenen Binderformen der

Dachkonstruktion hätte bringen lassen – ganz abgesehen von Aufwand und Kosten eines entsprechenden Anstrichs. Neben der Chlorunempfindlichkeit spielten also vor allem die organische Form der Kuppeln und die zu überbrückenden Spannweiten die entscheidende Rolle: Die gesamte Halle hat eine Länge von circa 133 Metern, die größte Breite beträgt etwa 53 Meter. Eine architektonisch ansprechende und technisch machbare Lösung mit möglichst wenig Stützen innerhalb der Kuppeln war bei den vorhandenen Rahmenbedingungen nur in Holz zu bewerkstelligen. Dank CAD und CNC-Abbund stellen heute auch Hunderte von verschiedenen Querschnitten im Holzbau kein Problem mehr dar.

Haupttragwerk: unsymmetrischer Dreibock mit Zwischenstütze

Das Acquaworld-Gebäude selbst besteht aus einem Stahlbeton-Sockelgeschoss. Dabei folgen die Außenwände aus Stahlbetonelementen einer freien geschlossenen Linie, die eine zweifach taillierte, nierentischähnliche Fläche umschließt. Darauf setzt das gesamte Dachtragwerk auf, das aus einer großen und einer kleinen Kuppel

Das gesamte Dach hat eine Länge von circa 133 Metern, die maximale Breite beträgt etwa 53 Meter. Es überspannt das Spaßbad wie riesige Wassertropfen.

sowie einem Flachdach als Verbindungselement besteht. Die große Kuppel mit knapp 84 Metern Länge und 53 Metern an der breitesten Stelle hat eine maximale Höhe von etwa 17 Metern. Das Haupttragwerk bilden vier Brettschicht(BS)-Holz-Bogenbinder, die mit Stahlfachwerken unterspannt sind. Ihre Anordnung ergibt im Grundriss die Form eines Y. Die beiden fischbauchähnlichen Träger liegen in der Längsachse der Halle und bilden ihr Rückgrat. Sie ruhen auf einer stählernen Fachwerkstütze, über der sie gestoßen und biegesteif miteinander verbunden sind.

Der knapp 28 Meter lange Bogenbinder des Endfelds stützt sich auf der Außenwand ab und ist dort über ein Stahlgelenk angeschlossen. Der des Mittelfelds dagegen trifft mit den beiden Bindern der Y-Schenkel in einem Knotenpunkt zusammen. Letztere spreizen sich zu zwei Auflagerpunkten hin auf: Die BS-Holz-Obergurte und die Stahluntergurte sind mit einer Höhendifferenz von 5,76 bzw. knapp 4,30 Metern zum einen auf der Außenwand, zum anderen auf der Bodenplatte gelenkig angeschlossen. Das Haupttragwerk funktioniert als unsymmetrischer Dreibock mit Zwischenstütze. Die Architekten liessen es weiß lasieren. So ist die Tragstruktur auch optisch ablesbar. Daran lehnt sich das gesamte Skelett aus 54 BS-Holz-Bogenbindern (Nebentragwerk) als formgebende Elemente an.

Abfederung der Dachlasten durch gespreiztes Dachtragwerk

Eigenlast, Dachaufbau und äußere Lasteinwirkungen wie Wind und Schnee erzeugen große Kräfte auf das weit gespreizte Haupttragwerk. Als Auflast im Bereich des Gründaches wurden 2 kN/m² angesetzt. Sie schließt auch Erdbebenlasten ein, die in Italien immer berücksichtigt werden müssen.

Die fischbauchähnlichen Holz-Stahl-Binder nehmen die Zug- und Druckkräfte auf und leiten sie ins rückwärtige Einzelauflager ab bzw. in die aufgespreizten Holz-Stahl-Binder in den Y-Schenkeln. Auf deren gekrümmte Stahlrohre wirken entsprechend große Druckkräfte. Die Rohre sind jedoch so biegeweich ausgeführt, dass sie die Kräfte abfedern können, allerdings nur bis zu einer bestimmten Knicklänge. Um diese zu gewährleisten, haben die Tragwerksplaner einerseits die vier Fachwerkstäbe zwischen den Gurten eingesetzt, andererseits – zur Untergurtstabilisierung – beidseitig Stahlzugbänder angeordnet, die diagonal zu den benachbarten Bogenbindern spannen.

Die 50 Zentimeter breiten Obergurte der Stahl-Holz-Hauptbinder bestehen jeweils aus zwei 24 Zentimeter breiten Querschnitten. Dazwischen nehmen sie die Stahlanschlussbleche der Fachwerkstäbe auf. Der dadurch entstehende Spalt von 2 Zentimetern im übrigen Binder

wird mit einem entsprechend dicken Brett gefüllt und das Ganze miteinander verklebt. Dies war fertigungstechnisch die einzige Möglichkeit, die diagonal weit in die BS-Holz-Obergurte hineinragenden Anschlussbleche einzubauen.

Seitenarme formen die Tropfen

Die gewünschte Tropfenform der Halle erforderte 54 unterschiedliche BS-Holz-Bögen. Denn jeder Bogen hat einen anderen Krümmungsradius und verjüngt seine Querschnittshöhe jeweils zu den Auflagerpunkten hin. Wegen der frei geschwungenen Grundrissform stehen die Bögen unterschiedlich verdreht zueinander. Zugleich variiert die Höhe der Anschlusspunkte an den Hauptträgern ebenso kontinuierlich wie der Anschlusswinkel der Bogenenden. Und zu guter Letzt wurde jeder Querschnitt einzeln dimensioniert – je nach aufzunehmender Last. Denn die Bogenbinder unter dem Gründachbereich müssen mehr Last tragen als die im Bereich des Membrandaches, um nur einen Einflussfaktor zu nennen.

Damit am Ende auch die Dachschalung vollflächig und ohne Verkantungen über die Binder hinweg verlegt werden konnte, erhielt jede Bogenoberseite eine anders gefräste Neigung, die sich wiederum aufgrund der Freiformfläche der Kuppel über die Binderhöhe hinweg kontinuierlich ändert. Kurz: Jeder formgebende „Seitenarm" ist ein kunstvolles Unikat.

Aber auch die Riegel zwischen den Bögen, die sie seitlich stabilisieren, sind infolge der verschiedenen Achsrichtungen der Bogenbinder alle unterschiedlich lang und können jeweils nur mit einem Winkel eingebaut werden. Die Entwicklung eines speziellen U-förmigen Anschlussteils mit Scharnier ermöglichte es, sie in jeder beliebigen Neigung an den Bögen zu befestigen.

Herausforderung: Haupt-Nebenträger-Anschluss

Für die kraftschlüssige Verbindung der Bogenbinder an den Obergurten der Hauptträger entwickelten die Tragwerksplaner ebenfalls eine Art Universalanschluss. Dieser musste in der Lage sein, die hohen Schubkräfte und die Versatzmomente, die durch die unterschiedlich schräg ankommenden Bogenbinder entstehen, aufzunehmen und in den Hauptträger einzuleiten. Gleichzeitig war es erforderlich, Vertikalkräfte aus dem Hauptträger in die Bogenbinder einzuleiten, da sich Hauptträger- und Nebenträgersystem gegenseitig abstützen, also ein komplexes Raumtragwerk bilden.

Hierfür nutzten die Planer einen Gelenkbolzenanschluss und passten ihn an die Erfordernisse an: Eine Rasterplatte aus Stahl, die seitlich in den Obergurt eingefräst und mit der Platte auf der anderen Binderseite über Gewindestangen verspannt wurde, erhielt

A → Die Bogenbinder-Unikate spannen in unregel-
mäßigen Abständen zwischen Fußpunkt und
Haupttragwerk das Skelett der Tropfenformen auf.
Dort, wo Gründach vorgesehen ist, wurde die Lattung
zwischen den Bindern entsprechend eng verlegt.

B → Seitenansicht der beiden Hauptträger auf der
Mittelstütze und eines (der beiden) „abzweigenden"
Trägers, der in zwei Auflagerpunkten mit Höhen-
differenz endet.

C → Das Haupttragwerk bilden vier BS-Holz-Bogen-
binder, die mit Stahlfachwerken unterspannt sind. Der
Rutschenturm durchdringt die große Kuppel wie
eine Röhre. An ihn bindet die unterbrochene Dachkonstruktion kraftschlüssig an.

D → Der mit Luftkissen gedeckte Dachbereich der
Acquaworld wirkt leicht und lässt bei Tag viel
natürliches Licht durch die transparente Membran.

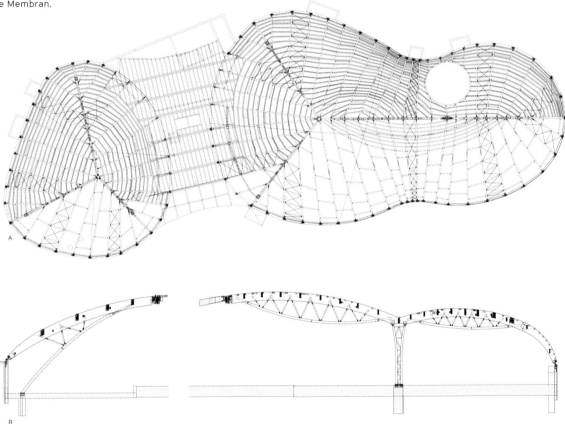

A

83

B

C

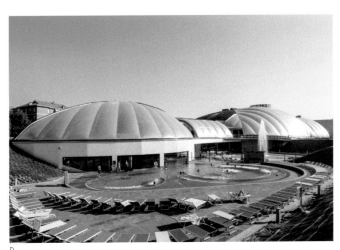

D

zwei aufgeschweißte Blechfahnen. Dieses Doppelblech nimmt das Stahlblech aus dem Nebenträger (Bogenbinder) auf, das an ihm mit Stabdübeln und Passbolzen angeschlossen ist. Eine Gelenkwelle (d = 9 cm) verbindet die drei Bleche kraftschlüssig miteinander. Das Ganze ist in einem Schlitz an den Kopfenden der Nebenträger versteckt untergebracht.

Stützenfreies Tragwerk für die kleine Kuppel
Nach dem gleichen Konstruktionsprinzip wurde die kleine Kuppel ausgeführt. Wegen des eher eiförmigen Grundrisses spannt hier ein relativ gleichmäßiger Dreibock aus stahlunterspannten BS-Holz-Bogenbindern stützenfrei die Dachform auf.

Als Hauptträger wurde hier – analog zu den Bindern in den Y-Schenkeln der großen Kuppel – die sich aufspreizende Konstruktion mit unterschiedlichen Auflagerhöhen gewählt.

Selbsttragende Struktur
Die Tragwerke der großen und der kleinen Tropfenkuppel, bestehend aus Haupt- und Nebentragwerk samt Querriegeln und Windverbänden in zehn bzw. sechs Binderfeldern, sind jeweils selbsttragend. Die Dachschalung leistet keinen Beitrag zur Aussteifung.

Die Tragwerksplaner haben die beiden Kuppeln jedoch mit dem Flachdach verbunden. Es liegt in 12 Metern Höhe und koppelt sie nicht nur architektonisch, sondern auch statisch: Das Dach wirkt wie eine stabilisierende Scheibe und erhöht die Gesamtsteifigkeit. Damit wollte man auch Bewegungen innerhalb der Konstruktion so gering wie möglich halten, um die Dachabdichtung nicht zu schädigen.

Der Rutschenturm trägt mit
Der Rutschenturm durchdringt die große Kuppel und unterbricht die Kontinuität des Tragwerks. Das erforderte ein paar zusätzliche ingenieurtechnische Kunstgriffe. Die Tragelemente enden rund um diesen Bereich,

wurden aber kraftschlüssig an ihn angeschlossen. Die Kuppel stützt sich also an diesem Turm ab.

1645 Unikate
Zur Herstellung eines solch komplexen Raumtragwerks entwickelten die Holzbau-Ingenieure ein exaktes 3-D-Computermodell samt allen Ausfräsungen für die Stahlanschlussteile und Verbindungsmittel. Es bildete die Grundlage für die CNC-Bearbeitung aller Holzbauteile. Hier legten sie auch die Teilung der Bogenbinder fest, die fertigungs-, transport- und montagebedingt nicht am Stück abgebunden werden können. Positionspläne und durchnummerierte Querschnitte, die zum Teil pro Binderfeld paketiert auf die Baustelle geliefert wurden, sorgten für den Einbau der 1645 Unikate an der richtigen Stelle.

Folienkissen zur Vermeidung von Kondenswasser
Die transparente Membran auf der Dachkonstruktion des Wasserparks besteht aus dreilagigen Folienkissen, die durch Luftüberdruck in Form gehalten werden. Das ermöglicht – anders als Glas – eine gute Wärmedämmung Auch an die Kondenswasserbildung wurde hier gedacht: Sind nämlich die Innenoberflächen warm, schlägt sich selbst bei hoher Luftfeuchtigkeit kein Tauwasser nieder. Das sorgt für mehr Hygiene und reduziert zudem die Wasserverdunstung.

Die mechanisch sehr stabilen Folien aus Dyneon-ETFE-Fluorthermoplast sind mit 100 bis 200 Mikrometern so dünn wie ein menschliches Haar. Sie lassen bis zu 97 Prozent der für das Pflanzenwachstum wichtigen UV-A-Strahlen sowie 50 Prozent UV-B-Strahlen durch. Der gesundheitsschädliche UV-C-Anteil wird dagegen komplett herausgefiltert, sodass sich die Besucher der Acquaworld unter dem transparenten Membrandach schonend bräunen können. Gereinigt werden muss die Außenseite kaum, sagt das Unternehmen, das die Folie liefert und verbaut. Ein ordentlicher Regenguss soll ausreichen. sjf

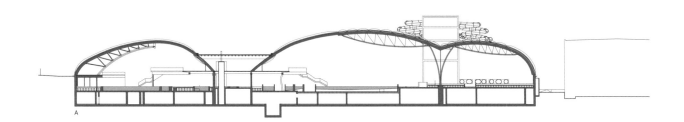

A

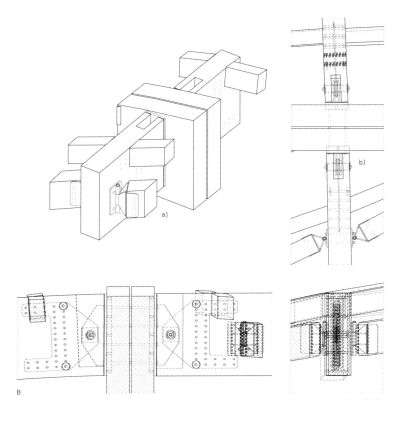

D

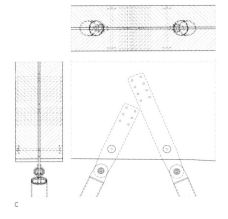

C

A → Längsschnitt

B → Anschlussdetails:
a) Nebenträger (Bogenbinder) an die zweiteiligen Hauptträger
b) Riegel bzw. Auflagerbalken für den Dachaufbau

C → Anschlussdetail der Stahl- an die Holzelemente des fischbauähnlichen Hauptbinders: Die Anschlussbleche für die Fachwerkunterspannung liegen zwischen zwei 24 Zentimeter breiten BS-Holz-Querschnitten.

D → In insgesamt 16 Binderfeldern wurden Windverbände eingebaut. Die Stahlauskreuzungen schließen an den gleichen Blechen an wie die Riegel.

Bauvorhaben Acquaworld in Concorezzo bei Mailand (I), www.acquaworld.it

Bauweise BS-Holz-Dachtragwerk auf Betonunterkonstruktion

Baujahr 2011

Bauzeit Holztragwerk Dezember 2010 bis Juli 2011

Baukosten (Gesamtkomplex) 40 Mio. Euro

Nutzfläche 5 600 m² Acquaworld, 15 000 m² bebaute Fläche insgesamt, 35 000 m² Grundstücksfläche insgesamt

Umbauter Raum 69 000 m³ (Acquaworld)

Bauherr Bluwater Spa, Concorezzo (I), www.bluwaterspa.it

Planung Sering S.r.l. – Ingenieurgesellschaft, Concorezzo (I), www.seringsrl.it

Architektur und Projektleitung Sering S.r.l. – Ingenieurgesellschaft, Architectural Division, Arch. Federico Pella, Concorezzo (I), www.seringsrl.it

Statik Armalam S.r.l., Pergine Valsugana (I), www.armalam.it

Tragwerksdetail- und CAD-Werkstattplanung, Holzbau Rubner Holzbau AG, Brixen (I), www.holzbau.rubner.com

Dachhaut Vector Foiltec GmbH, London (UK), www.vector-foiltec.com

Verbaute Holzmenge 1 090 m³

Kohlenstoffanteil (C) 272,50 t

CO_2-Speicherung ca. 1 000 t

Durchdachtes Spaßbad mit großer Ästhetik

Das Gebäude des Freizeit- und Schwimmzentrums Les Thermes nahe der Stadt Luxemburg präsentiert sich als Analogie zu einem aufgeschnittenen Edelstein. Sein Innenleben ist von einem erstaunlich leichten Dachtragwerk aus Holz bestimmt. Holz war hier auch wegen der chlorhaltigen Luft das Material der Wahl.

Überraschend und ungewohnt präsentiert sich das Freizeit- und Schwimmzentrum Les Thermes im luxemburgischen Strassen-Bertrange. Auf den ersten Blick meint man eine fliegende Untertasse zu sehen – jedenfalls wenn man das in Aluminiumschindeln gehüllte Gebäude von seiner geschlossenen Seite sieht. Die markante Form wirkt futuristisch und macht neugierig.

Der Entwurf für das interkommunale Schwimmzentrum ging 2004 als Sieger aus einem Architekturwettbewerb hervor. Die Idee der Architekten hatte allerdings ganz und gar nichts mit einem Ufo zu tun; Leitvorstellung war vielmehr ein aufgeschnittener Edelstein, dessen eine Seite geschlossen und unspektakulär ist, während die andere Seite die ganze Farbenpracht des Inneren preisgibt. Dementsprechend zeigt sich das ellipsenförmige Gebäude „mit Anschnitt" auf der Eingangsseite geschlossen und auf der gegenüberliegenden Seite maximal transparent, was großzügige Einblicke erlaubt.

Sonnennutzung und Lärmvermeidung als Kriterien für die Gebäudeausrichtung

Das Schwimmzentrum mit einem potenziellen Einzugsgebiet von einer Million Menschen aus Deutschland, Frankreich, Belgien sowie Luxemburg selbst bietet drei Zonen zu den Themen Sport, Spiel und Entspannung. Es liegt auf der grünen Wiese zwischen einem Industrie- und einem zukünftigen Wohngebiet. Der Eingang im Bereich der geschlossenen Fassade weist in Richtung der Hauptverkehrserschließung, während sich die großen Fensterfronten der anderen Seite weit zum geplanten Wohngebiet hin öffnen. Mit den Erdmassen des Aushubs gestalteten die Architekten an dieser Seite zudem eine Hügellandschaft als Sichtschutz.

Durch die Nord-Süd-Orientierung ergibt sich für die außen und innen liegenden Wasserfreizeitzonen eine optimale Sonneneinstrahlung. Die kompakte Schalenkonstruktion wendet dem Industriegebiet aber auch aus Schallschutzgründen den Rücken zu.

Alle Vorteile beim Holz

Aufgrund der chlorhaltigen Raumluft, wie sie in Schwimmbädern die Regel ist, kam für das Dachtragwerk von Les Thermes nur ein gegen Chlor unempfindlicher Baustoff infrage. So war beispielsweise Stahl wegen Korrosion von vornherein ausgeschlossen. Aber auch die zu überbrückenden großen Spannweiten spielten bei der Materialwahl eine entscheidende Rolle: Die Achslängen

Die transparente, offene Seite mit gebäudehohen Fensterflächen ermöglicht Einblicke in die Farbenpracht des „angeschnittenen" Bauwerks bei Dämmerung.

des angeschnittenen elliptischen Grundrisses liegen bei 112,5 Meter in Längs- und 62,50 Meter in Querrichtung. Eine architektonisch ansprechende und gleichzeitig wirtschaftliche Lösung mit möglichst wenig Stützen war bei den vorhandenen Rahmenbedingungen nur in Holz zu erreichen.

Holzkonstruktion bildet die äußere Form der Halbschale aus

Die Basis des zum Teil dreigeschossigen Baukörpers bildet eine Betontragstruktur. Eine gitternetzartige Dachkonstruktion aus Brettschicht(BS)-Holz-Bindern überspannt die Innenanlagen. Im Dachrandbereich der geschlossenen Fassade schließen einhüftige Rahmen zur Formgebung des Gebäudes an diese Gitterstruktur an. Abgerundete, keilgezinkte BS-Holz-Zwickel bilden die biegesteifen Rahmen-„Ecken". Als Auflager dienen aus dem Untergeschoss ragende Ansätze von Betonstützen bzw. die Betonkonstruktion. Im Abstand von 5 Metern – entsprechend dem durchgängigen Gebäuderaster – führen die Halbrahmen ($b/h = 20 \times 120$ cm) die angedeutete Kontur des Unterbaus weiter und schaffen einen fließenden Übergang von der Außenwand zum Dach.

Im Bereich der Pfosten-Riegel-Glasfassaden sind die Binder-Stützen-Übergänge dagegen abrupt. Hier sind sie auf Gehrung geschnitten und über eingeschlitzte Bleche und Stabdübel biegesteif angeschlossen.

Zur Stabilisierung und als Unterkonstruktion für den weiteren Dach- bzw. Fassadenaufbau wurden Einfeld-Pfetten zwischen die einhüftigen Rahmen gehängt.

Die Aussteifung des Gebäudes bewerkstelligen sowohl Windverbände im mittleren Dachbereich und im Bereich der Pfosten-Riegel-Fassade als auch die Rundum-Beplankung des Dachtragwerks, die an verschiedenen Stellen zu diesem Zweck auch doppelt aufgebracht wurde.

Dachkonstruktion aus zwei Haupt- und vielen Nebenträgern

Das Dachtragwerk besteht im Wesentlichen aus zwei BS-Holz-Hauptträgern, die den ellipsenförmigen Grundriss in Längsrichtung überspannen, und aus senkrecht daran anschließenden Quer- bzw. Nebenträgern. Einer der beiden Hauptträger wurde als Rückgrat des Gitternetzes in einer der mittleren Längsachsen angeordnet, der andere parallel dazu in der Mitte der hinteren Ellipsenhälfte. Dadurch ergeben sich drei etwa 20 Meter breite Felder in Ellipsenquerrichtung, die von den Nebenträgern ($b/h = 20$ bis 24×100 bis 120 cm) überspannt werden.

Aus ästhetischen Gründen, aber auch mit Blick auf die Kosten durften die Hauptträger nicht zu klobig ausfallen, was die Ausführung als Mehrfeld- bzw. Durchlaufträger mit Gerbergelenken (momentenfreier Anschluss

bei Durchlaufträgern), kurz: als Gerberträger, nahelegte. Die dafür notwendigen Zwischenstützen waren zwar architektonisch vor allem beim „Rückgrat" nicht gewünscht, da die Badelandschaft möglichst stützenfrei bleiben sollte. Architekten und Ingenieure fanden jedoch mit der Mindestanzahl von drei Zwischenstützen in der einen Hälfte einen gemeinsamen Nenner, während in der anderen Hälfte zwei Schachtpfeiler als Auflager dienen. Die Stützenabstände wurden so geschickt gewählt, dass sie weder den Badebetrieb noch das Auge stören.

Diese Lösung ermöglichte schließlich Querschnittsabmessungen von 20 bzw. 38 Zentimeter Breite und 150 bzw. 180 Zentimeter Höhe. Dies entsprach den angestrebten Proportionen für das „Rückgrat".

Der in 20 Meter Abstand parallel liegende kürzere Hauptträger erhielt acht Zwischenstützen, die sich – weil sie außerhalb des Schwimmhallenbereichs stehen – ohne Weiteres in die umgebende Konstruktion integrieren ließen.

Gestaltung der Raumakustik

Zuletzt ging es darum, wie man die Frage nach der Raumakustik zufriedenstellend löst. Akustikpaneele im Wandbereich einzusetzen, bot sich nicht an. Hier waren bereits viele Flächen für rote Polsterungen vorgesehen, die als „Schalldämpfer" fungieren, die aber auch bewusst einen weichen Kontrast zu den am Boden verwendeten harten Materialien Beton, Stahl und Stein setzen sollen. So blieb das Dach.

Dafür fanden die Architekten eine ebenso einfache wie schöne Lösung: eine Aneinanderreihung von geneigten, zwischen die Querträger eingehängten Gittern aus Holzlamellen. Sie dämpfen nicht nur den Schall, sondern geben der Dachkonstruktion auch ihr besonderes Gepräge – die kassettenartige Struktur erscheint fast wie ein Sheddach.

Auf Abstand verlegt, boten sie zudem die Möglichkeit, das Freizeitzentrum über Lichtbänder von oben mit Tageslicht zu versorgen. Darüber hinaus wird der Kernbereich der Halle durch großzügige kreisrunde Dachöffnungen aufgehellt.

Ökologisch und sicherheitstechnisch auf dem neusten Stand

Les Thermes kann sowohl ökologisch als auch sicherheitstechnisch überzeugen. So sind in die Dachdeckung etwa 500 Quadratmeter fotovoltaische Elemente integriert. Ein Blockheizkraftwerk im Gebäude versorgt die Anlage mit der notwendigen Energie, und das Mutter-Kind-Becken wird mithilfe einer Ozonanlage desinfiziert. Als zusätzliche Sicherheitsmaßnahme zur Unterstützung der Überwachung ist ein Poseidon-Kamera-System eingebaut, mit dem verunfallte Schwimmer binnen

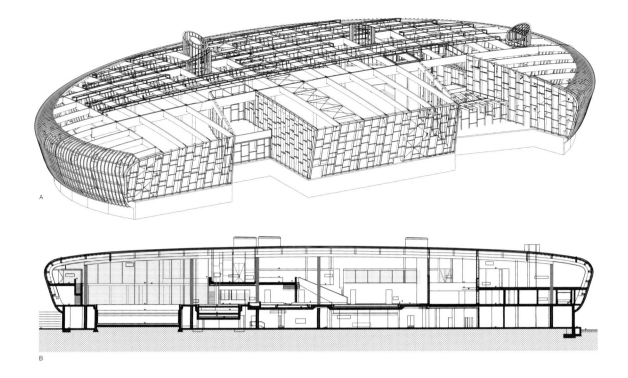

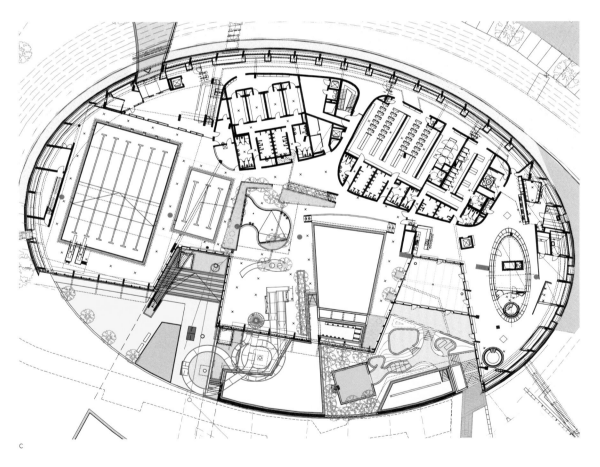

89

A → Isometrie

B → Hallenlängsschnitt: Das „Rückgrat" des Dachtragwerks ruht als Gerberträger auf drei Zwischenstützen
und zwei Schachtpfeilern (nicht eingezeichnet).

C → Grundriss EG mit Lage der fünf Stützen und den
zwei Schachtpfeilern

weniger Sekunden selbst auf dem Grund des Beckens geortet und dann gerettet werden können.

Der Holzbau: luftig und leicht
Im Februar 2009 wurde das Freizeit- und Schwimmzentrum samt großzügiger Saunalandschaft, Fitnessbereich sowie geräumigem Restaurant eröffnet – und erfährt seither regen Zulauf. Das besondere Augenmerk der Architekten galt in allen Bereichen den Durch- und Ausblicken. Les Thermes ist ein schönes Beispiel dafür, welche Leichtigkeit ein Großbauwerk in Holz ausstrahlen kann. sjf

A

B

Bauvorhaben Freizeit- und Schwimmzentrum Les Thermes, Strassen-Bertrange (L)

Bauweise Brettschichtholz-Dachtragwerk auf Betonunterkonstruktion

Baujahr 2009

Bauzeit Februar 2006 bis Januar 2009

Baukosten 28 Mio. Euro

Nutzfläche 10 930 m²

Umbauter Raum 60 560 m³

Bauherr CNI LES THERMES Strassen-Bertrange, Strassen (L)

Planer / Architekt Architektengemeinschaft Les Thermes: Jim Clemes, Witry & Witry, Hermann & Valentiny et Associés (Clemes Architecte, Esch-sur-Alzette (L), www.clemes.lu; Atelier Witry & Witry, Echternach (L), www.witry-witry.lu; Hermann & Valentiny et Associés, Remerschen (L), www.hvp.lu)

Projektleitung Axel Christmann, Hermann & Valentiny et Associés

Statik Communauté des Bureaux d'Etudes Schroeder & Associés / TECNA, Luxembourg (L), www.schroeder.lu, www.tecna.lu

Bauphysik / Akustik Von Rekowsky & Partner, Weinheim (D), www.rekowsky.de

Holzbauer Ochs GmbH, Kirchberg (D), www.ochs.info

Verbaute Holzmenge 1075 m³

Kohlenstoffanteil (C) ca. 269 t

CO_2-Speicherung ca. 986 t

A → Zur Formgebung des Gebäudes reihen sich einhüftige BS-Holz-Rahmen im 5-Meter-Abstand aneinander.

B → Abgerundete BS-Holz-Zwickel schaffen einen fließenden Übergang.

C → Geschlossene Seite von Les Thermes mit Eingangsbereich

D → Geneigte Gitter aus Holzlamellen dienen als Akustikpaneele. Senkrechte Holzlamellengitter schließen den Bereich bis zu den Lichtbändern.

C

D

Ein Stadion als leuchtendes Vorbild

Das Stadion von Nizza, die Allianz Riviera, ist in vielerlei Hinsicht einzigartig. Ihr Dachtragwerk mit einer Fläche von 49 500 Quadratmetern gilt als größte Holz-Stahl-Gitterkonstruktion, die je in einer solchen Geometrie gebaut wurde. Das darin verbaute Holz brachte ein Plus in Sachen Nachhaltigkeit und ein Minus an Gewicht, was im Gesamtkonzept der Erdbebensicherheit zugutekam.

Das im September 2013 eröffnete Multifunktionsstadion Allianz Riviera in Nizza, für 35 000 Zuschauer ausgelegt, soll 2016 einer der Austragungsorte der Fußball-Europameisterschaft sein. Das Plusenergie-Stadion gilt als Vorzeigeobjekt in Sachen Nachhaltigkeit. Umweltbelange standen von Anfang an im Mittelpunkt der Planung.

Es dauerte ein Jahr, um die Entwurfsidee eines organisch geschwungenen Dachtragwerks, das einerseits das Spielfeld luftig umschließt und andererseits die Hügelketten beidseits des Var-Tals in seiner Form aufnimmt, in eine baufähige Konstruktion zu übersetzen.

Mit 3-D-CAD-Programmen ließ sich das Tragwerk relativ einfach modellieren, doch die eigentliche Arbeit begann erst danach: In den verschiedenen Schritten der Entwurfsplanung waren die konstruktiven Überlegungen mit den geometrischen Anforderungen nach und nach so in Einklang zu bringen, dass nach mathematischen Grundsätzen eine Reihe gleicher Bauelemente in einer geordneten Gesamtstruktur entwickelt werden konnte.

Holz für mehr Leichtigkeit und Nachhaltigkeit

Die Entscheidung, für das Dachtragwerk in sehr wesentlichem Umfang Holz zu verwenden, basiert auf drei Vorteilen des nachwachsenden Baustoffs: seiner Nachhaltigkeit (Stichwort Reduzierung des CO_2-Fußabdrucks), der hohen Druckfestigkeit im Verhältnis zum Eigengewicht und der Verringerung des Eigengewichts des Gesamttragwerks, was sich positiv auf die zu berücksichtigende Erdbebensicherheit des Bauwerks auswirkt – denn Nizza liegt in einer Erdbebenzone.

Die Planer entwickelten ein Konzept aus Sockelbau, Tribüne und einer netzartigen Dachkonstruktion mit zwei Ebenen, die sich aus einem Holzgitter und einem räumlichen Stahlfachwerk zusammensetzt. Das Ganze wird von einer Membran überspannt. In den Sockelbau aus Stahlbeton ist eine dreirangige Tribüne, ebenfalls aus Stahlbeton, eingebettet. Auskragende Holz-Stahl-Gewölbe überdachen sie und erhielten bereichsweise verschiedene Materialien als Dacheindeckung: im senkrechten Bereich eine transparente ETFE-Folie, die den

Der hochgezogene Rand der umhüllenden Konstruktion im Süd- und im Nordbereich des Stadions wirkt wie der Saum eines Rocks, den der Wind anhebt. Er überdacht die Eingangsbereiche.

Charakter des Dachtragwerks durchscheinen lässt und den Einfall von (Sonnen-)Licht erlaubt. In den waagrechten auskragenden Abschnitten dagegen kam als Außenhaut eine weiße PVC-Folie zum Einsatz, die den Zuschauern Schatten spendet. 8 500 Quadratmeter rundum verlegte Fotovoltaikpaneele sorgen für einen Teil des benötigten Stroms.

Weiches Tragwerk kann Erdbebenkräfte abfedern
Weil das Stadion in einer Erdbebenzone der Kategorie 4 liegt, zielte der Entwurf auf ein leichtes und weiches Tragwerk ab, das im Erdbebenfall horizontale Kräfte abfangen kann. Als Tragsystem für die netzartige Dachkonstruktion des Entwurfs wählten die Planer gewölbte Halbrahmen mit einem Innenbogen aus gekreuzten Brettschicht(BS)-Holz-Balken zur Aufnahme von Druckkräften und einem gekrümmten Außenbogen bzw. Bogenrücken aus Stahlrundrohr zur Aufnahme der Zugkräfte. Eine Zwischenkonstruktion, ebenfalls aus Stahlrohren, die in ihrer Anordnung Pyramiden umschreiben, spannt die beiden Bögen zu einem räumlichen Fachwerk zusammen. Auf der Ebene des Holzgitters bilden je zwei Stahlrohre die Basis der Pyramiden und verbinden die Endpunkte der Kreuze.

In einer Höhe von 30 Metern über der Rasenfläche kragen die insgesamt 60 Holz-Stahl-Rahmen 46 Meter weit über die Tribünen aus. Sie stützen sich lediglich an zwei Punkten ab: oben auf der Tribünenkrone und unten vor den Tribünenwänden, rund 2,5 Meter über dem Vorplatzniveau. Als Auflager dienen zwei das Stadion umgürtende Stahlträger. Der untere, 800 Meter lange „Stahlgürtel", auch Atlasträger genannt, ruht auf V-Stützen, die im Sockelbau verankert sind und die auskragenden Halbrahmen dorthin zurückspannen. Horizontale Stahlträger, die in die Betonwände einbinden, halten den Gurt zusätzlich. „Atlas" nimmt Zug- und Druckkräfte infolge Wind, Schnee oder Erdbeben auf.

Unterteilung des Betonbaus und geschwungenes Dach
Damit das Gesamtbauwerk im Falle eines Erdbebens die seismischen Kräfte aufnehmen kann und die Standsicherheit gewährleistet ist, wurde der Betonsockel mit den Tribünen in 14 Blöcke unterteilt. Sie schwingen separat und schwächen dadurch die Erdbebenlasten für das Dachtragwerk ab, das am oberen Auflager außerdem auf einem Gleitlager ruht.

Nun galt es, die vielen Einzelelemente der Betonstruktur mit der umlaufend geschwungenen Dachkonstruktion in Einklang zu bringen. Hinzu kam, dass die Tribünen an allen vier Stadionseiten überhöht ausgeführt wurden, um möglichst viele Sitzplätze einbauen zu können. In den Eckbereichen, wo man weniger gut sieht, wurde die Höhe zurückgenommen. Das führt zu einer

geschwungenen Linie der Tribünenkrone, die mit der des Daches korrespondiert. Diese veränderliche Höhe verläuft zwar in den gegenüberliegenden Stadionhälften der beiden Hauptachsen symmetrisch, schlägt sich aber in der Geometrie jedes Dachrahmens nieder.

Daher mussten in jedem Kurvenbereich zusätzliche statische Berechnungen durchgeführt werden, die aufgrund der Komplexität der Geometrie trotz Computer aufwendig zu berechnen waren. In die Berechnungen flossen neben der Geometrie und den anzusetzenden Lasten auch die unterschiedlichen Werkstoffeigenschaften der Baustoffe wie Festigkeit und Steifigkeit ein, aber auch äußere Einflüsse wie Feuchtigkeit und Temperatur, unter denen sich Holz, Stahl und Beton (Kriechen und Schwinden) jeweils anders verhalten.

Simulation des Dachtragwerks
Um überhaupt zu einem berechenbaren statischen Modell zu kommen, haben Tragwerksplaner, Architekten und (Holz-)Bauunternehmen – anders als sonst – vom Entwurf an kontinuierlich zusammengearbeitet. Für die genaue Untersuchung und Verifizierung des Tragwerksmodells haben die Ingenieure drei Programme benutzt: eines zur Berechnung der Kräfte an den Auflagern und Knotenpunkten bzw. der Beanspruchung der Querschnitte und Bauteile, eines zur 3-D-Modellierung für die Visalisierungen sowie ein Programm, in das alle Parameter der Tragstruktur eingegeben werden konnten.

Mit der parametrischen Software ließ sich das Tragwerk als ein zusammenwirkendes Ganzes simulieren, ähnlich einem neuronalen Netz. So war es innerhalb recht kurzer Zeit möglich, durch Änderung bestimmter Grundparameter von einem Konzept X zu einem Konzept Y zu gelangen, dabei aber die Kohärenz des Gesamttragwerks zu erhalten, da das Programm automatisch alle anderen Parameter anpasste.

Als äußere Last war vor allem Wind maßgebend. Insgesamt haben die Ingenieure dazu 18 Millionen Lastfälle am Computer durchgerechnet und davon 232 der pessimistischsten Windszenarien ausgewählt, um die Extremfälle durchzuspielen. Hinzu kam eine weitere Schwierigkeit, die die Berechnungen verkomplizierte: Die Verbindungsknoten des Holzgitters sind nicht starr, sie lassen Spiel zu.

Weniger Knoten dank sich kreuzender Balken
Zur Aufnahme der Axialkräfte wählten die Planer blockverklebte BS-Holz-Balken unterschiedlicher Dicke, die sich durchkreuzen. Dabei erhielt der höhere Querschnitt eine „Aussparung" in Balkenmitte, durch die der andere, schlankere Querschnitt „hindurchgefädelt" werden konnte. Ein Bolzen verbindet sie im Kreuzungspunkt. Diese „durchgefädelte" Verbindung reduzierte die

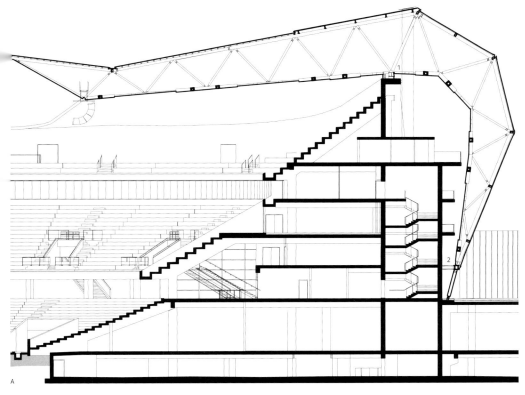

1 Oberes Auflager
2 Unteres Auflager mit horizontaler
Anbindung sowie V-Stützen ins Sockel-
geschoss verankert

A

B

Membran

Bogenrücken
aus Stahl

Innenbogen
aus Holz

Tribüne

Sockelbau

C

A → Querschnitt: Die Halbrahmen kragen 46 Meter
weit aus und liegen nur in zwei Punkten auf. Die
Auflager bestehen aus Stahlträgern, die das Stadion
umgürten. Der untere ist über V-Stützen und
horizontale Stahlträger in der Betonstruktur verankert.

B → Fotovoltaik, PVC- und ETFE-Folien sorgen für
Stromerzeugung, Schatten und Durchblick.

C → Explosionszeichnung der baulichen Ebenen

Menge der kraftübertragenden Knoten gegenüber der ursprünglichen Idee um die Hälfte. Die einzelnen Balken mit einer variablen Länge zwischen 7 und 10 Metern stabilisieren sich gegenseitig und halbieren so ihre Knicklänge, sie wären einzeln nicht knickstabil.

Bereits durch den Auflagerdruck der Holzkreuze ergeben sich Druckkräfte auf die Balken und damit Scherkräfte zwischen den äußeren und inneren Bereichen. Zur Aufnahme der Kräfte wurden die Balkenquerschnitte entsprechend dimensioniert: So sind die 58 Zentimeter breiten Vollholz-„Durchfädelbalken" zwischen 16 und 23 Zentimeter dick. Die Abmessungen der dazugehörigen Balken mit Aussparung variieren bei gleicher Breite in der Dicke zwischen 34 und 50 Zentimeter. Dabei entspricht das lichte Maß der Aussparung jeweils der Dicke des Vollholzbalkens.

Spezielles Stahlanschlussblech

Um die Stahl- und Holzelemente zu dieser Netzstruktur zu verbinden, hat das Holzbauunternehmen ein schmetterlingsförmiges Stahlanschlussblech in Kombination mit einer Stahlrohr-„Pfette" entwickelt. Daran können je vier Holzbalken über eingeschlitzte Bleche sowie die Stahlpyramiden in einem Knotenpunkt verbunden werden.

Aufgrund der Symmetrie des Bauwerks über die beiden Hauptachsen kommen alle Holz- und Stahlbauteile des Dachtragwerks viermal vor. Ein minutiös

geplanter Bauablauf, detaillierte Positionspläne und eine ständige, millimetergenaue Feinjustierung halfen beim Zusammenfügen der gewölbten Halbrahmen aus drei vormontierten Teilen und ihrer exakten Positionierung.

Bei der Montage wurden die 60 Halbrahmen auf Abstand nebeneinandergestellt. Die Lücken schließen wiederum BS-Holz-Kreuze, allerdings ohne Stahlüberbau. Zur Montage ließen sie sich im Kreuzungspunkt bis zu einem gewissen Grad wie eine Schere um den Drehpunkt zusammenklappen. Das hatte den Vorteil, dass die Verbindungs- bzw. Füllkreuze problemlos zwischen den Halbrahmen platziert und die Anschlussbleche durch Aufklappen der Schenkel einfach in die Anschlussbleche der Rahmen hineingedreht und miteinander verbunden werden konnten.

Am Ende steht eine Meisterleistung

Eine komplexe Geometrie dieser Größenordnung zu planen und zu bauen, kann als Meisterleistung bezeichnet werden. Sie ist das Ergebnis einer optimalen Zusammenarbeit aller Planungsbeteiligten, die es zudem verstanden haben, modernste Software-Programme gezielt dafür zu nutzen und die jeweiligen Ergebnisse des iterativen Annäherungsprozesses richtig zu deuten. Das Ziel eines leichten und weichen Tragwerks haben die Planer damit erreicht. sjf

A

B

C

D

A → An einem Verbindungsknoten schließen immer Balken desselben Typs an. Die Schlitzbleche der Anschlüsse der „Durchfädelbalken" wurden senkrecht zur Querschnittsbreite angeordnet und an den Schmalseiten mit Stabdübeln darin verankert.

B → Die blockverklebten Balken mit „Aussparung" setzen sich aus vier BS-Holz-Lamellen zusammen. Die parallel zur Balkenbreite eingeschlitzten Bleche für die Gelenkanschlüsse sind über Stabdübel in den mittleren beiden Lamellen verankert. Die ober- und unterseitigen Lamellen decken sie ab. Die Kernlamellen enden vor der Aussparung.

C → Die BS-Holz-Kreuze bestehen aus einem schlanken Vollquerschnitt und einem Balken mit „Aussparung". Ersterer wird durch die Aussparung hindurchgeführt.

D → In Position gebracht, können die Anschlussbleche der Füllkreuze durch Aufklappen der Schenkel in die Anschlussbleche der Rahmen hineingedreht werden.

A

B

C

Bauvorhaben Multifunktionsstadion Allianz Riviera in Nizza, www.allianz-riviera.fr

Bauweise Ingenieur-Holz-Stahlbau

Bauzeit Juli 2011 bis September 2013

Baukosten 243,5 Mio. Euro

Bauherr / Auftraggeber Stadt Nizza, Nizza (F), www.nice.fr

Auftragnehmer Nice Eco Stadium (NES; Tochtergesellschaft von VINCI)

Finanzierung Private-Public-Partnership-Modell (PPP)

Entwickler ADIM Côte d'Azur, Nizza (F), www.adim.fr

Generalunternehmer VINCI Concessions Rhône Alpes, www.vinci.com

Architektur Wilmotte & Associés, Paris (F), www.wilmotte.fr

Tragwerksplanung IOSIS et EGIS Bâtiment, Guyancourt Cedex (F), www.egis.fr

Holzbau Fargeot Lamellé Collé, Vérosvres (F), www.arbonis.com

Stahlbau SMB Constructions Métalliques, Ploufragan (F), www.smb-cm.fr

Montage G.M.G. General Montaggi Genovesi S.r.l., Genua (I), www.generalmontaggigenovesi.it

Verbaute Holzmenge 4 000 m³

Kohlenstoffanteil (C) 1000 t

CO_2-Speicherung 3 664 t

Verwendete Stahlmenge in der Dachkonstruktion 3 300 t

Linktipp
Kurzfilme zum Bauablauf:
www.tinyurl.com/ka43epo
www.tinyurl.com/ml4jf4f

A → Die PVC-Folie auf dem über die Tribünen auskragenden Holz-Stahl-„Gewölbe" spendet den Zuschauern Schatten.

B → Nach der Montage: Optisch entstand eine Gitterstruktur aus Holz mit aufgeständerter Membran. Ein umlaufender Stahlgurt auf V-Stützen dient der Konstruktion als unteres Auflager.

C → Das neue Multifunktionsstadion in Nizza präsentiert sich als transparentes Bauwerk.

Mehrgeschossige Bauten

LifeCycle Tower One und Illwerke Zentrum Montafon

Mit der systemischen LCT-Elementbauweise vermag der moderne Holzbau die baukulturelle Bedeutung wiederzuerlangen, die er bereits für die Städte und Zentren des Mittelalters hatte. Zwei Beispiele belegen die umfassenden Möglichkeiten des hybriden Bausystems, das sich ebenso für vertikale wie für horizontale Gebäudetypen eignet. Seine Qualitäten basieren zuvorderst auf einer industriell vereinheitlichten Konstruktion, bei der die frühen Ideen Konrad Wachsmanns aufgegriffen und in die Jetztzeit überführt wurden.

Ein internes Team der Rhomberg Bau GmbH, aus der später die Cree GmbH hervorging, initiierte 2009 um den Vorarlberger Architekten Hermann Kaufmann ein Forschungsprojekt mit einem interdisziplinär zusammengesetzten Expertenteam. Die Spezialisten aus den Bereichen Forschung und Entwicklung, Praxis und angewandter Lehre schufen gemeinsam ein neues Holz-Hybrid-Bausystem, das den Holzbau aus der ihm bisweilen anhaftenden Provinzialität herausgeführt hat. Das durchweg systematisierte Baukastensystem ermöglicht Bauhöhen von bis zu 30 Stockwerken bzw. 100 Metern. Die beiden ersten in der neuen Bauweise errichteten Gebäude – der achtstöckige LifeCycle Tower One (LCT One) in Dornbirn im Jahr 2012 und das Illwerke Zentrum Montafon (IZM) 2013 – haben den Holzbau in die Welt der internationalen Architektur und des zeitgemäßen Städtebaus zurückgeführt.

Symbol eines neuen Holzbau-Zeitalters: der achtgeschossige LifeCycle Tower One im Passivhausstandard

LifeCycle Tower One

Die Pionierleistung des LCT-Systems setzt sich aus mehreren Komponenten zusammen. Dank CAD-Planung und computergesteuerter Abbundanlagen werden die Bauteile inklusive Dämmung und Installationsebene millimetergenau vorproduziert und just in time auf der Baustelle fertig angeliefert. Infolgedessen kann der Aufbau zeitnah und in gleichbleibend hohen Bauqualitäten ohne verzögernde Austrocknungsphasen erfolgen. Zudem werden Fehlerpotenziale auf ein Minimum reduziert. Dieser zukunftsweisende hohe Vorfertigungsgrad der Tragkonstruktion und des Innenausbaus, außerdem die Verwendung des nachwachsenden Baustoffes Holz, die geringen Staub- und Lärmemissionen sowie die komplette Recyclingfähigkeit stellen die Nachhaltigkeit dieser Bauweise sicher.

Pro Tag errichtete man beim LCT One ein komplettes Stockwerk, sodass der wetterfeste Rohbau ab Bodenplatte und Erschließungskern innerhalb von acht Tagen fertiggestellt werden konnte. Überdies gelang es, die Effizienz des Material- und Ressourceneinsatzes zu erhöhen, zum Beispiel mit der Verwendung von ungekapselten, tragenden Massivholzbauteilen – ein Novum im mehrgeschossigen Holzbau. Durch die Nichtkapselung bleiben auch die Wesensmerkmale des Holzes – Struktur, Haptik und Ausstrahlung – erhalten und werten die Räume auf. Der aus Gründen des Brandschutzes in Stahlbeton ausgeführte Erschließungskern beherbergt das Treppenhaus und den Aufzug und dient zugleich der Lastabtragung und Gebäudeaussteifung. Der Außenwandaufbau mit dem innen sichtbaren Holztragwerk weist bei einer Stärke von 48 Zentimetern den U-Wert $0,11\,W/m^2K$ aus. Er gestaltet sich von innen nach außen wie folgt: OSB-Platte/Dampfsperre, gedämmtes Holzständerwerk, zementgebundene Holzfaserplatte, Hinterlüftungs-Unterkonstruktion, die von leichten, nicht brennbaren Aluminiumverbundelementen finalisiert werden. Die Aufteilung der stützen- und wandfreien Innenräume kann auf jeder Geschossebene individuell erfolgen.

Einfache Rohr-Dorn-Steckverbindung

Die LCT-Konstruktion ist gelenkig konzipiert, wobei die Geschossebenen als schubfest verbundene Scheiben agieren und die Fassadenstützen als Pendelstützen eingesetzt werden. Über vordefinierte Montagepunkte nimmt der vertikale Erschließungskern die Horizontallasten der vorgefertigten Deckenelemente auf und trägt diese auch ab. Letztere liegen in einem Achsraster von 2,70 Metern auf unbekleideten, in die Fassade integrierten Brettschichtholz(BSH)-Stützen. Diese leiten die Kräfte der Deckenelemente von oben nach unten zur jeweils nächstfolgenden Holzdoppelstütze weiter. Wie bei der Fertigteil-Bauweise üblich, sind die Doppelstützen mit den Deckenelementen gegen das Ausziehen ausschließlich über einfache Rohr-Dorn-Steckverbindungen gesichert. Dieses Prinzip der Rohbaukonstruktion sichert die vertikale Maßhaltigkeit des Gebäudes und garantiert die planmäßige und zeitnahe Höhenentwicklung. In den Decken- und Wandelementen befinden sich Stahlrohre, die ein Stück weit herausragen. Die jeweils nächste Stütze liegt passgenau auf dem oberen Ende des Stahlrohres auf. Abschließend werden die Zwischenräume der Stützengrundflächen mit einem Vergussmörtel verfüllt. So entsteht ein stabiler Kraftschluss zwischen den oberen Fassadenstützen und den darunter gelagerten Decken. Dabei werden die Höhenentwicklung und die Geschwindigkeit der LCT-Systembauweise entscheidend durch die hohe Präzision im modernen Ingenieur-Holzbau determiniert.

Multifunktionale Verbunddecken

Die eigens für den LCT entwickelte Holz-Beton-Verbundrippendecke bündelt verschiedene Funktionen und erfüllt zugleich auch gestalterische Aufgaben. Ihr verhältnismäßig geringes Eigengewicht ergibt sich aus den relativ leichten BSH-Trägern, die mit einer 80 Millimeter dünnen Betonschicht verbunden sind. Wie bei den sichtbaren Holzfassadenstützen sind auch hier die massiven Holzbalkenträger der Hybriddecke unbekleidet geblieben. Zwischen diesen sichtbaren Holzrippen der Deckenelemente wurde die multifunktionale Haus- und Systemtechnik integriert. Die weitgehend vorgefertigten Installationseinheiten umfassen neben den Heiz- und Kühlmodulen auch Teile der Lüftungs-, Sprinkler- und Beleuchtungssysteme. Der Aufbau des Fußbodens wurde schalltechnisch durch ein Doppelbodensystem optimiert. Die Befestigung der Hybriddecken am Erschließungskern erfolgt mittels Stahlkonsolen. Letztere sind durch Gipskartonfeuerschutzplatten (GKF) brandsicher gekapselt.

Aus Brandschutzgründen sind die einzelnen Geschossebenen systemisch voneinander getrennt. Die durchgehende, 80 Millimeter starke Betonschicht der Hybriddecken unterbricht die BSH-Fassadenstützen auf jeder Etage. Dies verhindert im Brandfall die Brandweiterleitung über die hölzernen Stützen in darüber- oder darunterliegende Stockwerke. Für den Brandfall wurde die Hybriddecke gemäß EN 1365 auf ihren Feuerwiderstand getestet und nach Eurocode 5 bemessen. In einem Testlabor initiierte die Cree GmbH fünf Testreihen zum Brandwiderstand. Für vier der in unterschiedlichen Geometrien konzipierten Hybriddecken gab es Klassifizierungen nach EN 13501 in den Feuerwiderstandsklassen REI 90 (= F 90) und REI 120 (= F 120). Damit erfüllen die Hybriddecken sämtliche Anforderungen an Brandschutz, Akustik, Tragfähigkeit und Optik.

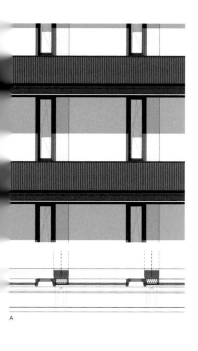

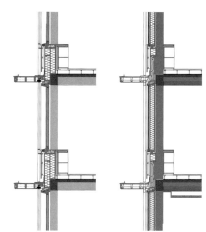

A

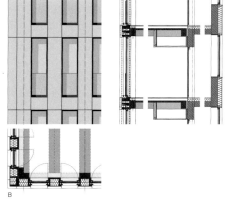

B

C

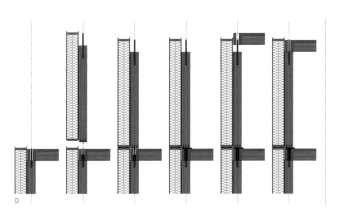

D

E

A → Fassadenentwicklung IZM

B → Fassadenentwicklung LCT One

C → Die Holz-Beton-Verbund-Deckenelemente werden mit den tragenden Doppelstützen über ein einfaches Rohr-Dorn-Stecksystem gegen das Ausziehen miteinander verbunden. Dieses Prinzip der Rohbaukonstruktion sichert die vertikale Maßhaltigkeit des Gebäudes und garantiert die planmäßige und zeitnahe Höhenentwicklung.

D → Montageablauf LCT One

E → Der Aufbau erfolgt mit einem Raster in gleichbleibend hohen Bauqualitäten. Die einzelnen Bauteile werden präzise vorgefertigt und ermöglichen dadurch eine ökonomisch wie ökologisch sinnvolle Systembauweise.

A

106

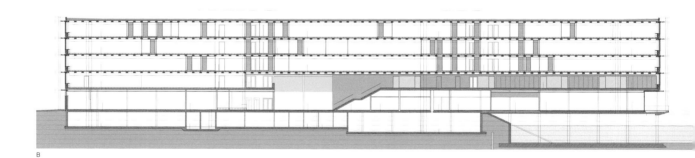

B

A → Moderner Holzbau in klassischer Architektur. Der neue Verwaltungssitz der Illwerke wird – trotz seiner Größe – von einer gewissen Leichtigkeit getragen.

B → Längsschnitt IZM

Illwerke Zentrum Montafon

Der neue Verwaltungssitz der Vorarlberger Illwerke AG im österreichischen Montafon wurde in der beim Prototypen LCT One erprobten Systembauweise realisiert. Das 120 Meter lange, 16 Meter breite und 21 Meter hohe IZM – mit rund 10 000 Quadratmeter Nutzfläche eines der größten holzbasierten Bürogebäude der Welt – verbindet klassische Industriearchitektur mit zeitgemäßem Ingenieur-Holzbau. Das Wasserkraft-Kompetenzzentrum fügt sich mit augenscheinlicher Präsenz mutig in den kraftvollen Naturraum der alpinen Bergwelt ein. Der Administrationsbau definiert als eleganter Blickfang den althergebrachten Standort der Illwerke neu, gleichwohl, da horizontal ausgerichtet, ohne diesen zu dominieren. Die von Hermann Kaufmann stringent durchchoreografierte, regelmäßige Rasterung der Fassade ist in den Proportionen ausgewogen und sparsam. Seinem grundlegenden Anliegen, industrielle Baukultur mit holzbaulicher Tradition und Fachwissen zu verbinden, ist er auch beim IZM treu geblieben. Die horizontal ausgerichtete Skelettkonstruktion verbindet dabei Funktionalität mit filigranen Details und dezenter Eleganz. Holz und Glas bestimmen das Szenario. Gemeinsam präfabrizieren sie ein den gesamten Gebäudekörper durchlaufendes, ungestörtes Raster. Dessen strenge horizontale und vertikale Symmetrie korrespondiert mit der präzisen Ingenieurs- und Planungsleistung, die in den dort beheimateten Büros erbracht wird. Jede Rastereinheit bildet einen Arbeitsplatz ab. Auskragende, in Kupferbleche eingefasste Geschossplatten erzeugen einen herrschaftlichen Charakter. Zugleich bieten sie als Vordächer für die vertikal gegliederte Eichenholz-Wechselfalzschalung, die den Gebäudekörper auf jeder Geschossebene unterhalb der Fensterbrüstung kultiviert umsäumt und zugleich eine statische Funktion erfüllt, einen konstruktiven Holzschutz.

Schwebende Leichtigkeit

Das IZM strahlt seiner Größe zum Trotz eine gewisse Leichtigkeit aus: vor allem weil ein Viertel des länglichen Gebäudekörpers, der 30 Meter über den Pumpspeichersee hinausragt, zu schweben scheint. Gleichwohl wird das „schwebende" Gebäude von Betonsäulen getragen, die unter der Wasseroberfläche verschwinden, wenn der Pumpspeichersee voll ist. Der hybride Fünfgeschosser ruht auf einem wasserdichten Untergeschoß aus Stahlbeton.

Ebenfalls aus Stahlbeton bestehen die zwei rückseitig nach außen tretenden, mit gelochten Kupferblechen verkleideten Erschließungskerne, die sich dadurch dezent vom Gebäudekörper absetzen. Sie beherbergen jeweils unauffällige Aufzüge und auffällig großzügige und helle Treppenhäuser, die zur Bewegung und Begegnung einladen und eine Art erweiterten Sozialraum der Büroetagen bilden. Passend dazu verfügen die Büroetagen über eine behagliche Raumatmosphäre, die Privatheit vermittelt. Zu diesem Eindruck tragen auch die sichtoffenen, tragenden Holzdoppelstützen und die umlaufenden Einbauschränke aus furnierter Eiche bei, des Weiteren auch die mit insgesamt 100 Kilometer Holzlamellen bekleideten Deckenbereiche entlang der Gebäudemittelachse, die aus 76 Tonnen heimischen Tannen- und Fichtenhölzern hergestellt wurden. Komplettiert wird die stimmige Innenarchitektur durch einen ungestörten Rundumblick in die Bergwelt, den die großzügig dimensionierten, dreifach verglasten Holzfenster ermöglichen.

Der Wandaufbau des IZM mit den innen sichtbaren Holzstützen weist bei einer Stärke von 48 Zentimetern den U-Wert 0,15 W/m²K aus. Er gestaltet sich von innen nach außen wie folgt: OSB-Platte/Dampfsperre, gedämmtes Holzständerwerk, zementgebundene Holzfaserplatte, Hinterlüftungs-Unterkonstruktion, die von der Eichenholz-Wechselfalzschalung finalisiert wird. Der Wert der Luftdichtigkeit der auf Kundenwunsch diffusionsgeschlossen konzipierten Gebäudehülle beträgt nach Blower-Door-Testverfahren n50 <=0,2 1/h; der Heizwärmebedarf liegt bei 14 kWh je m² Nutzfläche, was der österreichischen Energieausweisklasse A++ entspricht. Dabei erreicht das IZM Passivhausstandard, und zwar als erstes sogenanntes Green Building dieser Größenordnung im Holzbauland Vorarlberg.

Vielfalt in der Einheit

Mit dem LCT-System wurde eine standardisierte, universell einsetzbare Bauweise entwickelt und durch zwei präsente Bauvorhaben folgerichtig etabliert. Innerhalb des offenen, modular konfigurierbaren Baukastensystems sind vielerlei Variationen möglich. Die Nutzungsbandbreite (Büro-, Wohn- oder Gewerbeobjekte) zeigt auf, welche Möglichkeiten im LCT-System stecken. Zudem kann der Bauherr, in Abhängigkeit von Klimazone und Budget, zwischen Passivhaus-, Plusenergie- und Niedrigenergiestandard wählen. Diese Vielfalt in der Einheit ist ein wesentlicher Bestandteil der Strategie. Der hohe Grad der Vorfertigung und die konsequente Systematisierung des Bauprozesses ermöglichen eine serielle Produktion der Einzelmodule mit hohen Stückzahlen. Darüber hinaus erfüllt das LCT-System ein wesentliches Kriterium nachhaltiger (Bau-)Wirtschaft: Gebaut wird in dezentralen, lokal-regionalen Kreisläufen mit entsprechenden Wohlfahrtseffekten für die Region, in der die Arbeitsleistung erbracht wird und aus der die Rohstoffe kommen. Cree exportiert im Normalfall keine Bauteile. Entweder man bringt als Generalübernehmer das planerisch-konstruktive Know-how ein

A → IZM Grundriss Erdgeschoss

B → IZM Grundriss Regelbürogeschoss

C → LCT One Grundriss Regelgeschoss

D → Die ungekapselten, tragenden Holzelemente
generieren in den offen gestalteten Büroeinheiten
ein arbeitsfreundliches Ambiente.

E → Die einladende Attraktivität der Cafeteria
des IZM bedingt sich durch großzügige Holzoberflächen, viel Licht und einen freien Seeblick.

LCT One, Dornbirn / IZM, Montafon

108

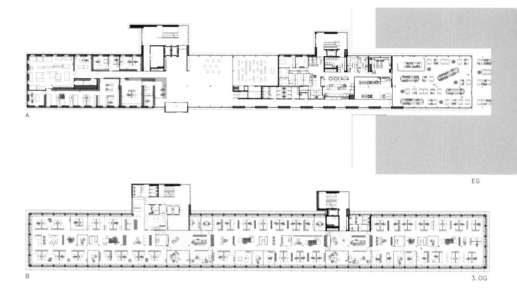

A · EG

B · 3.OG

C · 3.OG

D

E

und steuert den gesamten Bauprozess, oder man zeichnet als Teil-Übernehmer für den Rohbau verantwortlich. Dabei sollen die LCT-Elemente vor Ort in der Nähe des jeweiligen Bauplatzes von lokalen Bauunternehmen aus lokalen Ressourcen nach Cree-Vorgaben gefertigt werden.

Primärenergiebedarf und CO_2-Bilanz

Wie schon beim Forschungsprojekt anvisiert, ist es mit der LCT-Bauweise gelungen, die Effizienz des Energie-, Material- und Arbeitseinsatzes signifikant zu steigern. So konnte die CO_2-Bilanz im Vergleich zu konventionellen Stahlbetonbauten um ca. 90 Prozent verbessert werden. Darin enthalten sind die Emissionen, die durch Herstellung, Transport, Einbau und Unterhalt in der mit 50 Jahren angesetzten Nutzungsdauer (inklusive Demontage und Entsorgung der Materialien der Rohbaukonstruktion) verursacht werden. Dieses Bilanzplus verdankt sich nicht zuletzt den verbauten Holzmengen. Beim LCT One sind es 280 Kubikmeter. Davon stammen 30 Kubikmeter von Plattenwerkstoffen und dem Konstruktionsvollholz in den Fassadenbauteilen. Die restlichen 250 Kubikmeter sind als Brettschichtholz in den Hybriddecken und den Fassadenstützen enthalten. Mehr als die Hälfte der IZM-Bauleistung konnte mit Vorarlberger Unternehmen und lokalen Produzenten umgesetzt werden. Und auch das verbaute Holz stammt zu zwei Dritteln aus Vorarlberg bzw. dem Montafon und zu einem Drittel aus dem süddeutschen Raum. mwl

LifeCycle Tower One

Bauherr Cree GmbH (Tochter der Rhomberg Holding GmbH), Dornbirn (A), www.creebyrhomberg.com

Architektur Architekten Hermann Kaufmann ZT GmbH, Schwarzach (A), www.hermann-kaufmann.at

Tragwerksplanung merz kley partner ZT GmbH, Dornbirn (A), www.mkp-ing.com

Holzbau Deckenbalken: Wiehag GmbH, Altheim (A), www.wiehag.com BSH-Stützen: Binder Holz, Fügen (A), www.binderholz.com Steher der Riegelwände: Mayr-Melnhof Holz, Leoben (A), www.mm-holz.com

Planungszeitraum Dezember 2010 bis August 2011

Baubeginn September 2011 (Ortbetonbau)

Holzrohbau März 2012 (8 Arbeitstage)

LCT-Systembau Decken und Stützen + Fassade

Fertigstellung Juli 2012

Nettogeschossfläche (NGF) 1765 m²

Bruttogeschossfläche (BGF) 2319 m²

Bruttorauminhalt (BRI) 8074 m³

Bruttogeschossfläche 2319 m²

Umbauter Raum 7996 m³

Heizenergiebedarf 13,9 kWh/(m²a)

Baukosten je m² 1650 Euro

Baukosten gesamt 4,1 Mio. Euro

Verbaute Holzmenge 280 m³

Kohlenstoffanteil (C) 70 t

CO_2-Speicherung 257 t

Illwerke Zentrum Montafon

Bauherr Vorarlberger Illwerke AG, Bregenz (A), www.illwerke.at

Architektur + Projektleitung Architekten Hermann Kaufmann ZT GmbH, Schwarzach (A), www.hermann-kaufmann.at

Bauleitung Cree GmbH, Dornbirn (A), www.creebyrhomberg.com

Holzbau Wand- und Deckenelemente, Eichenholzschalung: Sohm HolzBautechnik GmbH, Alberschwende (A), www.sohm-holzbau.at Deckenbalken, BSH-Stützen: Kaufmann Zimmerei + Tischlerei GmbH, Reuthe (A), www.kaufmannzimmerei.at

Deckenlamellen Frick Burtscher Holz mit Technik GmbH, Dornbirn (A), www.holz-mit-technik.at

Tragwerksplanung merz kley partner, Dornbirn (A), www.mkp-ing.com

HLS-Planung Planungsteam E-Plus GmbH, Egg (A), www.e-plus.at

Elektroplanung elPlan, Schoppernau (A), www.elplan.at

Bauphysik WSS Wärme- und Schallschutztechnik Thomas Schwarz, Frastanz (A), www.wss.or.at

Brandschutz Institut für Brandschutztechnik und Sicherheitsforschung, Linz (A), www.ibs-austria.at

Entwässerung Rudhardt + Gasser, Bregenz (A), www.rgzt.at

Vermessung Engineering Messtechnik, Schliengen (D) Geostatik: Geotek, Feldkirch (A), www.swr-engineering.com

Fassade GDB Fassadenentwicklung, Dornbirn (A), www.gbd.at

Beleuchtung Zumtobel Lighting GmbH, Dornbirn (A), www.zumtobel.com

Nettogeschossfläche (NGF) 9900 m²

Bruttogeschossfläche (BGF) 11497 m²

Bruttorauminhalt (BRI) 44881 m³

Baukosten (netto) 21500000 Euro

Kosten pro m² NGF 2172 Euro

Kosten pro m² BGF 1870 Euro

Kosten pro m³ BRI 479 Euro

Verbaute Holzmenge 1030 m³

Kohlenstoffanteil (C) 257 t

CO_2-Speicherung 944 t

Sozial und urban Wohnen in Holz

Seit ein paar Jahren kehrt der Holzbau zurück in die Städte. Der Gebäudekomplex an der Wagramer Straße in Wien integriert auch den sozialen Faktor und zeigt die Möglichkeiten eines öffentlich geförderten, ökologischen Wohnungsbaus auf.

In Wien-Donaustadt, dem mit 150 000 Einwohnern und gut 10 000 Hektar größten Stadtteil, wurde ein Wohnkomplex fertiggestellt, der auch im holzbauaffinen Alpenland neue Maßstäbe setzt. Die Anlage beherbergt 101 Mietwohnungen, die sich auf einen siebengeschossigen Vordertrakt an der Wagramer Straße (71 Wohnungen) und auf drei rückwärtige, jeweils dreigeschossige Gebäudetrakte (30 Wohnungen) verteilen. Beim Vordertrakt platzierte man auf ein Erdgeschoss aus Stahlbeton – dies war baupolizeilich zwingend – sechs Obergeschosse in einer Konstruktion aus Brettsperrholzlagen in Mischbauweise. Dem Erdgeschoss kommen neben statischen und brandschutztechnischen auch soziale Funktionen zu, denn die dort platzierten, gemeinschaftlich genutzten Räume sollen die Wohngemeinschaft stärken und dem gesamten Areal dabei helfen, eine eigene Identität zu entwickeln. Der kräftige vordere Baukörper fungiert dabei auch als eine Art Schutzschild gegen den Straßenverkehrslärm und die Unruhe der Stadt. Davon profitieren ebenso die hofseitigen, dreigeschossigen Einheiten, die als reine Holzbauten ausgeführt wurden, wie auch die nach hinten ausgerichteten Wohnbereiche des Siebengeschossers.

Genossenschaftliches Bauprojekt mit Superförderung

Mit den sechs in Holzbauweise errichteten Geschossebenen ist das Bauwerk an der Wagramer Straße der höchste Wohngeschossbau Österreichs. Die Entwurfsplanung resultierte aus dem Bauträgerwettbewerb „Holzbau in der Stadt", der 2009 vom Wiener Wohnbaustadtrat Michael Ludwig in Zusammenarbeit mit dem Wohnfonds Wien initiiert worden war. Nachfolgend wurden die siegreichen Entwürfe zweier Architekturbüros umgesetzt. Die vier Baukörper konzipierten die Wiener Architekten Schluder Architektur (Siebengeschosser) und Hagmüller Architekten (Dreigeschosser). Bauträger ist die „Familie – Gemeinnützige Wohn- und Siedlungsgenossenschaft" aus Wien, die den Gebäudekomplex auch verwaltet und betreibt. Sie firmiert unter dem operativen Dach eines genossenschaftlich organisierten Verbundes, der Sozialbau AG, Österreichs Nummer eins unter den privaten Wohnungsbauunternehmen. Die Sozialbau AG hat sich dem gemeinnützigen und sozialen Wohnungsbau verschrieben und fußt auf den drei Wohnungsbaugenossenschaften „Familie", „Volksbau" und „Wohnbau".

Mit dem Objekt an der Wagramer Straße wurde erstmals ein urbanes Bauvorhaben dieser Größenordnung in einen sozial-ökologischen Holzbau-Kontext eingebunden, das von der Stadt Wien mit öffentlichen Geldern gefördert wird. Die 101 Einheiten mit Wohnflächen von 62 bis 102 Quadratmetern erhielten die Möglichkeit zur sogenannten „Superförderung" der Stadt Wien für junge und/oder kinderreiche Familien sowie Haushalte mit niedrigem Einkommen. Diese Superförderung kann zusätzlich zur „Hauptförderung" in Anspruch genommen werden und verringert die Mietkosten, wobei sie an definierte Einkommensgrenzen und an die Errichtungsart des jeweiligen Wohngebäudes gekoppelt ist. Die Förderung wird den Bauträgern, hier also der „Familie – Gemeinnützige Wohn- und Siedlungsgenossenschaft", ausbezahlt.

Der hybride Gebäudekörper schützt die rückseitig orientierten Mieteinheiten sowie die dahinter liegenden Wohnanlagen vor Verkehrslärm.

A → Der Regelgrundriss zeigt den Längsbau an der Wagramer Straße sowie die drei rückwärtigen Riegel, die durch überdachte Laubengänge miteinander verbunden sind.

B → Der Querschnitt der Wohnanlage durch den siebengeschossigen Längsbau und einen dreigeschossigen Riegel.

C → Der holzbauliche Aufbau und die Systematik des mehrgeschossigen Mietwohnkomplexes.

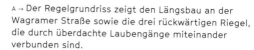

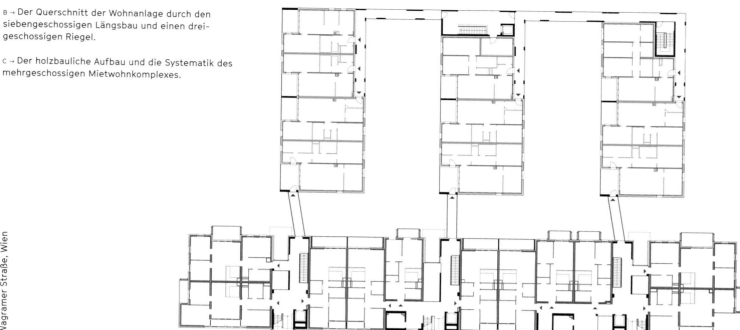

A
2. OG

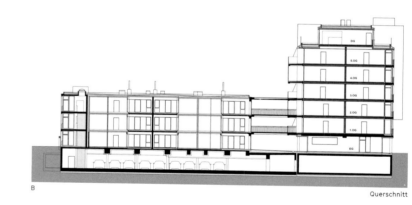

B
Querschnitt

Wohnanlage Wagramer Straße, Wien

112

Systemaufbau Holzbetonverbunddecke
Verbundelement aus großformatiger Brettsperrholzplatte mit Aufbeton
Für eine hohe statische Tragfähigkeit werden die beiden Elemente mit ins Holz eingeklebten Stahlblechen zu einem Verbundquerschnitt vereint.

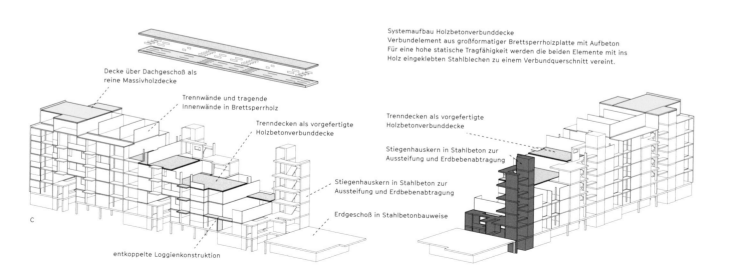

Decke über Dachgeschoß als reine Massivholzdecke

Trennwände und tragende Innenwände in Brettsperrholz

Trenndecken als vorgefertigte Holzbetonverbunddecke

Stiegenhauskern in Stahlbeton zur Aussteifung und Erdbebenabtragung

Erdgeschoß in Stahlbetonbauweise

entkoppelte Loggienkonstruktion

Trenndecken als vorgefertigte Holzbetonverbunddecke

Stiegenhauskern in Stahlbeton zur Aussteifung und Erdbebenabtragung

C

Hohe Material- und Bauqualitäten

Alle Wohnungen des Niedrigenergiegebäudes wurden mit einem privaten Freiraum versehen: in Form einer Loggia, eines Balkons oder einer Terrasse. Dazu verfügen sie über eine mechanische Lüftungsanlage. In den Küchen verlegte man wohngesunde Bodenbeläge aus Linoleum, die neben Leinöl aus den natürlichen Inhaltsstoffen Holz- und Korkmehl, gemahlenem Kalkstein, Naturharzen und Pigmenten bestehen, wobei als Trägermaterial Jute dient. Zudem wurden Holzfenster eingesetzt und ökologisch zertifizierte Gipskartonplatten verbaut. Die klimafreundliche Versorgung mit Heizenergie und Warmwasser erfolgte durch den Anschluss an ein bestehendes Fernwärmenetz. Derlei hohe Material- und Bauqualitäten sind gemeinhin nur in den schicken, homogenen Gentrifizierungsvierteln boomender Groß- und Millionenstädte zu finden, nicht jedoch in heterogenen Agglomerationsarealen mittlerer und niedriger Einkommensverhältnisse. Damit nimmt das öffentlich geförderte und genossenschaftlich organisierte Holzbauvorhaben an der Wagramer Straße eine städtebauliche Vorreiterrolle ein. Es zeigt Lösungswege aus der aktuellen Problematik, dass bezahlbarer urbaner und suburbaner Wohnraum Mangelware ist, und bezieht damit auch wohnungsbaupolitisch Stellung. Der Wien-Donaustadt bleiben dadurch die selten gewordenen jungen und kinderreichen Familien erhalten. Dies fördert zum einen eine gesunde Stadtentwicklung durch unterschiedliche Altersgruppen und Lebensentwürfe, also die Durchmischung. Zum anderen vermag der städtische Nachwuchs mit seiner Vitalität zukünftige dynamische Akzente zu setzen.

Zeit als Qualitätsfaktor

Zeit ist ein wesentlicher Qualitätsfaktor in der modernen Bautätigkeit. In den hoch verdichteten Agglomerationen mit ihren aufs Engste verflochtenen und sich gegenseitig bedingenden ökonomischen, logistischen und sozialen Interaktionen sind zeitraubende und langatmige Bauprozesse extrem kontraproduktiv. Sie stören den Gesamtfluss und beeinträchtigen die Geschwindigkeiten eines durch und durch mobilen und zugleich verkehrspolitisch fragilen Raumes. Ewige Baustellen sind demzufolge nicht nur den Anwohnern ein Dorn im Auge, sondern zugleich auch den Investoren, den Verkehrsplanern, den Umweltschützern und Stadtökonomen. Auch aus diesen Gründen wurde das Objekt an der Wagramer Straße in moderner Holzbauweise ausgeführt. Auf einen mineralischen Sockel platzierte man im vorderen Gebäude sechs Geschosse aus vorproduzierten Holzbauelementen. Nach nur drei Monaten Bauzeit konnte der Rohbau fertiggestellt werden. Der hohe Grad der Vorfertigung ermöglichte eine rationelle Bauweise mit millimetergenau vorproduzierten Wand-, Decken- und Dachelementen, die, in Kurzzeit zusammengefügt, den Baukörper rasch wachsen ließen.

Der moderne Ingenieur-Holzbau treibt diese elementierte Modulbauweise voran und arbeitet auf einen hundertprozentigen Vorfertigungsgrad hin. Dabei spielt die hohe Präzision der Systemelementierung eine wesentliche Rolle, weil sie nicht nur freie Möglichkeiten in der Konstruktion bietet, sondern zusätzlich einen hohen Grad der Automatisierung bei der Produktion der einzelnen Elemente.

Massivholz-Elementbauweise

Der Korpus des Siebengeschossers besteht aus massivem Holz. Mittels der kreuzweise verleimten, 14 Zentimeter dicken Brettsperrholzlagen wurden sowohl die tragenden Wohnungstrennwände als auch die nicht tragenden Außenwände realisiert. Die massiven, hohlraumfreien Holzelemente verfügen über eine hohe Formstabilität und Dauerhaftigkeit bei vergleichsweise geringem Gewicht und hoher Dämmwirkung, was sie für den mehrgeschossigen Wohn- und Gewerbebau prädestiniert. Aus Gründen der erweiterten Spannweiten und des Brandschutzes setzte man bei der Deckenkonstruktion auf Holz-Beton-Verbundelemente und kapselte die tragenden Wandelemente mit Gipskartonplatten. Zwischen den Wohneinheiten fungieren die drei aus Stahlbeton erstellten Vertikalerschließungskerne mit den Treppenhäusern als zusätzliche Brandschutzzonen, die zwingend vorgeschrieben sind. Gleichzeitig unterstützen sie die Gesamtaussteifung des Siebengeschossers sowie die Abtragung der Gebäudelasten. Die aufeinandertreffenden Holz- und Betongewerke wurden mit Langlochschrauben verbunden, wobei die finale Fixierung erst erfolgte, als die unterschiedlichen Setzungen der Baukörper abgeschlossen waren. Die drei hinteren Dreigeschosser sind reine BSP-Bauten, einzig die Erschließung der Obergeschosse erfolgt über mineralische Laubengänge. Da deren Spannweiten geringer sind, konnten hier auch die Deckenelemente in Massivholzbauweise ausgeführt werden. Sie liegen auf den Wohnungstrennwänden und den Außenwänden auf und laufen von einer Wohnung zur nächsten durch.

Lernfeld Brandschutz

Die genehmigungstechnische Basis für das Brandschutzkonzept bildete die Techniknovelle von 2007, in der erstmals die wesentlichen Parameter der Brandsicherheit für den holzbasierten, mehrgeschossigen Wohnbau der Gebäudeklasse 5 (das heißt mit maximal sieben Geschossen) definiert wurde. Gemäß der OIB-Richtlinie 2 (OIB = Österreichisches Institut für Bautechnik) wurden die tragenden, gekapselten Bauteile über 90 Minuten im Brandofen bei 1000 Grad Celsius geprüft.

Sie bestanden den Test ohne Einwand und erhielten die Zulassung. Ob der massive Holzbaukörper die Prüfung auch ohne Kapselung bestanden hätte, wurde leider nicht getestet, die Ergebnisse hätten zusätzlich aufschlussreiche Erkenntnisse liefern können. Der häufig vorgebrachte Einwand gegen die Holzbauweise im urbanen Raum, die vermeintlich höhere Brandgefahr, beruht mehr auf psychologisch determinierten Eindrücken denn auf wissenschaftlichen Erkenntnissen. Bei den Brandversuchen im Labor betrugen die Abbrände 18 Millimeter in 30 Minuten, 36 Millimeter in 60 Minuten und 54 Millimeter in 90 Minuten. Die massive Holzsäule trägt auch bei Vollbrand sehr lange zu 100 Prozent, bevor sie dann, im Gegensatz zu Stahlkonstruktionen, vorhersehbar einbricht. Allzu häufig mangelt es den Zulassungsbehörden hier an Erfahrung, insofern wären aufklärende Gespräche mit Brandschutzbeauftragten notwendig, die den Ingenieur-Holzbau heutiger Prägung (noch) nicht genügend kennen. Verkapselungen erhöhen die Baukosten unnötigerweise und berauben die Gebäude der hölzernen Optik und Haptik.

Holzbauliche Kommunikationspfade

Das Objekt an der Wagramer Straße bestätigt den Trend zum mehrgeschossigen, holzbasierten Geschoss-(wohnungs)bau im urbanen und suburbanen Raum. Gleichwohl mutet es merkwürdig an, wenn warme, natürliche und auf die meisten Menschen positiv wirkende Holzoberflächen hinter Gipskartonplatten und Zement versteckt werden, während unsere Städte jahrzehnte lang von grauen Beton- und Stahlfassaden in die Kälte geführt wurden. Es ist nun an der Zeit, das Erscheinungsbild und die Botschaft unserer Städte mit der Wiederentdeckung des Holzes auf neue Kommunikationspfade zu führen. Holz ermöglicht eine alternative Material-, Oberflächen- und Formensprache, die im Kontext eines ökologischen Verbundes soziale Wärme, Wohn- und Gastlichkeit verspricht. mwl

A

B

Bauträger Familie – gemeinnützige Wohn- und Siedlungsgenossenschaft Reg. Gen.m.b.H., Wien (A), www.sozialbau.at

Architektur Schluder Architektur ZT GmbH und Hagmüller Architekten ZT GmbH, Wien (A), www.architecture.at und www.hagmueller.com

Ausführung Holzbau Franz Aichinger Hoch-, Tief- und Holzbau GmbH & Co. Nfg KG., Regau (A), www.aichinger-bau.at; Holzbau Winkler GmbH, Wieselburg (A), www.holzbau-winkler.at

Generalunternehmer Voitl & Co. Baugesellschaft m.b.H., Wien (A), www.voitl.at

Tragwerksplanung, Statik und Bauphysik RWT Plus ZT GmbH, Wien (A), www.rwt.at

Brandschutz BrandRat ZT GesmbH, Wien (A), www.brandrat.at

Haustechnik Team GMI Ingenieurbüro GmbH, Wien (A), www.teamgmi.com

Projektpartner binderholz bausysteme, Hallein (A), www.binderholz.com; Saint-Gobain RIGIPS Austria, Bad Aussee (A), www.rigips.com

Grün- und Freiraumplanung Carla Lo Landschaftsarchitektur, Wien (A) Qualitätssicherung durch IBO-Ökopass (Nachweis der baubiologischen und bauökologischen Qualität), Energieausweis gemäß OIB-Richtlinie

Wohnnutzfläche 8 440 m²

Gemeinschaftsflächen 800 m²

Fertigstellung Frühjahr 2013

Gesamtkosten 15 Mio. Euro

Öffentliche Mittel 6,3 Mio. Euro Wiener Wohnbauförderung

Verbaute Holzmenge 2 500 m³

Kohlenstoffanteil (C) 625 t

CO_2-Speicherung 2 290 t

C

→ Zu Beginn wurden die Erschließungskerne mit
en Treppenhäusern und Aufzügen – brandschutz-
edingt in Stahlbetonweise – errichtet. Zudem dienen
ie auch der Aussteifung und Lastabtragung des
ebäudes.

→ Die BSP-Elemente wurden vielfältig eingesetzt:
ls tragende Wandelemente, im Sechsgeschosser mit
iner Kapselung, als Holz-Beton-Verbundelemente
n der Deckenkonstruktion sowie als nicht tragende
ußenwandelemente.

→ Die hofseitig in Ruhelage platzierten, dreigeschossigen Baukörper nehmen die durchlaufenden
Bänder des Riegels als Fassadenthema auf und
chreiben so die Gebäudehülle fort.

→ Bezahlbarer Wohnraum mit architektonischem
Anspruch für junge Familien inmitten der Stadt muss
keine Utopie bleiben.

→ Genossenschaftliches, verdichtetes Wohnen in
einer vitalen Gesamtkomposition mit unmittelbaren,
nachbarschaftlichen Bezügen.

D

E

Ein holzbaulicher Meilenstein im mehrgeschossigen Wohnbau

Am Fuße des Parpaner Rothorns im Kanton Graubünden wurde auf rund 1500 Meter Höhe über NN das Personalhaus Canols auf altem Grund neu errichtet. Es ist der erste sechsgeschossige Holzbau mit Beherbergungscharakter, bei dem innen wie außen die Holzoberflächen sichtoffen geblieben sind.

Von der Rothornbahn-Talstation führen zwei Seilbahnen über eine Mittelstation auf den Westgipfel, auf dem sich ein Panoramarestaurant und eine Sonnenterrasse befinden. Der touristische Betrieb, etwa die Lenzerheide Bergbahnen AG, benötigt für die saisonalen Arbeitskräfte Wohnraum in unmittelbarer Nähe der Bergbahnstation. Dieser wird durch das neue Personalhaus Canols, das von einem Investor getragen wird, bereitgestellt. Das Haus verfügt über 13 Doppel- und 42 Einzelzimmer für insgesamt 68 Personen.

Die großvolumige Kubatur des rechteckigen Gebäudekörpers fügt sich nahtlos an die bestehenden Betriebsgebäude der Bergbahnen an. Der sechsgeschossige Zweckbau, der vornehmlich aus heimischem Fichtenholz errichtet wurde, verkündet ein kraftvolles Statement an präsenter Nachhaltigkeit in alpiner Umgebung. Damit sich die Menschen in den nur 15 Quadratmeter kleinen Einzelzimmern während ihres zeitlich begrenzten Aufenthaltes wohlfühlen, statteten die Planer diese mit sichtbaren und unbehandelten Holzoberflächen an Wänden und Decken aus. Zudem wurde das Gebäude diffusionsoffen konzipiert, was für ein entsprechendes Raumklima und somit auch für Behaglichkeit sorgt. Dadurch konnte auf eine Dampfbremsfolie sowie auf eine Lüftungsanlage verzichtet werden, was die Baukosten senkte und zukünftige Wartungskosten einspart.

Durchdachtes Raumkonzept

Die auf den ersten Blick sparsame Durchfensterung wird durch deren südwestseitige Öffnung zum Bergpanorama mit Rothorn und zum Heidsee kompensiert, zumal der Lichteinfall mit den Raumgrößen korreliert. Ferner lassen sich die innen angeschlagenen Fenster der Obergeschosse über die ganze Breite der Zimmer öffnen. Die bewusst schmal gehaltenen Korridore ohne natürlichen Lichteinfall minimieren die Aufenthalte und damit etwaig verbundene Lärmemissionen auf den Flurbereichen. Von hier werden die Einzel- und Doppelzimmer in Längs- und Querrichtung erschlossen, wobei die gleichförmige Linienführung der Korridore über Eingangsnischen bei den Zimmertüren als kleine Vorräume der Begegnung geschickt aufgelöst wird. Im Erdgeschoss befinden sich die Areale für soziale Interaktion. Ein Gemeinschaftsraum mit Eichenholzmöbeln und großzügigen, an der Außenschale angeschlagenen Fensterflächen offeriert Möglichkeiten des Austauschs und der Begegnung. Ferner können sich die Bewohner in einer Gemeinschaftsküche selbst oder gruppenweise versorgen, zumal in der Speisekammer jedem Zimmer ein eigener Vorratsschrank zugeordnet ist.

Holzbauliche Vielfalt

Da sämtliche Geschosse den gleichen Grundriss aufweisen, erfolgt die Lastabtragung gleichmäßig und ohne

Die umlaufenden Brandschutzschürzen aus verzinntem Stahl prägen das Erscheinungsbild des Personalhauses ebenso wie die Oberflächen der horizontalen Brettschalung aus heimischem Fichtenholz.

Unterbrechung. Die Konstruktion hingegen berücksichtigt unterschiedliche Anforderungen und Ausführungen. Das Treppenhaus und das Erdgeschoss sind aus statischen und brandschutztechnischen Gründen in Stahlbeton ausgeführt. Hierin befinden sich die Waschküchen, die Technik sowie die Sozialräume, die man innen mit vorgefertigten Holzelementen ausfachte. Um diesen mineralischen Erschließungskern mit der Form eines aufgeständerten L, dessen Vertikale die schmale Südwand ausbildet, baute man den Sechsgeschosser in einer elementbasierten, systemischen Holzbauweise auf. Die beiden Längsseiten des Personalhauses bestehen aus einer mit innenseitigen Dreischichtplatten in Sichtqualität beplankten Holzrahmenkonstruktion. Bei der schmalen Nordseite hingegen setzten die Holzbauingenieure aus Gründen der Erdbebensicherheit auf eine Brettsperrholzlösung: Hier prangt über die ganze Gebäudehöhe eine 18 Zentimeter mächtige BSP-Wand mit innenseitiger, sichtbarer Holzoberfläche, die nach außen mit einer 20 Zentimeter dicken mineralischen Dämmung versehen wurde.

Außenschalung mit Bündner Fichte

Das Dach und die Geschossdecken bestehen aus verleimten Hohlkastenkonstruktionen. Diese setzen sich aus großflächigen, 27 Millimeter dicken Dreischichtplatten zusammen, die mit rippenförmigen BSH-Balken verleimt sind, wobei die untere Beplankung der Decken, wie bei den Wänden, in Sichtqualität ausgeführt wurde. Sie eignen sich für den mehrgeschossigen Wohnbau, da sie bei geringem Eigengewicht und ebensolcher Konstruktionshöhe große Spannweiten zu überbrücken vermögen. Die Hohlräume wurden mit einer mineralischen Dämmung ausgefüllt. Der Schall- und Brandschutz bei den Geschossdecken wird unter anderem durch ein Vlies, eine Gartenplatte und eine mineralische Trittschalldämmung gewährleistet. Final schloss man die Geschossdecken mit einem verschiebbaren Anschluss oben an die Zimmertrennwände an, während das Flachdach mit einer 50-mm-Kiesschüttung finalisiert wurde. Die Aussteifung des Gebäudes erfolgt über den Erschließungskern, die gegenüberliegende, nordseitige Brettsperrholz-Wand sowie über die Geschossdecken und das Dach. Sämtliche Decken, Böden, Außen- und Innenwände wurden mineralisch gedämmt. Die Holzfassade besteht aus einer einfachen, 21 Millimeter dicken Nut-und-Feder-Brettschalung aus Graubündner Fichtenholz, die mit einer offenporigen Holzlasur vorvergraut wurde, da die unterschiedlichen Bewitterungen der Gebäudeseiten eine gleichmäßige Vergrauung verhindert hätten.

Entscheidungsfaktor kurze Bauzeit

Die vergleichsweise kurze Bauzeit von nur acht Monaten verdankt sich dem hohen Grad der Vorfertigung. Insgesamt wurden 335 Wand- und 145 Deckenelemente

inklusive Sprinklerleitungen in den Geschossdecken im Werk fertig vorproduziert. Im Zuge dessen wurden auch die sichtbaren, tragenden und aussteifenden Dreischichtplatten der Holzrahmenkonstruktion mittels einer Pressverleimung direkt mit den BSH-Rippen verbunden. Dadurch konnte sowohl ästhetischen Ansprüchen an die Oberflächen – das Fichtenholz sollte sichtbar bleiben – als auch den Erfordernissen der Statik – die Zugkräfte werden über die BSH-Rippen auf diese Art effektiv in die Holzkonstruktion verteilt – Genüge getan werden. Die Anlieferung der Elemente auf die Baustelle erfolgte dann just in time, wo sie mittels Kran aufgrund ihrer millimetergenauen Präzision in rascher Abfolge dem Baukastenprinzip ähnlich montiert wurden.

Brandschutznovum: sichtbare Holzoberflächen innen und außen

Die Einstufung des Personalhauses Canols durch die zuständige Brandschutzbehörde, die Kantonale Feuerpolizei Graubünden, erfolgte gemäß den Schweizer Brandschutzvorschriften VKF (Vereinigung Kantonaler Feuerversicherungen) als sechsgeschossiger Beherbergungsbetrieb. Dem Bauvorhaben wurde eine Ausnahmebewilligung erteilt, die ein objektbezogenes Brandschutzkonzept als Grundlage für die feuerpolizeiliche Bewilligung erforderte, da Bauten dieser Gebäudekategorie und Nutzungsklasse normalerweise nicht mit brennbarer Oberflächen und Tragwerken ausführbar sind. Das Brandschutzkonzept inkludierte eine Reihe von baulicher und technischen Maßnahmen, teilweise angelehnt an die Vorgaben der neuen VKF-Brandschutzvorschriften, die erst 2015 in Kraft traten. Die für die Bewilligung wesentlichen Brandschutzmaßnahmen sehen wie folgt aus:
- Sprinkleranlage als Vollschutz im gesamten Gebäude
- Brandmeldeanlage als Vollüberwachung im gesamten Gebäude
- Rauch- und Wärmeabzugsanlage
- Konstruktion der Holzaußenwand inklusive Bekleidung gemäß der Lignum-Dokumentation Brandschutz 7.1: „Außenwände – Konstruktion und Bekleidung"
- Einstufung des Gebäudes in die Qualitätssicherungsstufe Q4 mit Begleitung durch Fachingenieur als Kontrollorgan gemäß Lignum-Dokumentation 2.1: „Bauen mit Holz – Qualitätssicherung im Brandschutz"
- Schutzabstand zu Nachbargebäuden von mindestens 7,5 Metern

Während das mineralische Erdgeschoss und der Treppenhauskern mit Feuerwiderstand REI 60 (nbb) erstellt wurden, stufte man die tragenden Bauteile der in Holzbauweise errichteten Obergeschosse in die Feuerwiderstandsklasse R 60 ein. Die Anforderung an die brandabschnittsbildenden Bauteile Geschossdecke und Korridorwand beträgt gemäß der Holzbauweise EI 60, die der

A

119

B

A → Die kompakte Architektur des Gebäudekörpers trägt der kleinklimatischen Bausituation auf 1500 m Höhe Rechnung, wo es gilt, die Wärmeverluste über die Gebäudehülle zu minimieren.

B → Die naturbelassenen Holzoberflächen der Wände und Decken sowie die diffusionsoffene Bauweise erzeugen ein angenehmes Raumklima in den Personalzimmern.

C → Die schmalen, mit Kunstlicht versehenen Korridore, die sich erst zu den Eingangsbereichen der Zimmer öffnen, minimieren etwaige Lärmemissionen auf den Fluren.

C

Zimmertrennwand dank des Sprinkler-Vollschutzes lediglich EI 30. Die mit einem verzinnten, nicht rostenden Edelstahl bekleideten Brandschutzschürzen und Fensterzargen ziehen sich Bändern gleich um das Gebäude. Sie bilden einen symmetrischen, den Holzbau typisierenden Rahmen, der von den Fensteröffnungen aufgelöst wird. Diese außen sichtbare Brandschutzmaßnahme steht symbolisch als Vorreiter einer modernen, mehrgeschossigen Bauweise in Holz, die den bewährten Bau- und Werkstoff innen wie außen präsentiert, und nicht mehr, wie bis dato üblich, hinter Bekleidungen versteckt.

Konstruktion und Versorgung aus heimischen, nachwachsenden Rohstoffen

In der Region Lenzerheide existiert ein Wärmeverbund, der die Wohn- und Wirtschaftsgebäude zentral über ein Nahwärmenetz mit Heizenergie und Warmwasser versorgt. Hierbei werden die Grund- und Spitzenlastzeiten über zwei Hackschnitzel-Holzvergaserkessel mit einer Leistung von 2500 bzw. 1600 Kilowatt bedient, während zur Redundanz und für Wartungszeiten ein Ölkessel und zwei weitere Notkessel bereitstehen. Der Hackschnitzelverbrauch beläuft sich auf 18 000 Standardkubikmeter im Jahr, woraus sich eine CO_2-Einsparung gegenüber fossilen Brennstoffen von 3 000 Tonnen ergibt. Das Personalhaus Canols, dessen Anschluss über eine Leistung von 62 Kilowatt verfügt, hat sich über die Nahwärmelösung zudem den Bau einer eigenen Heizungsanlage sowie eines Kamins nebst regelmäßiger Reinigung durch einen Schornsteinfeger gespart. In Summe erfüllen das Bauvorhaben und dessen Versorgung die Kriterien der anvisierten Schweizer 2000-Watt-Gesellschaft. mwl

Bauherr Avantimo AG, St. Gallen (CH), www.fortimo.ch

Architektur Lenz, Voneschen & Partner AG, Lenzerheide (CH), www.lv-p.ch

Projektleitung Baumgartner Baurealisation AG, Rorschach (CH), www.bbrag.ch

Holzbau Künzli Holz AG, Davos Dorf (CH), www.kuenzli-davos.ch

Holzbau- & Brandschutzingenieur Makiol + Wiederkehr, Beinwil am See (CH), www.holzbauing.ch

Heizung / Lüftung / Sanitär Vitali Haustechnik AG, Lenzerheide (CH), www.vitalihaustech.ch

Elektroplaner ARG Huder / Jon Caviezel AG, Lenzerheide (CH)

Anzahl Geschosse 6

Geschossfläche 309 m²

Gebäude Kubatur 5 550 m³

Bauzeit 8 Monate

Energiebezugsfläche 1850 m²

Baukosten 5 Mio. sFr.

Verbaute Holzmenge 280 m³

Kohlenstoffanteil (C) 70 t

CO_2-Speicherung 257 t

A → Der Grundriss des dritten Obergeschoßes steht exemplarisch für die Wohnetagen.

B → Grundriss des Erdgeschoßes mit Sozialräumen

C → Der L-förmige Erschließungskern, der das Erdgeschoss sowie das Treppenhaus beherbergt, wurde aus Brandschutzgründen aus Stahlbeton gebaut.

D → Längsschnitt des Personalhauses

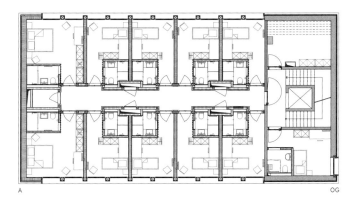

A   OG

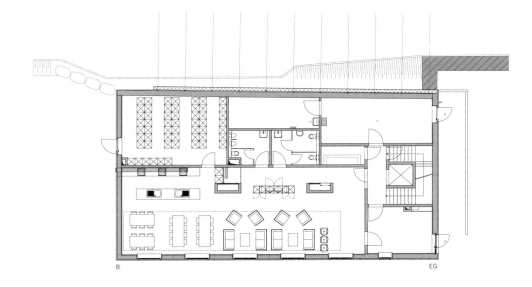

B   EG

C

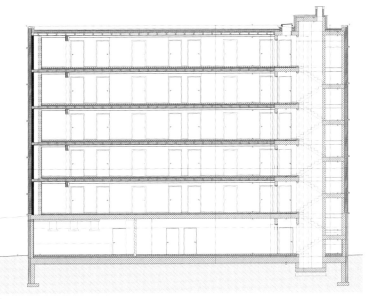

D

Organischer Holzbau im urbanen Raum

Auf der Internationalen Bauausstellung (IBA) in Hamburg stand der nachwachsende Roh-, Bau- und Werkstoff Holz mehr denn je im Mittelpunkt. Das Wälderhaus hat ihn als eines der prägenden Bauwerke in eine kontemporäre Architektur eingebunden.

Der Name des Gebäudes ist Programm: Wälderhaus. Es hält im Inneren wie im Äußeren, was es verspricht: Holz, Wald und viel Natur. Seine asymmetrische Form verleiht dem markanten Bau eine organische Vitalität; seine Nutzung, sein Material und seine Formensprache gehen eine gelungene Symbiose ein. Das sich nach oben verjüngende Multifunktionsgebäude ist 21 Meter hoch und beherbergt fünf Geschosse. Auf einen zweigeschossigen, mineralischen Sockel folgen drei Geschosse in Brettsperrholz(BSP)-Bauweise. Der Architekt Andreas Heller hat sich bei seinem Entwurf auf die Maxime „Form follows function" bezogen. Der Wald als Leitmotiv formt hier die Architektur: gezackt und geschichtet, wobei die Verjüngung an die lebendige Form und die differenzierte Struktur eines grob geschlagenen Baumstammes erinnert. Als das Tor zum neuen Wilhelmsburger Inselpark beeindruckt das Wälderhaus nicht nur durch seine außergewöhnliche Silhouette, sondern auch durch seine räumliche Diversität. Unter einem Dach erwartet den Besucher auf knapp 6 000 Quadratmeter Bruttogeschossfläche ein Seminar-, Ausstellungs-, Gastronomie- und Hotelleriekomplex. Der Bauherrin Schutzgemeinschaft Deutscher Wald e.V. dient das Objekt zugleich als neuer Verwaltungssitz, wobei die Baukosten über die unterschiedlichen vermieteten Nutzungseinheiten refinanziert werden.

Lärchenholzfassade und Gründach
Die Fassade trägt den nachwachsenden Rohstoff als Grundthema sichtbar nach außen. Der geschwungene Baukörper wird von einer polygonalen Stülpschalung aus PEFC-zertifiziertem, witterungsresistentem Lärchenholz umhüllt, das mit der Zeit natürlich vergraut. Insekten und Vögel finden in die Holzfassade integrierte Nistplätze, dazu kommen diverse Nischen und Bepflanzungskästen. Auf der Attika verleihen Pflanzkübel mit heimischen Hainbuchen dem Gebäude einen stimmigen Rahmen und Abschluss. An die 9 500 Bäume und Büsche bilden ein extensiv bewirtschaftetes Gründach, das mit seiner dichten Bepflanzung als abschließende, atmende Dämmschicht im Sommer für Kühle und im Winter für Wärme sorgt. Zudem absorbiert die Pflanzenschicht in Teilen auch die Schallentwicklung rund um das Gebäude. Darüber hinaus binden die Pflanzen Feinstäube und Luftschadstoffe und optimieren durch ihr Wachstum mittels Fotosynthese die CO_2-Bilanz.

Da das Regenwasser vom Dach nicht in Gänze abgeleitet wird, kann es über die Verdunstung von den großen Oberflächen der üppigen Flora die Luft kühlen und das Mikroklima verbessern. Diese Kühlungsleistung trägt auch zur Leistungssteigerung der Fotovoltaikanlage auf dem Dach bei. Die Leistungsfähigkeit der Fotovoltaik-Module ist bei circa 25 Grad Celsius Zelltemperatur am besten. Ihre Energieausbeute sinkt je Grad Celsius Temperaturanstieg um etwa 0,33 bis 0,5 Prozent, was gerade in der ertragreichen heißen Sommerzeit zu Verlusten führt. Denn durch das Erhitzen erhöht sich die Zelltemperatur der Membrane und damit auch ihr Widerstand – der elektrische Ertrag sinkt. Der Kühleffekt des Gründachs bewirkt, dass die Kollektoren länger im Leistungsbereich einer effizienteren Stromproduktion bleiben.

Die abwechslungsreiche Kubatur mit der stilbildenden polygonalen Stülpschalung aus Lärchenholz spiegelt die nachhaltige bauliche Konsequenz wider: ein moderner Holzbau mit Gründach, der emissionsfrei mit erneuerbaren Energien versorgt wird.

Ausstellung, Seminarzentrum, Gastronomie und Hotel

Das inhaltliche Zentrum des Wälderhauses bildet das Science Center Wald, eine sich über zwei Etagen erstreckende, dauerhafte Erlebnis- und Bildungsausstellung. Sie bringt den Besuchern den Wald als Ökosystem und Lebensraum, insbesondere im städtischen Kontext, didaktisch aufbereitet und multimedial vermittelt näher. Zudem hält das „Forum Wald" auf der ersten Etage Räume für Veranstaltungen mit bis zu 300 Personen bereit. Ein Multifunktionsraum für Tagungen und Sonderausstellungen sowie drei kleinere Seminarräume fungieren hier als integriertes Seminar-, Schulungs- und Konferenzzentrum, nicht nur, aber auch für umweltpädagogische Zwecke. Das Angebots- und Leistungsportfolio wird durch ein Restaurant mit regional-saisonaler Küche im Erdgeschoss sowie durch ein Ökohotel im 3-Sterne-Plus-Standard auf den oberen drei Etagen abgerundet. Auch hier steht der unmittelbare Bezug zum Thema Wald im Vordergrund. Die mit sichtoffenen Fichtenholzoberflächen versehenen 82 Zimmer sind nach heimischen Baumarten benannt und thematisiert. So wartet jedes Zimmer mit einer kleinen Ausstellung und einem raumhohen Ast des jeweiligen Baumes, beispielsweise vom Blutroten Hartriegel oder der Trauerweide, auf.

Drei Ebenen aus Massivholz

Das Erdgeschoss, die erste Etage und der Erschließungskern mit Treppenhaus und Aufzug wurden aus Brandschutzgründen mit Stahlbeton gebaut. Darauf setzte man drei Geschossebenen inklusive der tragenden Bauteile in BSP-Bauweise. Die Wand- und Deckenelemente aus zertifiziertem Fichtenholz, das aus Deutschland, Österreich und Finnland stammt, sind im Innenbereich sichtbar geblieben. Brettsperrholz besteht aus mehreren Brettlagen, die kreuzweise im rechten Winkel zu großen Platten- oder Scheibenelementen verleimt werden. Die massiven, flächigen Holzbauteile eignen sich besonders für tragende Zwecke, da ihnen der kreuzweise Aufbau eine hohe Formstabilität verleiht und die Lasten dadurch sowohl längs wie auch quer zur Haupttragrichtung abgeleitet werden können. Zudem garantieren die hohlraumfreien Massivholzelemente eine sichere Statik in normierter Bauqualität. Durch die Vorfertigung der Wand- und Deckenelemente konnte die Holzbauphase, einem detaillierten Zeitplan folgend, termingerecht in kurzer Zeit abgeschlossen werden. Die einzelnen Elemente wurden leise, sauber und trocken mit einem Kran platziert und dann verschraubt. Der hinterlüftete Wandaufbau der hölzernen Obergeschosse variiert je nach geometrischer Ausbildung der einzelnen Fassadenbereiche zwischen 70 und 150 Zentimeter. Er besteht

von innen nach außen aus einer 135 Millimeter starken Massivholzwand aus BSP-Elementen, deren Stöße luftdicht abgeklebt wurden. Darauf folgen eine Dampfbremse und die vorgefertigten Rahmen aus Konstruktionsvollholz und Doppelstegträgern mit einer 200 Millimeter starken Steinwolle-Dämmschicht. Den äußeren Abschluss dieser Rahmen bilden Hartfaserplatten. Sie fungieren als Unterkonstruktion für die diffusionsoffene Dachbahn und konstituieren zugleich eine wasserführende Schicht. Den äußeren Fassadenabschluss bildet eine Unterkonstruktion aus Konstruktionsvollholz mit aufgebrachter Lärchenholzverschalung, die zusammen die Geometrie der polygonalen Fassade bilden und gleichzeitig die Hinterlüftung der Fassadenkonstruktion sicherstellen. Der U-Wert der Außenwände beträgt vom zweiten bis vierten Obergeschoss (tragende Wand: Brettsperrholz) 0,15 W/m²K, der U-Wert der Außenwände vom Erdgeschoss bis zum ersten Obergeschoss (tragende Wand: Stahlbeton) beträgt 0,18 W/m²K.

Modulares Versorgungskonzept

Die hochdämmende Außenhülle mit dreifacher Sonnenschutzverglasung hat in der Energieversorgung eine konsequente Fortsetzung gefunden. Dem Ziel einer CO_2-reduzierten bis CO_2-neutralen Systemumgebung näherte man sich mittels eines modular aufgebauten Versorgungsmosaiks. Die Grundlast zur Deckung des Heizwärme- und Warmwasserbedarfs wird von dem Anschluss an das Wilhelmsburger Nahwärmenetz getragen, das von einem naheliegenden Biogas-Blockheizkraftwerk gespeist wird. Eine inhäusige Erdwärme-Lösung deckt die Lastspitzen, insbesondere des Winters, ab. Das Objekt ruht auf 128 Bohrpfählen, von denen 94 als „aktivierte Energiepfähle" fungieren. Dahinter verbirgt sich eine oberflächennahe Geothermie, die über in die Betonpfähle integrierte Erdsonden mittels einer leitfähigen Flüssigkeit dem Erdreich Wärme entzieht. Eine reversible Wärmepumpe komprimiert und nutzt diese Energie im Winter zum Heizen und zur Warmwasserproduktion, im Sommer zur Kühlung. Diese Art der Gebäudeenergieversorgung ist besonders umwelt- und klimafreundlich, da keinerlei Emissionen anfallen. Zudem erzeugt die Fotovoltaik des Gründachs mehr Strom, als die Wärmepumpen benötigen. Die Energieverteilung erfolgt in den ersten beiden Geschossen über eine Niedrigenergie-Fußbodenheizung zur Grundtemperierung sowie über die Lüftung. In den Hotelgeschossen (2. OG bis 4. OG) wird die Energieverteilung über die Lüftung sowie über Handtuchtrockner in den Bädern sichergestellt. Die Beleuchtung gewährleisten zu 80 Prozent sparsame LED-Einheiten; in den Bereichen mit langem Dauerlicht sind Energiesparleuchten im Einsatz. Die öffentlichen Toiletten sind mit einer

A

C

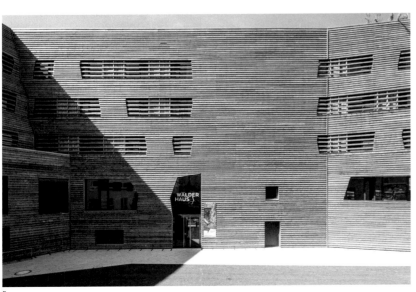

B

A → Vor ein paar Jahren noch undenkbar – heute
Realität und Sinnbild einer neuen, energieeffizienten
und klimafreundlichen Bauweise: die Rückkehr des
Holzbaus in den urbanen Raum.

B → Das Wälderhaus bringt den uralten Roh-, Bau- und
Werkstoff Holz in seiner ganzen Vielfalt und
Bezüglichkeit zu den Menschen in die Stadt.

C → Städtebaulicher Trend einer integrierten Nutzung:
Hotel, Seminarzentrum, Ausstellung und Gastronomie
unter einem Dach.

A

B

Raphael Hotel Wälderhaus

3.O

Büroräume
Sitz de
SDW

Science Center Wald

Forum Wald (Veranstaltungssaal und Seminarräume)

Veranstaltungssaal

Seminarräume

C

1.O

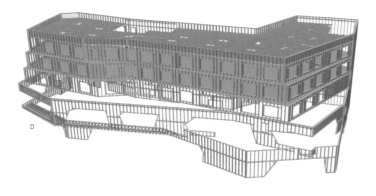

D

A → Das Seminar- und Konferenzzentrum führt
die organische Architektur des Hybridbaus auch
im Inneren konsequent fort.

B → Grundriss 3. Obergeschoss

C → Grundriss 1. Obergeschoss

D → Das Rendering zeigt die geometrisch
abwechslungsreiche Form des Baukörpers.

wassersparenden 3-Liter-Technik ausgestattet. Aufgrund der hohen natürlichen Dämmwirkung von Massivholz erreichen die oberen drei Geschosse Passivhausstandard.

Novum in Gebäudeklasse 5

Zur Gebäudetechnik gehört eine mechanische, individuell zu regelnde Lüftung mit Wärmerückgewinnung. Zugleich können die Fenster weiterhin geöffnet werden – ein regelmäßig geäußertes Anliegen im Zeitalter immer luftdichterer Gebäudehüllen. Da man das Gebäude in Gänze mit Holz bekleiden und auch im Innenbereich sichtbare Holzoberflächen ungekapselt zeigen wollte, wandte man brandschutztechnisch die zu der Zeit neue Europäische Bemessungsregel (Eurocode) an. Dadurch

war das Wälderhaus das erste Gebäude in der bauordnungsrechtlichen Gebäudeklasse 5 (>13 m), dessen Außenhülle und Obergeschosse in Holz ausgeführt wurden. Mittels des Eurocodes konnten spezielle Nachweismethoden zum Brandschutzverhalten über den Abbrand zur Anwendung kommen, durch die die erforderliche Feuerwiderstandsdauer der Tragwerkskonstruktion von 90 Minuten (F 90) nachgewiesen werden konnte. Zudem gelang es, den Brandüberschlag im Fassadenbereich durch konstruktive Maßnahmen zu minimieren. Final versah man die sichtbaren Holzflächen im Innenbereich mit einem Brandschutzanstrich und stattete den gesamten Komplex mit einer Sprinkleranlage aus, wie sie im internationalen Städtebau Usus ist. mwl

Bauträger Schutzgemeinschaft Deutscher Wald, Landesverband Hamburg e. V., Hamburg (D), www.sdw-hamburg.de

Architektur / Entwurf Studio Andreas Heller GmbH Architects & Designers, Hamburg (D), www.andreas-heller.de

Holzbau 1 Heinrich Haveloh GmbH, Ahaus-Alstätte (D) (Konstruktiver Holzbau 2. OG bis 4. OG, Holzfassade Gesamtgebäude EG bis 4. OG), www.haveloh.de

Holzbau 2 MetsäWood Merk GmbH, Aichach (D) (Fertigung Brettsperrholzelemente für Heinrich Haveloh GmbH), www.metsawood.com

Tragwerksplanung Assmann Beraten + Planen GmbH, Hamburg (D), www.assmann.info

Technische Gebäudeausrüstung Schlüter + Thomsen Ingenieurgesellschaft mbH & Co. KG, Neumünster (D), www.schlueterthomsen.de

Freiraumplanung WES GmbH Landschaftsarchitektur, Hamburg (D), www.wes-la.de

Brandschutz HAHN Consult Ingenieurgesellschaft für Tragwerksplanung und Baulichen Brandschutz mbH, Hamburg (D), www.hahn-consult.de

Grundstücksgröße 2 130 m²

Grundfläche der baulichen Anlage 1 360 m²

Bruttogeschossfläche 5 910 m²

Bruttorauminhalt 22 490 m³

Baukosten 17 Mio. Euro

Verbaute Holzmenge 1 386 m³

Kohlenstoffanteil (C) 347 t

CO_2-Speicherung 1 273 t

Konsequent nachhaltiges Bauen in der Stadt

Auf der Internationalen Bauausstellung (IBA) in Hamburg wurde der weltweit erste mehrgeschossige Massivholzbau im urbanen Raum errichtet. Der Woodcube besteht zu rund 90 Prozent aus reinem Holz und zeigt seine Flächen und Tragwerke ungekapselt.

Die Renaissance des Holzbaus hat die Agglomerationen erreicht. Im holzbaulich bis dato unbedarften Hamburg besetzt er den neuen Raum, den ihm die IBA durch die sozial-ökologische Ausrichtung geöffnet hat. Der 15 Meter hohe Holzkubus beherbergt acht Einheiten mit Wohnflächen zwischen 70 und 190 Quadratmetern Größe, die sich auf fünf Geschossebenen verteilen.

Novum im postmodernen Städtebau

Die Idee zum Woodcube ging aus einem Architekturwettbewerb hervor. Der Entwurf des Instituts für urbanen Holzbau (IFUH) um Philipp Koch wurde von der IBA Hamburg zur Realisierung ausgewählt. Der Initiator und Projektentwickler Matthias Korff nahm sich des Bauvorhabens an und errichtete erstmals in rein ökologischer, massiver Holzbauweise einen Fünfgeschosser. Von der Architekturagentur aus Stuttgart ließ er die ursprüngliche Hybridkonstruktion modifizieren und die Holzgewerke von Folien, Verkapselungen, jedweder Bauchemie, Lacken, Leimen und künstlichen Dämmmaterialien befreien. Dadurch wird eine Gesundheits- und Umweltbelastung durch Bauschadstoffe ausgeschlossen. Das Ergebnis zeigt ein für den städtischen Raum geradezu revolutionäres Bauwerk: Der Korpus inklusive Decken und Böden besteht einzig aus unbehandeltem, getrocknetem, gesägtem und gehobeltem Holz, das sowohl im Außen- als auch Innenbereich sichtbar geblieben ist – ein Novum im postmodernen Städtebau, bei dem die mehrgeschossigen Holzbauten aus vermeintlichen Brandschutzgründen häufig verkapselt werden müssen.

Stabiler Kraftschluss

Der Woodcube setzt sich aus vorgefertigten Wand-, Decken- und Dachelementen der österreichischen Systembauweise Thoma-Holz100 zusammen. Bedingt durch den hohen Vorfertigungsgrad konnte der hölzerne Rohbau innerhalb von vier Wochen errichtet werden. Die massiven Holzelemente platzierte man auf das Kellergeschoss rund um den zentralen Erschließungskern mit Treppenhaus und Aufzug, die aus Brandschutzgründen und zur Aussteifung des Gebäudes in Stahlbeton gefertigt wurden. Die Elemente bestehen aus verschieden starken Brettlagen bzw. Pfosten aus Tannen- und Fichtenholz. Auf beiden Seiten einer senkrecht stehenden, 80 Millimeter messenden Kantholzlage werden verschiedene Brettschichten sowohl horizontal und vertikal als auch diagonal zu kompakten Bauteilen miteinander verbunden. Die Brettschichten von 24 Millimeter Dicke befestigt man mit relativ trockenen Buchenholzdübeln, die leicht befeuchtet hydraulisch in den Holzlagenverbund eingepresst werden. Danach quellen sie auf und ziehen sich in Richtung des etwas feuchteren Weichholzes fest. Aufgrund der unterschiedlichen Feuchtegrade in den Dübeln aus Hartholz und den Brettschichtlagen aus Weichholz entsteht ein stabiler Kraftschluss im gesamten Bauteil.

Einstoffliche Bauweise

Der Wandaufbau des hölzernen Würfels misst 32 Zentimeter (inklusive einer 3 Zentimeter dicken Dämmschicht aus Holzweichfaserplatten). Geschützt zwischen zwei

Der Woodcube ist der erste mehrgeschossige, massive Holzbau im urbanen Raum, der zu Wohnzwecken mit innen wie außen sichtoffenen Oberflächen und Tragwerken errichtet wurde.

Brettlagen sorgt eine Fassadenschalungsbahn auf Zellulosebasis und Holzweichfaserdämmung für die nötige Wind- bzw. Luftdichtigkeit. Die Außenhülle bildet eine witterungsresistente Fassadenbekleidung aus unbehandeltem Lärchenholz. Unter dieser stellt eine schmale Holzunterkonstruktion die erforderliche Belüftung sicher. Damit besteht die gesamte Gebäudehülle des Woodcube einzig aus Holz bzw. Holzfasern. Die naturbelassene und puristische Bauweise verzichtet bei den Wand- und Deckenelementen bewusst auf Verleimungen, Nägel, Metalle, Folien oder Kunststoffbahnen. Durch die hölzerne Einstofflichkeit des Baukörpers vermeidet der Woodcube die bei mehrstofflichen Konstruktionen auftauchenden Probleme wie Schimmelbildung, Kondensation oder Anschlussfehler aufeinandertreffender Gewerke unterschiedlicher Materialien. Doch ganz ohne Metall kommt auch er nicht aus: Die Montage der Elemente ab der Bodenplatte erfordert Schrauben, Nägel und Winkel als Verbindungsmittel.

Stehende Luftschicht
Die Holz100-Elemente stellen eine hohe Wärmedämmung sicher. Dies beruht zum einen auf den naturbedingt guten Dämmeigenschaften von Massivholz, dessen Wärmeleitfähigkeit gering ist, zum anderen auf Lufteinschlüssen zwischen den einzelnen Brettlagen, die durch kleine, eingefräste Längsrillen entstehen. Nach dem Zusammenfügen der gerillten Brettlagen zu Massivholzelementen werden die Kopfenden mit einem Naturöl-Holzstaub-Gemisch verschlossen. Daraus resultiert eine sogenannte stehende Luftschicht, welche die Dämmwirkung des Gesamtelements verstärkt, ohne dessen Gewicht zu erhöhen. Der Wandaufbau des Woodcube erreicht Niedrigenergiestandard. Der Lambdawert (Wärmeleitfähigkeit) der gefrästen Holzschichten beträgt nur 0,079 W/(m²K) gegenüber einfachem Nadelholz mit 0,13 W/m²K (Watt je Quadratmeter und Kelvin) – ein Rekordwert. Der U-Wert der Wand beträgt 0,19 W/m²K. Die massiven Außenwände, Boden- und Deckenelemente garantieren zudem eine sichere Statik.

Eine konstruktive Besonderheit zeigt die Möglichkeiten im modernen Holzbau auf: Die 23 Zentimeter dicken Holzdecken und die Balkonplatten bestehen aus ein und denselben Elementen. Diese reichen vom Erschließungskern über den Innenraum und die Außenwände bis nach außen durch, ohne eine Wärmebrücke zu bilden, da das Bauteil ungestört bleibt.

Weil die Lasten von den Außenwänden abgetragen werden, benötigen die Räume keine weiteren Stützen in Form von tragenden Innenwänden, was eine individuelle Raumaufteilung ermöglicht. Daher setzte man im Innenbereich auf Metallständer-Leichtbauwände mit schalldämpfender, mineralischer Dämmung und

Gipsfaserbeplankung, die wenig Fläche beanspruchen und bei verändertem Raumbedarf versetzt oder ganz entfernt werden können.

Ganzheitliche Bauphilosophie
Der Woodcube erreicht in etwa Passivhauslevel, wobei er die Voraussetzungen des förderfähigen KfW-Effizienzhauses 40 um 22 Prozent unterschreitet. Er trägt nicht nur den bekannten Förderkriterien der Kreditanstalt für Wiederaufbau (KfW) und den Zertifizierungskriterien der Deutschen Gesellschaft für Nachhaltiges Bauen (DGNB e. V.) Rechnung, die er ohne Probleme erfüllt, sondern setzt mit seiner ganzheitlichen Bauphilosophie komplett neue Maßstäbe. Der Massivholz-Prototyp verfügt über eine CO_2-neutrale Gesamtökobilanz, die von der Herstellung sämtlicher am Bau verwendeten Materialien über den Bauprozess und die Nutzung bis zum Rückbau inklusive Recycling eine geschlossen evaluierte Prozesskette mit Vorbildcharakter ausweist. Das unterscheidet ihn maßgeblich von der rechtsgültigen, gleichwohl zu kurz greifenden Energieeinsparverordnung (EnEV) die nur den Energieverbrauch der Gebäude während der Nutzungsphase betrachtet. Die sogenannte graue Energie, die für die Herstellung und den Transport der Baumaterialien sowie das Recycling benötigt wird, bleibt unberücksichtigt. Matthias Korff mochte dieser Einschränkung in der Evaluierung nicht folgen. Er beauftragte die ina Planungsgesellschaft, ein Spin-off der TU Darmstadt, Fachgebiet Entwerfen und Energieeffizientes Bauen, mit der nicht vorgeschriebenen, jedoch sämtliche wichtigen Parameter aufgreifenden Ökobilanzierung des Woodcube. Die Analyse erfolgte nach den Vorgaben des Zertifizierungssystems des DGNB. Das Ergebnis zeigt auf, dass der Woodcube sowohl in der Herstellung als auch im Betrieb in Gänze CO_2-neutral und schadstofffrei ist.

Raumklima und Wohngesundheit
Die einstoffliche Elementbauweise aus Österreich ist nach dem Cradle-to-cradle-System („von der Wiege bis zur Wiege") in Gold zertifiziert. Zudem entstammen die verwendeten Hölzer nachhaltiger Forstwirtschaft und wurden im Winter bei abnehmendem Mond als sogenanntes Mondphasenholz geerntet. Dessen höhere Dichte und Resistenz gegenüber Schädlingen wurde von der ETH Zürich bestätigt. Sämtliche eingesetzten Materialien im Holzkubus sind komplett recyclingfähig, biologisch abbaubar und baubiologisch einwandfrei. Das kommt dem Menschen zugute, ebenso wie das Raumklima, das sich in einem massiven Holzbau im idealen Feuchtigkeitsbereich zwischen 35 und 55 Prozent relativer Feuchte bewegt. Denn massives, unbehandeltes Holz ist diffusionsoffen, das heißt, es nimmt überschüssige Luftfeuchtigkeit auf, speichert diese,

A

B

A → Das Raumklima in einem massiven, diffusions-
offenen Holzbau bewegt sich im – für das menschliche
Wohlbefinden idealen – Feuchtigkeitsbereich zwischen
35 und 55 Prozent relativer Feuchte.

B → Einzig das Kellergeschoß sowie der zentrale
Erschließungskern (Treppenhaus und Aufzug)
bestehen brandschutzbedingt aus Stahlbeton.

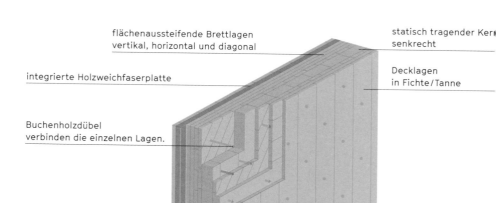

flächenaussteifende Brettlagen
vertikal, horizontal und diagonal

statisch tragender Kern
senkrecht

integrierte Holzweichfaserplatte

Decklagen
in Fichte/Tanne

Buchenholzdübel
verbinden die einzelnen Lagen.

A

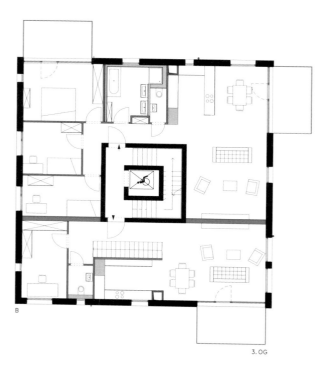

B

3. OG

A → Der Wandaufbau des Woodcube misst inklusive
einer 3 Zentimeter dicken Dämmschicht aus
Holzweichfaserplatten 32 Zentimeter und erreicht mit
einem U-Wert von 0,19 W/m²K Niedrigenergiestandard.

B → Grundriss 3. Obergeschoß. Die nicht tragenden
Leichtbau-Innenwände können den persönlichen
Bedürfnissen entsprechend verändert bzw. ganz
entfernt werden.

C → Schnitt des Woodcube

D → Der hohe Vorfertigungsgrad der massiven Wand-
und Deckenelemente ermöglichte es, dass der
hölzerne Rohbau in Kurzzeit und weitestgehend ohne
Lärm- und Staubemissionen errichtet werden konnte.

E → Die kleinen Lufteinschlüsse zwischen den
Brettlagen verbessern die Dämmwirkung der Massivholzelemente, ohne deren Gewicht oder Volumen
zu erhöhen.

F → Um den mineralischen Erschließungskern
gruppieren sich die hölzernen Boden-, Wand- und
Deckenelemente.

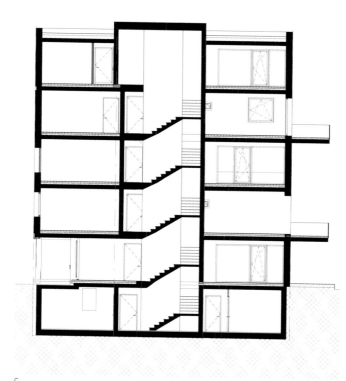

C

gibt sie erst bei Bedarf wieder an die Raumluft zurück oder führt sie bei Sättigung nach außen ab.

Im gesamten Gebäude mit 900 Quadratmeter Wohnfläche minimiert und optimiert ein vernetztes Energiemanagementsystem die Verbräuche und stimmt sie auf das individuelle Nutzerverhalten ab. So werden zum Beispiel die Heizenergie, die dezentrale Lüftung mit Wärmerückgewinnung und die Jalousien automatisch gesteuert beziehungsweise ganz abgeschaltet, wenn der Bewohner auf Reisen ist. Die Verbräuche jedes einzelnen Energieabnehmers inklusive Beleuchtung werden in einem Terminal dokumentiert, sodass der Bewohner seinen Stromverbrauch kennt und bei Bedarf gegensteuern kann. In den öffentlichen Bereichen wie Keller, Foyer und Treppenhaus arbeiten 1-Watt-LED-Leuchten; der Aufzug verfügt über eine Bremsenergierückgewinnung.

Brandschutz übererfüllt

Fester Bestandteil der Philosophie des Woodcube ist es, das Holz nicht aus Brandschutzgründen hinter Verkapselungen oder fremdstofflichen Fassaden zu verstecken oder es mit Schutzanstrichen zu versehen bzw. teure Sprinkler einzubauen. Doch genau das verlangte die Hamburger Brandschutzvorschrift von 1995. Allerdings belegte ein vom Bauträger daraufhin beauftragtes Team von der Technischen Universität Darmstadt um Professor Karsten Tichelmann in eigenen Brandschutzversuchen, dass der Massivholzbau ohne derlei Brandschutzmaßnahmen auskommt. Die Tests ergaben, dass die mächtigen Holzelemente drei- bis fünfmal länger Feuerwiderstand leisten als Beton- oder Ziegelkonstruktionen. Die in der Gebäudeklasse 4 erforderliche F90-Brandwiderstandsdauer (= 90 Minuten) bei 1000 Grad Dauerbeflammung wurde problemlos erreicht, die spezielle Konstruktion des Prototypen erzielte gar rekordverdächtige F180. Deshalb durften die Holzelemente des Woodcube unverkapselt bleiben, auch Sprinkler oder Brandschutzanstriche waren nicht vonnöten, was in der Summe die Baukosten verringert hat. mwl

D

E

F

Bauträger Woodcube Hamburg GmbH, Hamburg (D), www.woodcube-hamburg.de

Projektentwicklung DeepGreen Development GmbH, Hamburg (D), www.deepgreen-development.com

Entwurf Institut für urbanen Holzbau, Berlin (D), www.ifuh.org

Architektur Architekturagentur Stuttgart, Stuttgart (D), www.architekturagentur.de

Holzbau Erwin Thoma Holz GmbH, Goldegg (A), www.thoma.at

Statik Ingenieurbüro Isenmann, Haslach (D), www.isenmann-ingenieure.de

Baubiologische Beratung Wilfried Schmidt / Ökoplan, Donaueschingen (D), www.oeko-plan.de

Haustechnik Inhaus GmbH, Duisburg (D), www.inhaus-gmbh.de

Brandschutz Tichelmann & Barillas TSB Ingenieurgesellschaft, Darmstadt (D), www.tsb-ing.de

Ökobilanz ina Planungsgesellschaft mbH, Darmstadt (D), www.i-na.de

Gebäudevolumen $V = 3430\,m^3$

Umfassungsfläche $A = 1474\,m^2$

A/V-Verhältnis $A/V = 0{,}43$

Nutzfläche $AN = 998\,m^2$

Transmissionswärmeverlust $HT´ = 0{,}246\,W/m^2K$

Heizwärmebedarf $Qh = 18\,kWh/m^2a$

Endenergiebedarf $QE = 39{,}3\,kWh/m^2a$

Endenergie $QE = 39\,200\,kWh/a$

Primärenergiebedarf $QP´´ = 21{,}3\,kWh/m^2a$

Grenzwert KfW-40 $QP´´ = 27{,}2\,kWh/m^2a$ (22% Unterschreitung)

Weitere Kennzeichen Lüftungssystem mit Wärmerückgewinnung, regenerative Fernwärmeversorgung, sommerlicher Wärmeschutz gemäß DIN E 4108-2:2011-10, SPS-BUS-Verkabelung – PVC- und halogenfrei, Aufzug mit Bremsenergierückgewinnung, Fotovoltaik, Energiemanagementzentrale, Smart Metering

Baukosten 2,6 Mio. Euro

Verbaute Holzmenge $500\,m^3$

Kohlenstoffanteil (C) 125 t

CO_2-Speicherung 458 t

Nachverdichtung und Aufstockung

Berliner Holzbau mit städtebaulichem Anspruch

Der siebengeschossige Holzbau mit Namen c13, der aus drei miteinander verbundenen Trakten besteht, wurde im Bezirk Prenzlauer Berg errichtet. Die Entwurfsplanung stammt von dem Berliner Architekten Tom Kaden. Das Bauwerk vereint eine Vielfalt an Bauqualitäten: Architektur, Tragwerksplanung, Nachverdichtung, Quartiersbildung.

Die unregelmäßige Fassadengestaltung folgt dem Baukastenprinzip, wobei einzelne Nutzungseinheiten klar erkennbar sind: Auf große, rechteckige Fensterflächen folgen verspielte, kleine Ausschnitte. Sie verleihen dem Objekt eine transparente Leichtigkeit, die vom lichten Weiß des Gebäudes fortgeführt wird.

Verschobene Erker und Lichthöfe

Die Architekten bezogen sich in ihrer Entwurfsplanung auf die gründerzeitliche Historie des Umfelds, ohne jedoch einem epigonalen Historismus zum Opfer zu fallen. Beim c13 ist es ihnen gelungen, den bauhistorischen Kontext aufzugreifen und in eine Formensprache des 21. Jahrhunderts einzubinden. Dabei haben sie die für diese Architektur- und Stilepoche typischen Erker, die für gewöhnlich die prunkvollen Fassaden vom ersten Obergeschoss bis zum Dachgeschoss ungestört durchliefen, aufgegriffen und in Form der großen, aus der Fassade heraustretenden Baukastenfenster von Stockwerk zu Stockwerk seitlich nach links oder rechts verschoben. Mit dieser Erker-Interpretation ist es ihnen gelungen, sowohl die Architektur der Bestandsbauten zu integrieren und wertzuschätzen als auch eine urbane Bauweise hervorzubringen, die sich nicht vor der Schwere der Zeithistorie duckt, sondern eigene, kraftvolle Statements abzugeben imstande ist.

Das länglich-schmale Grundstück wird links von einer alten, verklinkerten Schule und rechts von einem typischen Gründerzeitbau, der im Seitenflügel über eine sich nach hinten durchziehende Brandmauer verfügt, eingefasst. An diese hat man sich aber nicht, wie sonst üblich bei der Schließung von Baulücken, angelehnt. Denn die Bauherrschaft „Stiftung für Bildung.Werte.Leben" hatte Licht und Transparenz als ein wesentliches Anliegen ihres Bauvorhabens formuliert. Also rückte man in Teilbereichen bis zu 5 Meter von der nachbarlichen Brandwand ab. Dadurch entstanden einzelne Innenhöfe mit diagonalen Blickfeldern, die dieser normalerweise komplett geschlossenen Gebäudeseite zusätzliche Lichtgewinne verschaffen.

Brettsperrholz- und Holztafelbau

Das c13 besteht aus drei unterschiedlich hohen und in verschiedenen Holzbauweisen errichteten Gebäudeteilen

Die rückwärtigen Trakte des länglichen Gebäudekomplexes, der auf einem Untergeschoß mit Tiefgarage aus Stahlbeton ruht, bestehen aus vier- (mittlerer Teil) und fünfgeschossigen (hinterer Teil) Holztafelbaukonstruktionen, während das siebengeschossige Vorderhaus in Massivholzbauweise ausgeführt wurde.

aus Fichten- und Tannenholz. Während das vorderseitige, siebengeschossige Haupthaus in massiver Brettsperrholz(BSP)-Bauweise ausgeführt wurde, bestehen die rückwärtigen Gebäudetrakte aus vier- (mittlerer Teil) bzw. fünfgeschossigen (hinterer Teil) Holztafelbaukonstruktionen. Die tragende Rahmenkonstruktion der Holztafelbauelemente wurde ab Werk mit Dämmung und beidseitig aussteifenden Beplankungen bzw. Bekleidungen sowie mit der Installationsebene einschließlich Leitungsführung für die Haustechnik versehen. Die hölzernen Außen- und Innenwände steifen den Gebäudekörper komplett aus. Zudem tragen die massiven BSP-Wände sogar die Lasten des außen liegenden Stahlbeton-Erschließungskerns ab. Die Tragstruktur der Wohnungstrenndecken wird durch Holz-Beton-Verbunddecken erzielt. Diese überspannen – über die gesamte Tiefe des Gebäudes von 45 Metern – ein Raster von Stahlträgern auf Holzstützen. Sie bestehen im Kern aus einer 14 Zentimeter dicken Auflage aus Brettstapelholz, auf die eine Betonschicht von 10 Zentimetern folgt. Die hölzernen Unterseiten aus hellem Fichtenholz sind dabei sichtoffen geblieben und verleihen den Räumen eine behagliche Atmosphäre. Die gesamte Holzkonstruktion basiert auf durch CAD-Planung und moderne Abbundanlagen millimetergenau vorproduzierten BSP-, Tafelbau- und Holz-Betonelementen.

Holzbau in Gebäudeklasse 5

Die Wand-, Boden- und Deckenbauteile wurden just in time auf die Baustelle geliefert und mittels Kran in Kurzzeit platziert und montiert. Einzig der Verguss des Betons für die Holzbetonverbunddecken erfolgte aus logistischen und baulichen Gründen direkt auf der Baustelle. Die gesamte Montage des Holzbaus dauerte nur drei Monate, wobei allein die Trocknung des Betons Montageunterbrechungen von zwei Monaten erforderte. Während die beiden Holztafelbau-Gebäudetrakte zur Gebäudeklasse 4 gehören, erreicht der vordere BSP-Siebengeschosser mit 22 Metern Höhe sogar die Gebäudeklasse 5. In Letzterer sind nur solche Konstruktionen zulässig, bei denen die tragenden und aussteifenden Wände und Stützen in F90-AB-Qualität errichtet werden. Dabei muss bei Feuereinwirkung die Tragfähigkeit bzw. der Raumabschluss von Bauteilen mindestens 90 Minuten lang gewährleistet sein. Um dem Brandschutz für beide Holzkonstruktionen Rechnung tragen zu können, wurden die Außenwände und Hauptstützen sowie die aussteifenden BSP-Wände mit doppelten Gipsfaserplatten der Kapselung K²60 bekleidet. Ein Brandmeldesystem sowie außen liegende Zugangstreppen mit Aufzug in Stahlbetonbauweise komplettieren das Brandschutzkonzept.

Tragwerksplanung aus der Schweiz

Das Architekturbüro Kaden und Lager ist Mitinitiator des Forschungsprojektes „3H: Holz-Hoch-Hausbau im urbanen Raum", das von Professor Dr.-Ing. Volker Schmid vom Lehrstuhl „Entwerfen und Konstruieren – Verbundstrukturen" der TU Berlin, Institut für Bauingenieurwesen, geleitet wird. In diesem Projekt geht es um die Realisierung holzbasierter, niedriger Hochhäuser mit bis zu zwölf Stockwerken. Die Verzahnung der BSP-Wände mit den Holz-Beton-Verbunddecken beim c13, die die Steifigkeit der Aussteifungskonstruktion erhöhen und zudem verhindern, dass die unterschiedlichen Materialien sich gegeneinander verschieben, erachtet Schmid aus Sicht der Tragwerksplanung für innovativ. Diese vom Schweizer Planungsbüro Pirmin Jung entwickelte Verzahnung basiert auf in die Unterseiten der BSP-Wandelemente eingefrästen Ausschnitten, ähnlich den Kerven bei Holzbetonverbunddecken. Diese Ausschnitte in der Holzwand wurden beim Betonieren der Verbunddecken direkt mit vergossen. Dadurch ist es gelungen, den Anschluss von Holzwand und Verbunddecke zu verbessern und deren Steifigkeit, insbesondere im Vergleich zu Nagelverbindungen, zu erhöhen.

CO$_2$-Speicherung statt Emission

Der bis zu 34 Zentimeter mächtige Wandaufbau des siebengeschossigen Vorderhauses besteht von innen nach außen aus zwei 18 Millimeter dicken Gipsfaserplatten an die sich tragende BSP-Elemente mit Stärken zwischen 9,5 und 20 Zentimetern anschließen. Darauf folgt eine Dampfbremse sowie eine weitere Gipsfaserplatte, an die sich eine 10 Zentimeter dicke, mineralische Außenwanddämmung mit einer hohen Rohdichte von 70 kg/m³ in Plattenform anfügt, die von einem mineralischen Außenputz finalisiert wird. Insgesamt erzielt die wärmeübertragende Gebäudehülle einen durchschnittlichen U-Wert von 0,534 W/m²K. Energetisch versorgt wird der holzbasierte Hybridbau, der auf einem Kellergeschoss mit Tiefgaragen aus Stahlbeton ruht, von einer Gastherme, die die Niedrigenergie-Fußbodenheizung auf sämtlichen Geschossebenen speist und auch die Warmwasseraufbereitung übernimmt. Eine kontrollierte Lüftung, Aluminium-Sonnenschutzstores an der Südseite sowie in Teilen raumhohe, dreifach verglaste Holzfenster komplettieren das Energiekonzept. Insgesamt wurden 600 Kubikmeter an Holzvolumina für c13 verbaut. Dies entspricht einem Kohlenstoffanteil, aus dem Holz zu 50 Prozent besteht, von umgerechnet 150 Tonnen, worauf eine CO$_2$-Speicherung von über 550 Tonnen resultiert. In Summe speichert das c13 mehr CO$_2$, als bei seiner Errichtung emittiert wurde.

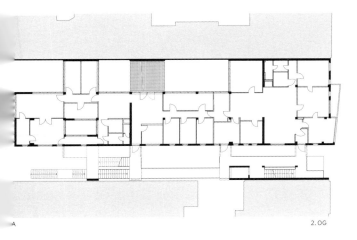

A   2. OG

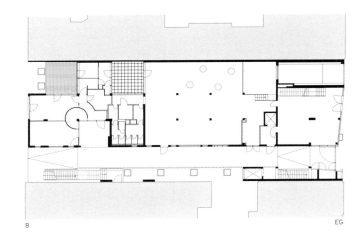

B   EG

C

A → Im 2. Obergeschoß befindet sich eine Praxis für
Ergo-/ Physiotherapie auf circa 60 Prozent der
Geschossfläche, dazu ergänzt eine Kinderarztpraxis
im vorderen, straßenseitigen Bereich das integrierte
Konzept.

B → Während die oberen Etagen Wohnungen vorbehalten sind, wird das Erdgeschoß gewerblich genutzt:
straßenseitig von einem Restaurant, im mittleren Teil
von einem hauseigenen Veranstaltungsbereich und
der rückwärtige, nördliche Teil bietet einer Kita mit
Spielplatz geschützten Raum.

C → So schön kann Brandschutz sein: Das außen
liegende Treppenhaus mit Aufzug wurde in Stahlbeton ausgeführt.

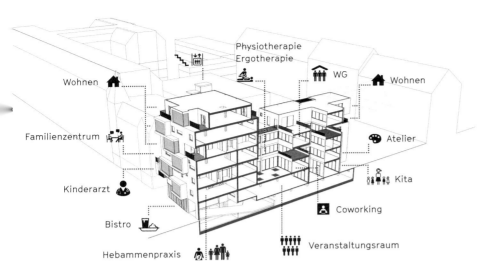

A → Die architektonisch ebenso ansprechende wie anspruchsvolle Nachverdichtung in Berlin vereint die heutigen Möglichkeiten des Holzbaus mit den aktuellen Anforderungen der Quartiersentwicklung.

B → Die Vielfalt der Nutzung im c13 führt die im 20. Jahrhundert separierten Daseinsgrundfunktionen wieder zusammen: Wohnen und Arbeiten, Freizeit, Bildung und Kultur.

C → Durch das teilweise Abrücken des Gebäudekörpers von der nachbarlichen Brandwand erhielt diese ansonsten geschlossene Gebäudeseite zusätzliche Lichtkorridore und Außensitze.

C

Revitalisierung der Quartierskultur

Der Siebengeschosser setzt auch städtebauliche Akzente, indem er die nach dem Krieg getrennten Daseinsgrundfunktionen Wohnen, Arbeiten, Freizeit und Kultur wieder unter einem Dach vereint. Die alternierende Fassadengestaltung spiegelt die Nutzungsvielfalt als Wohn-, Beratungs- und Gesundheitszentrum wider. Die ansprechende Silhouette des Hybridbaus wirkt einladend, sie verheißt Offenheit und Transparenz und macht neugierig. Hier wird kommuniziert, gearbeitet und gelernt, hier werden die Menschen beraten und therapiert, hier essen sie und erholen sich, man lebt hier – miteinander. Zudem legt die Bauherrschaft ein besonderes Augenmerk auf die generationenübergreifende, langfristige Entwicklung. Die auf christlichen Werten basierende Bildungsarbeit mit Familienbetreuung und der Begleitung junger Menschen ist auf die kommenden drei bis vier Generationen ausgerichtet. Und mit dem c13 hat die Stiftung bewusst ein architektonisches Zeichen der Nachhaltigkeit gesetzt, das zu den eigenen Werten passt. Die Multifunktionalität in der Gebäudenutzung mit Eigentums- und Mietwohnungen, Büros, Studenten-WG, Kita, Hebammen- und Kinderarztpraxis, Zentrum für Physio- und Ergotherapie, Malatelier, Café, „Kiezküche" samt mietbarem Seminar- und Eventzentrum, Familienberatungszentrum und anderem mehr ist als Nukleus einer neuen Quartiersbildung zu verstehen.

Kleine Stadt in der großen Stadt

Wie der Architekt Tom Kaden erläutert, lässt die kleine Stadt in der großen Stadt den Geist neu entdeckter Solidarität und verzahnter Daseinsgrundfunktionen durch die vertikale wie horizontale Durchmischung wieder aufleben. Die Wege sind kurz, die Vielfalt ist groß, die Bewohner sind sozial engagiert, man kümmert sich wieder. Der Ansatz der Stiftung ist ganzheitlich und versteht sich als sozialökonomisches wie gesellschaftspolitisches Signal, das dauerhaft in den Bezirk hineinwirken soll. Mit seinem integrierten Architektur- und Planungsansatz unterstützt Tom Kaden diese neue Quartiersbildung und setzt damit ein Zeichen gegen die immer noch fortschreitende Gentrifizierung ganzer Stadtviertel. Nicht zuletzt im Bezirk Prenzlauer Berg, wo bereits ein Großteil der früheren Vielfalt an Altersstrukturen, Biografien, Lebensentwürfen und Berufsgruppen einer monetären Einfallslosigkeit und sozialen Monotonie gewichen ist. Nun liegt es an den Menschen, die getrennten Funktionen inhaltlich zusammenzuführen und in einen neuen sozialen städtischen Kontext der Vielfalt, den es aufzubauen gilt, einzubinden. mwl

Bauherr **Stiftung für Bildung.Werte.Leben, Berlin (D), www.bildung-werte-leben.de**

Architektur **Kaden und Klingbeil, Berlin (D); Entwurf: Tom Kaden, www.kadenundlager.de**

Generalunternehmer Holzbau **oa.sys baut GmbH, Alberschwende (A), www.oa-sys.com**

Statik Holzbau **Pirmin Jung Ingenieure für Holzbau AG, Rain (CH), www.pirminjung.ch**

Planung und Bauleitung Haustechnik **Planungsbüro Roth, Strausberg (D), www.pb-roth.de**

Elektroplanung **Planungsbüro Marion Fabis, Kleinmachnow (D), www.pb-fabis.de**

Brandschutz **Dehne, Kruse Brandschutzingenieure GmbH & Co. KG, Gifhorn (D), www.kd-brandschutz.de**

Geschossfläche **2 820 m²**

Nettogrundfläche **2 514 m²**

Nutzfläche Gewerbe **1640 m²**

Nutzfläche Wohnen **930 m²**

Grundstücksfläche **900 m²**

Bauliche Nutzung **GRZ 0,63; GFZ 3,1**

Transmissionswärmeverluste in der Heizperiode QT **9 597 kWh/a**

Lüftungwärmeverluste in der Heizperiode QV **1578 kWh/a**

Interne Wärmegewinne in der Heizperiode Qi **3 936 kWh/a**

Passive solare Wärmegewinne in der Heizperiode Qs **6 496 kWh/a**

Primärenergiebedarf (Gebäude Ist-Wert) **358,1 kWh (m²a)**

Baukosten KGR 3+4 netto **ca. 1550 Euro/m² WF**

Baukosten gesamt **7 Mio. Euro**

Verbaute Holzmenge **600 m³**

Kohlenstoffanteil (C) **150 t**

CO_2-Speicherung **550 t**

A → Der wohngesunde Holzbau spielt gekonnt mit Licht und Transparenz.

B → Das Verhältnis der holzbaulichen Anteile (braun) zu den mineralischen (grau) belegt, wie und wo das Holz die Ressourceneffizienz im Bauwesen signifika zu steigern vermag.

C → Ein Raster von Stahlträgern auf Holzstützen überspannt die gesamte Tiefe des Gebäudes von 45 Metern.

A

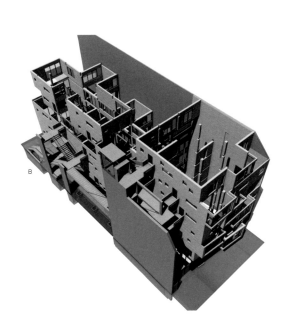

B

C

Europas größte Aufstockung in Holz

Das ehemalige Produktions- und Verwaltungsgebäude von Foto Quelle in Nürnberg wurde um ein Geschoss aufgestockt. Diese Mammutaufgabe – die Fläche war größer als ein Fußballfeld – konnte dank moderner Holzbauweise in nur fünf Monaten bewältigt werden.

In den 1970er-Jahren baute der Quellekonzern im Süden Nürnbergs seine Produktion mit einer bebauten Fläche von insgesamt etwa 25 000 Quadratmetern, bestehend aus zwei Fertigungshallen nebst Verwaltungtrakt, auf. Aufgrund des florierenden Geschäfts hatte der Versandhändler den Industriekomplex damals mit einem der modernsten und größten Fotolabore Europas statisch so ausgelegt, dass darauf bis zu drei Geschosse hätten zusätzlich platziert werden können. Doch es kam anders: Das auf analoger Fotografie beruhende Massengeschäft existiert heute nicht mehr. Nach Zeiten des Leerstands wurde das Areal von einem Immobilienentwickler übernommen. Die vormalige Industriebrache wurde in drei Bauabschnitten modernisiert, umgebaut und aufgestockt. Das Kürzel TM50 (Thomas-Mann-Straße 50) steht heute als Symbol für eine gelungene Altgewerbekonversion: Hier präsentiert sich ein moderner Dienstleistungs- und Verwaltungsstandort mit attraktiven Büro- und Produktionsflächen, Ladengeschäften und Restaurants in zeitgemäßer Architektur.

Vertikale Nachverdichtung in wachsenden Agglomerationen
Obwohl die Bevölkerungszahlen stagnieren bzw. schrumpfen, wachsen die Ballungsräume unentwegt. Baugrund wird in den Agglomerationen knapper und teurer. In der Fachdiskussion und Forschung hat sich herauskristallisiert, dass neben einer allgemeinen erhöhten Bebauungsdichte insbesondere die Nachverdichtung, also das Bauen auf bebautem Grund, ebenso

realistisch wie aus städtebaulicher Sicht wünschenswert ist. Sie erfordert kein kostbares Bauland, um den dringend benötigten neuen Wohn- und Gewerberaum zu schaffen, sondern erhöht vielmehr den Wert des Bestands, der oftmals gleich mit saniert wird. Ohnehin ist die Ausweisung neuer Bebauungsflächen teuer und durch zahlreiche Sachzwänge, wie beispielsweise den Erhalt notwendiger Frei- und Abstandsflächen, stark eingeschränkt. Auch gilt es der ausufernden Zersiedelung, der Flächenversiegelung und der Ausweitung des suburbanen Raums Einhalt zu gebieten. Darüber hinaus kann die teure Verkehrs- und Versorgungsinfrastruktur bei erhöhter Dichte von mehr Unternehmen und Menschen genutzt werden, was in Summe einen geringeren Energie- und Ressourcenverbrauch pro Kopf bewirkt. Zudem zieht eine engmaschige Bebauung geringere Folgekosten für den Erhalt der Infrastruktureinrichtungen nach sich, als dies bei einer weiträumigeren Struktur der Fall wäre. Ferner bleiben der Stadt die für eine hohe Lebensqualität unabdingbaren Grünzonen erhalten.

Vorfertigung und Baugeschwindigkeit
Im sensiblen Umfeld hoch verdichteter Stadtviertel und Gewerbezonen stellen Baustellen für Gewerbetreibende, Anwohner und Bauunternehmen eine große Herausforderung dar. Alle Betroffenen sind frühzeitig in das anstehende Bauvorhaben zu integrieren, um Störungen und Verzögerungen im Bauprozess vorzubeugen. Zu berücksichtigen sind auch Mietkürzungen, die bei entsprechenden Belastungen zu den Baukosten zu

Die Einheit von Design, Entwurf und Konstruktion als Spiegel einer Holzbau-Architektur des 21. Jahrhunderts, die den mineralischen Altbestand integriert und zugleich eine selbstbewusste, eigenständige Formensprache entfaltet

addieren sind. Insofern kommt einer möglichst kurzen Bauphase eine zentrale Bedeutung zu. Die im Werk vorproduzierten Holzelemente verfügen durch den computergesteuerten, vollautomatischen CNC-Abbund über eine millimetergenaue Präzision. Der hohe Vorfertigungsgrad, bei dem nahezu sämtliche Bauteile fertig gedämmt und inklusive der Installationskanäle sowie der Fenster- und Türöffnungen just in time auf der Baustelle angeliefert werden, sorgt dafür, dass das Baugeschehen witterungsunabhängiger wird und die Bauplanung realistisch kalkuliert werden kann. Der moderne Ingenieurholzbau bedarf zwar eines erhöhten Planungsaufwands, nimmt jedoch im Vergleich zu konventionellen Bauweisen nur ungefähr die Hälfte der Bauzeit in Anspruch.

Von Vorteil ist auch, dass die Aufstockung in Holzbauweise vergleichsweise schmutz- und geräuscharm erfolgt. Mittels Kränen werden die Bauteile exakt platziert und sofort montiert. Der rasche Baufortschritt ist auch für Laien sichtbar, was die Akzeptanz und Toleranz im Quartier erhöht. Hinzu kommt, dass die Aufstockungsfläche möglichst effizient genutzt werden kann, um maximal große neue Räume zu schaffen. Durch die Integration der dämmenden in die statisch tragende Schicht können die Wandquerschnitte bei vergleichbarer Dämmwirkung kleiner bemessen werden als bei rein mineralischen Bauweisen. Dadurch können auf demselben Grund größere vermietbare Einheiten realisiert werden. Des Weiteren spielen Aufstockungen und Ausbauten in leichter Holzbauweise ihre Gewichtsvorteile aus, da der Anspruch an die bestehende statische Konsstruktion geringer ist als bei deutlich schwereren Stahl-, Beton- oder Ziegelbauten, was sich zudem kostenminimierend auswirkt.

Aufbau im genutzten Bestand

Die Herausforderung für die ausführende HU-Holzunion bestand darin, den Aufbau des zweiten Obergeschosses so reibungslos und zeitnah zu realisieren, dass die Unternehmen in den unteren Geschossen ungestört weiterarbeiten konnten. In nur fünf Monaten, von Anfang Oktober 2014 bis Ende Februar 2015, wurde auf einer Grundfläche von etwa 5 000 Quadratmetern die monumentale Aufstockung in Holzbauweise fertiggestellt. Mit der Größe der Aufstockung von 74×102 Metern hat die Holzunion – eine Kooperation von mehreren, eigenständigen Holzbauunternehmen eigens für Bauvorhaben in solchen Dimensionen – den faktischen Beweis erbracht, dass der mittelständisch geprägte Holzbau auch bei großdimensionalen Bauvorhaben eine tragende Rolle einnehmen kann, wenn er seine Kompetenzen bündelt. Dieser Verbund aus vier (heute fünf) Holzbauunternehmen ermöglichte es, die diversen Einzelgewerke in großen Stückzahlen parallel an mehreren Standorten zu entwickeln und termingerecht fertig vorproduziert zu liefern, darunter etwa 80 Nagelplattenbinder mit einer Länge von 11,80 Metern, 80 Deckenelemente mit einem Maß von 2,60×11,70 Metern sowie 180 Dachelemente mit einer Maximalgröße von 3×12,50 Metern.

Komplexes Großbaustellen-Management

Das Bauvorhaben umfasste die energetische Sanierung der mineralischen Gebäudehülle des Erd- und ersten Obergeschosses mit vorgehängten, abgebundenen Holzelementen, weitgehend abgeschlossen mit einer mineralischen Putzfassade, sowie die Aufstockung in Holzrahmen- bzw. Brettsperrholzbauweise, die in Teilen bei einer Deckenhöhe von 7 Metern mit einem Zwischengeschoss versehen wurde. Während das Unternehmen Taglieber für die Vorfertigung der Holzrahmenbauwände inklusive eingebauter Holz-Aluminium-Fenster verantwortlich zeichnete, stellte Cordes Holzbau die BSH Stützenkonstruktion mit den Nagelplattenbindern und den biegesteifen Eckanschlüssen sowie die Dach- und Deckenelemente bereit. Die BSP-Elemente für die Doppeltürme wurden von Stora Enso vorproduziert. Die Zimmerei Karl Hoffmeister hatte die brandschutzrelevanten Eternitfassaden vor Ort aufgemessen, im Werk mittels einer speziellen Plattenaufteilsäge abgebunden und dann auf der Baustelle montiert. Die Koordination der diversen Teilgewerke erforderte ein stringentes Großbaustellen-Management, das eine funktionierende Baustellenlogistik bis hin zur termingerechten Anlieferung der vorgefertigten Elemente sicherstellte.

Markante Dachform und Lichthöfe

Der östliche Teil der Aufstockung besteht aus fünf Riegel. Diese verlaufen versetzt als Verlängerung der als Erschließungskerne fungierenden, vorgelagerten fünf Doppeltürme mit Treppenhaus und Aufzug auf der Nord- bzw. Südseite des Gebäudes. Die das TM50 prägenden Abschlüsse der Riegel muten auf den ersten Blick wie Pultdächer an. Sie entpuppen sich jedoch als sehr flach geneigte Satteldächer, deren Traufen sich jeweils über den Doppeltürmen befinden. Von dort ziehen sie sich über die Fassade der Doppelturmseiten hinunter und fassen den Baukörper mit fünf Klammern ein. Beim ersten Riegel zieht sich das Dach die Fassade hinunter, mäandriert dann auf halber Höhe mittels einer horizontalen Vordachkonstruktion die Ostseite entlang, um nach etwa zwei Dritteln vertikal bis auf Bodenniveau abzufallen. Dieses Stilelement führt die Besucher zum Haupteingang. Zwischen den fünf Satteldächern der Riegel ruhen in Querrichtung acht flachere Gebäudeteile, die auch als Tische bezeichnet werden. Zwischen diesen Riegeln und den Tischen leiten vier großzügige

→ Der Querschnitt verdeutlicht die Baustruktur
des TM50 mit den fünf aufgestockten Riegeln und
den vier ausgeschnittenen Innenhöfen.

→ Der Grundriss des zweiten Obergeschosses
dokumentiert das Raster und die Dimension der
Aufstockung, die mit einer mineralischen Putzfassade
auf Holzweichfaserplatten finalisiert wurde.

→ Die aus dem mineralischen Gebäudekörper
herausgeschnittenen Innenhöfe bringen Licht ins
Innere des voluminösen TM50 und ermöglichen
es dort Büroeinheiten zu platzieren, wo ansonsten
nur dunkle Lagerräume hätten untergebracht
werden können.

→ Der große Besprechungsraum der Bundesagentur
für Arbeit präsentiert den Holzbau mit sichtoffenen
BSH-Stützen, der mit Weißtanne bekleideten
Akustikdecke und der BSP-Wand aus Fichtenholz.

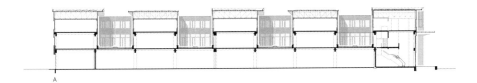

A

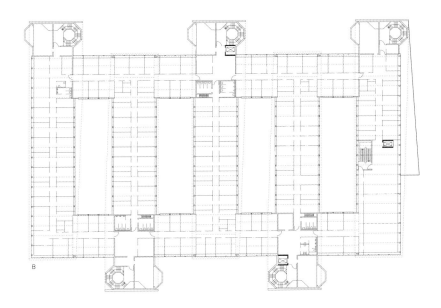

B

147

C

D

Innenhöfe Tageslicht in das 55 Meter tiefe Gebäude. Zu diesem Zweck wurden Teile der alten Stahlbeton-Fertigteildecke entfernt.

Die Dachfirste verlaufen jeweils an der Schnittstelle der Tische zu den Doppeltürmen. Letztere sind an den beiden Gebäudelängsseiten alternierend angeordnet: Drei Doppeltürme befinden sich an der Nordseite, zwei an der Südseite. Diese Gegenläufigkeit mit dem versetzten Wechsel der Riegel verleiht dem TM50 sein prägnantes Erscheinungsbild, das von den flach ansteigenden Dächern als eine Art fünfte Fassade abgerundet wird. Die skulpturale Dachkonstruktion, die mit grauen Kunststoffbahnen (oberseitig) bzw. schwarzen EPDM-Folien (Schildwände) abgeschlossen wurde, führt den industriellen Zweckbau der 1970er-Jahre in das 21. Jahrhundert mit seinen flexiblen Dienstleistungen und modernen Informationstechnologien. Die holzbauliche Sanierung und Aufstockung löst die vormals starre Form des Gebäudekörpers auf, ohne dessen Ursprung zu verleugnen. Der Übergang vom sekundären in den tertiären und quartären Wirtschaftssektor erfolgte fließend, das Neue baute auf dem Alten auf, ebenso wie das hölzerne Ober- auf dem mineralischen Untergeschoss. Architektur, Materialität und Entwurfsplanung des TM50 spiegeln den gesellschaftlichen Wandel der Erwerbsstruktur und den Wandel der Baukultur wider, der dem vormals reinen Pragmatismus mineralischer Prägung die Ressourceneffizienz, Tragfähigkeit und Schönheit des Holzes an die Seite bzw. obenauf gestellt hat. Dieses ist an mehreren Stellen sichtbar: an den Wänden der Innenhöfe in Form einer stehenden Lärchenschalung, in den Attikabereichen zwischen den Riegeln mit einer Lärchenholz-Rhombusschalung und an der unterseitigen Bekleidung der Dachüberstände mit Lärchenholz-Dreischichtplatten.

Nagelplattenbinder auf Brettschichtholzstützen

Die dem Anschein nach identischen mittleren Riegel mussten die Differenzen des mineralischen Unterbaus, bedingt unter anderem durch Gebäudetrennfugen, aufnehmen. Insofern unterscheiden sich die Riegel in der Größe der einzelnen Elemente und der BSH-Binder. So ist auch der konische Dachüberstand der Riegel nicht exakt gleich groß.

Die Dächer der Doppeltürme bestehen aus einer BSP-Konstruktion mit Aufsparrendämmung. Die bis zu 2,50 Meter auskragenden Dachüberstände setzen sich aus vorgefertigten Stichpfetten-Elementen zusammen,

die auf eine BSP-Konstruktion geschraubt sind. Unterseitig wurden sie mit kreuzweise verleimten Dreischichtplatten und oberseitig mit gehobelten Nut-und-Feder-Rauspundbrettern bekleidet. Die elementiert ausgeführte tragende Dachkonstruktion folgt dem Bestandsraster von 10,80 Metern und besteht aus im Abstand von 2,70 Meter montierten, unterschiedlich hohen Nagelplattenbindern, die auf BSH-Stützen auflagern. Zwecks Aussteifung in Querrichtung bilden die Nagelplattenbinder mit den BSH-Stützen einen biegesteifen Rahmen, der über holzbauliche Anschlussdetails sichergestellt wurde. Des Weiteren greifen die Stiele in die Konstruktion der Holzrahmenwände ein, die an der Leimbinder-Unterkante enden. Auf diesen lagern die Giebel, die aus Kaltwandelementen bestehen und zur Aussteifung des Gebäudes beitragen. Die mit eingeblasener Zellulose gedämmten Deckenelemente – eine KVH-Balkenkonstruktion mit unterseitig sichtoffenen OSB-Platten – liegen auf den Nagelplattenbinder-Untergurten, die zu diesem Zweck ein an beiden Seiten überstehendes Furnierschichtholz erhalten haben. Die ebenfalls vorproduzierten Dachelemente (eine oberseitig mit Rauspundbrettern und unterseitig im Bereich der Dachüberstände mit Dreischichtplatten abgeschlossene Gelenkpfetten-Konstruktion im Abstand von 83 Zentimetern) wurden oben auf die Nagelplattenbinder montiert. Die Aufstockung erreicht eine Traufhöhe von 14,95 Meter und misst im Giebel 16,60 Meter.

Geothermische, emissionsfreie Energieversorgung

Die Wärme- und Kälteversorgung des TM50 erfolgt emissionsfrei auf Basis oberflächennaher Geothermie. In Tiefen von etwa 100 Metern wurde ein rasterförmiges Erdsondenfeld angelegt. Die angeschlossene dual ausgelegte Bauteilaktivierung dient sowohl der winterlichen Erwärmung wie auch der sommerlichen Kühlung des Objektes. Dabei wird dem Erdsondenfeld im Winter Wärme entzogen und gleichzeitig Kälte im Untergrund gespeichert. Diese Kälte dient der Kühlung im nächsten Sommer, während im Untergrund dann parallel Wärme für den darauffolgenden Winter eingespeichert wird. Dieser sich selbst regenerierende, saisonale Energiespeicher stellt die Grundlast der Wärme- und Kälteversorgung des TM50 ganzjährig bereit.

Während in den bestehenden Geschossen die Energie über Fußboden- und Deckenheizungen in die Räume geleitet wird, genügt in der Aufstockung eine Deckenheizung zur Temperierung. mwl

A → Die großdimensionale Aufstockung dokumentiert den Wandlungsprozess von der rationalen Blockarchitektur der 1970er Jahre zu einer aufgelockerten Formensprache des 21. Jahrhunderts, die Raum für neue Inhalte und Nutzungen schafft.

B → Wettbewerbsvorteil mittelständischer Unternehmensverbund: termingerechte Vorfertigung in großen Stückzahlen dank paralleler Produktion an mehreren Standorten.

C → Aufstockung bedeutet auch, die im mineralischen Bestand verbaute Energie und Rohstoffe mit holzbaulichen Mitteln für weitere Dekaden zu nutzen.

D → Die Tragwerkskonstruktion der Aufstockung wurde in höchster Präzision und Baugeschwindigkeit errichtet.

Bauherr BGB Gesellschaft Helmut Schmelzer GmbH, Nürnberg (D), www.tm50.de

Architektur DXV Architektur, Nürnberg (D), www.dxv-architektur.com

Projektsteuerung Projektsteuerung Häberlein, Feuchtwangen (D), www.projektsteuerung-haeberlein.de

Holzbau HU-Holzunion GmbH, Rotenburg (Wümme)/Oettingen (D), www.holzunion.com

Statik Rohbau Trafektum GbR, Nürnberg (D), www.trafektum.de

Statik Holzbau Häussler Ingenieure GmbH, Kempten (D), www.haeussler-ingenieure.com

Brandschutz Ulm Ingenieurgesellschaft, Erlangen (D), www.ulm-ig.org

Aufmaß Vermessungsbüro Robert Ziegler, Nürnberg (D), www.vermziegler.de

Haustechnik Ingenieurteam Plansache GmbH, Nürnberg (D), www.it-plansache.de

Wärmeschutz Werkhaus Architekten, Nürnberg (D)

Bauphysik Wolfgang Sorge Ingenieurbüro, Nürnberg (D), www.ifbsorge.de

Geothermie CDM Smith Consult GmbH, Nürnberg (D), www.cdmsmith.com

Geschossfläche 15 800 m²

Gebäudevolumen 75 000 m³

Hauptnutzfläche Neu- und Umbau (1. & 2. OG / Büro) 5 200 m²

Hauptnutzfläche Bestand (EG / Gewerbe) 4 850 m²

Gebäudegrundfläche 6 400 m²

Umgebungsfläche 4 600 m²

Gebäudekategorie Gebäudeklasse 5

Jahres-Primärenergiebedarf 106,18 kWh/(m²a)

Transmissionswärmeverlust 0,486 W/(m²K)

Baubeginn (Rohbau/Abbruch) April 2014

Baubeginn (Holzbau) Oktober 2014

Bauende (Holzbau) Februar 2015

Bauende (Gesamt) August 2015

Baukosten 16 Mio. Euro

Verbaute Holzmenge 1550 m³

Kohlenstoffanteil (C) 387 t

CO_2-Speicherung 1420 t

A

B

C

D

Sonderbauten

Kreuzkuppelkirche aus massivem Holz

Holzkirchen werden für gewöhnlich in weit zurückliegende Jahrhunderte datiert. In der Rhön jedoch wurde in einer industriell vorgefertigten, elementbasierten Holzbauweise ein neues Gotteshaus errichtet: von der Skite des Heiligen Spyridon, einer serbisch-orthodoxen Mönchsgemeinschaft.

Die Holzkirche dient als spirituelles Zentrum eines als Einsiedelei mit Selbstversorgung angelegten Klosters. Die Bauherrschaft, die serbisch-orthodoxe Kirche, vermochte den steigenden Zahlen an Besuchern, Mönchen und Pilgern an alter Stätte, insbesondere an Sonntagen und Hochfesten, keinen ausreichenden Raum mehr zu bieten. Der bewusst gewählte neue Standort einer alten Mühle auf dem Land greift den Bezug zur Natur auf und führt diesen im hölzernen Kirchenbau, umsäumt von alten Streuobstwiesen, als einen stillen Ort kontemplativer Einkehr konsequent fort. Die Kirche, die sich in Gänze aus Spenden finanziert, bildet das Zentrum der Mönchsgemeinschaft. Sie wurde nach dem historischen Vorbild der Klosterkirche von Gradac in Serbien aus dem späten 13. Jahrhundert geplant. Gleichwohl unterscheidet sie sich insofern grundlegend vom mineralischen Ursprungsbau, als sie über ein Kellergeschoss aus Stahlbeton verfügt – in dem sich die Räumlichkeiten für die Heizenergie-Versorgung sowie die sanitären Einrichtungen befinden –, auf das ein massiver Holzbau platziert wurde. In die Ausführung und Ausgestaltung flossen zudem auch Elemente romanischer Sakralbauten mit ein. Federführend sowohl bei der Konzeptentwicklung als auch bei der Planung und Ausführung war der Architekt Norman Heimbrodt. Er brachte der Serbisch-Orthodoxen Kirche die für sie ungewöhnliche Massivholzbauweise

näher, studierte das Original auf dem Balkan und setzte die dort gewonnenen Erkenntnisse mit den Zimmerern und Holzbauingenieuren der ausführenden Firma Herrmann Massivholzhaus um.

Industrielle Fertigung

Die Kirche wurde mit dem industriellen Holzbausystem der Massivholzmauer (MHM) errichtet. Die Erfindung basiert auf der langjährigen Erfahrung eines bayerischen Maschinen- und Anlagenbauers von Präzisionsmaschinen für die internationale Holzindustrie. Aufgrund seines tiefen Einblicks in die Sägewerksbranche erkannte er, dass man die weniger begehrte Seitenware beim Einschnitt von Balken für einen massiven Holzbau aus industriell vorgefertigten Massivholzmodulen verwenden kann. Mittels der Weiterentwicklung bestehender Holz-Abbund- und Zuschneidemaschinen können aus einfachen Nadelholzbrettern regionaler Herkunft in einer teilautomatischen Produktionsstraße ganze Wandelemente – ohne chemische Zusatzstoffe oder die Verwendung von Leim – seriell hergestellt werden. Zu Beginn trocknet man die Hölzer auf circa 15 Prozent Restfeuchte, wodurch sie formstabil und resistent gegen Schädlingsbefall werden. Im nächsten Schritt werden die Bretter im Zuge der Egalisierung gerillt und auf ein Maß von 23 Millimetern gebracht. Dadurch entsteht später ein

Die sakrale Holzarchitektur wurde, der Tradition alter Baumeister folgend, nach dem Prinzip des Goldenen Schnitts entworfen.

Lufteinschluss im Wandsystem, der die ohnehin hervorragende Dämmeigenschaft des massiven Holzes noch einmal verbessert, ohne dessen Masse und Volumen zu erhöhen.

Stehende Luftschicht

Im Anschluss presst man die Bretter in Kreuzlagenform Schicht für Schicht zusammen. Kleine, diagonal angeordnete Aluminium-Metallstifte fixieren hierbei die einzelnen Brettlagen miteinander, was für eine hohe Festigkeit im Systemelement sorgt. Durch diesen Wandaufbau wird ein späteres Setz-, Quell- und Schwundverhalten des Holzes ausgeschlossen. Im letzten Schritt schneidet die computergesteuerte Anlage die Massivholzbauteile millimetergenau zu und versieht sie mit den Aussparungen für die Elektro- und Sanitärinstallationen sowie den Öffnungen für Türen und Fenster.

Trotz der industriellen Vorfertigung werden sämtliche bauökologischen, umwelthygienischen und raumklimatischen Vorteile massiver Holzbauweisen bewahrt. Die Module sind diffusionsoffen, trocken, stabil, tragfähig, sorptions- und speicherfähig, hochdämmend und energiesparend in der Herstellung.

Final wird auf die Stirnseiten und Stoßstellen der Massivholzelemente ein Holzmörtel aufgebracht. Der Mörtel schützt die Wandteile vor Feuchtigkeit und versiegelt die Hohlräume der geriffelten Brettlagen. Letzteres stellt die für die Optimierung der Wärmedämmung notwendigen, stehenden Luftschichten sicher. So erreicht das MHM-System einen Lambda-Wert (λ), der die Wärmeleitfähigkeit ausdrückt, von $0{,}0943\,W/mK$, während reines Nadelholz ohne stehende Luftschicht einen Lambda-Wert von $0{,}13\,W/mK$ aufweist.

Holzweichfaserplatten als Putzträger

Das industrielle Produktionssystem bietet aufgrund seiner monolithischen, präzisen und vollmassiven Bauweise einen überdurchschnittlich hohen Schall- und Brandschutz. Zudem beugt die diffusionsoffene Einstofflichkeit des Gebäudekörpers auch Energieverlusten durch Wärmebrücken vor. Des Weiteren ermöglicht die computergesteuerte Produktion auch noch den Vorteil der Passgenauigkeit und der Zeitersparnis. Ab Bodenplatte kann der Aufbau inklusive Dachstuhl exakt nach Plan erfolgen. Die Elemente werden mit einem Kran platziert und dann sofort miteinander verschraubt. Die Errichtung des Kirchenrohbaus dauerte nur 14 Arbeitstage. Sämtliche tragenden Außen- und Innenwände der orthodoxen Kirche bestehen aus 34 Zentimeter starken MHM-Elementen (einzig die Innenwände der kleinen Hausmeisterwohnung haben eine Stärke von 11,5 Zentimetern). Diese maximal mögliche MHM-Stärke mit 15 Brettlagen weist einen rechnerischen U-Wert von 0,239 W/m²K aus und bedarf keiner zusätzlichen Dämmung. Die außen angebrachten, 10 Zentimeter dicken Holzweichfaserplatten dienen hier als Putzträger, um die optische Masse der Wände zu verstärken. Darauf folgt ein mineralisches Putzsystem, wodurch die Außenwände eine Dicke von fast 50 Zentimetern erreichen. Diese Ebene aus Holzweichfasern erzeugt einen zusätzlichen Dämmeffekt, sodass der Kirchenbau über eine hochdämmende, kompakte Gebäudehülle verfügt. Auch die hölzernen Oberflächen im Innenbereich bleiben nur vorübergehend sichtoffen. Der orthodoxen Tradition folgend, werden die historischen Fresken direkt in einer noch frischen, mehrlagigen Kalkputz gemalt, der von einer Mineralplatte getragen wird.

Grundriss in Kreuzform

Die Architektur der Massivholzkirche wird von einem zentralen quadratischen Mittelraum mit einer Fläche von 64 Quadratmetern determiniert. Der Grundriss der einschiffigen Kirche entspricht einer Kreuzform, wobei das Langhaus länger als der Chor ist und auch die Querhäuser in Grundriss und Höhe kleiner ausfallen. Das Grundprinzip folgt hier dem byzantinischen Kirchenbaustil, der die Baukörper der orthodoxen Kirche seit dem 9. Jahrhundert bis in die heutige Zeit prägt. An diesen Mittelraum, auch Vierung genannt, bei dem das Haupt- und das Querschiff zusammentreffen, fügen sich vier in den Hauptachsen der Himmelsrichtungen liegende, kleinere Räume an. Dabei weist der Chor mit den dahinter befindlichen drei Apsiden gen Osten. Die Vierung wird von einer großen, 5,2 Tonnen schweren Kuppel in 14,60 Meter Scheitelhöhe abgeschlossen, die der Kirche ihren nach außen sichtbaren Charakter verleiht und als Namensgeber des Bautyps – Kreuzkuppelkirche – fungiert. Die dem Anschein nach runde Kuppel basiert auf einem Achteck, das auf einer Ellipse liegt. Dabei lehnen sich nur zwei Flächen einem gedachten Kreis an, während die anderen Flächen den Ellipsenausschnitt formen, was für die Holzbauer eine konstruktive Herausforderung bedeutete. Insgesamt besteht die Kuppel aus 32 gebogenen Leimbindern sowie aus vier Dreigelenkrahmen. Die Vierung wird ihrerseits von zwei großen Leimbinder-Rundbögen aus Brettschichtholz umsäumt und getragen, während die zwei kleineren Bögen aus MHM-Elementen hergestellt wurden. Final bekleidete man die Kuppel mit Zinkblechen in einer Stehfalzeindeckung. Die verzinkten Blechtafeln wurden an den Seiten aufgekantet und dann dicht nebeneinander platziert. Danach wurden die Aufkantungen durch einmaliges Umfalzen miteinander verbunden.

A

B

A → Der massive Holzbau der serbisch-orthodoxen
Verkündigungskirche wurde in leichter Hanglage auf
ein Kellergeschoss aus Stahlbeton platziert.

B → Was in alten Zeiten in langer Handarbeit
geschaffen wurde, vermag der moderne Ingenieur-
Holzbau dank CAD-gestützter Planung und werk-
seitiger Vorfertigung in Kurzzeit mit höchster
Präzision auszuführen.

Goldener Schnitt – Einheit von Symmetrie und Asymmetrie

Mit dem MHM-System können sowohl runde Fenster mit Falz als auch große Bögen bis zu einem maschinentechnisch induzierten Höchstmaß ausgefräst werden. Dieses wird unter anderem durch die auf die Größe von 3 × 6 Meter begrenzten Rohplatten in der Bearbeitung bestimmt.

Beim Bau der Kirche galt es, die statischen Anforderungen an das Tragwerk mit den holzbaulich konstruktiv gegebenen Möglichkeiten der Vorfertigung effizient abzugleichen. Daraus resultierte zum Beispiel die Lösung, die Längsaussteifung beim Mittelschiff über in die Stöße eingelassene Brettlagen, 24 Millimeter dicke Sperrholzplatten, zu erzielen. Die drei Apsiden bestehen aus mehreren auf Gehrung geschnittenen Massivholzelementen, die in Summe die halbrunde Form ergeben. Ebenso setzen sich deren Teilkuppeln aus vielen kleinen Dachteilflächen zusammen, die von Gratsparren mit einer gefalzten Rauspundschalung von 28 Millimeter Dicke gebildet werden. Die Rundbögen der Fenster in den Apsiden konnten nicht komplett auf der MHM-Maschine gefertigt werden, da diese in drei Elemente greifen. Ein kleiner Teil musste daher als Handabbund ausgeführt werden.

Der Architekt Norman Heimbrodt hat sich bei der Entwurfsplanung der Kreuzkuppelkirche an den Proportionen des sogenannten Goldenen Schnitts orientiert. Dieses uralte, bereits in der Antike bekannte Gestaltungsprinzip kann als Ganzheit in der Unterschiedlichkeit verstanden werden. Dabei geht es nicht um eine Symmetrie der Einzelteile im Rahmen einer dualistischen Betrachtung. Bei den Größenverhältnissen erfolgt der Bezug des kleineren Bauteils zum größeren exakt so, wie das größere Bauteil sich zum Ganzen verhält. Die Symmetrie wird nicht auf der singulären Ebene der Gleichheit der Einzelteile und Formen erzielt, sondern auf der Ebene der Ein- und Gleichheit der Proportionen.

Ausbruch aus dem Diktat des rechten Winkels

Hinter diesem Prinzip steht die Erkenntnis, dass eine Gesamtsymmetrie einzelne Asymmetrien zu integrieren vermag. Die Sinnhaftigkeit von einzelnen Bauteilen, die sich untereinander asymmetrisch verhalten, bestätigt sich in der umfänglichen Betrachtung der gelungenen Kirchenarchitektur. Erst das Ganze ist vollkommen, und dieses Proportionsverhältnis wird vom Menschen als harmonisch und stimmig wahrgenommen. So sitzen die Seitenschiffe der Kirche teilweise asymmetrisch zur Kuppel, ebenso wie manche Wand-Decken-Anschlüsse, welche die Zimmerer mit steigenden Fußpfetten holzbaulich umsetzten, nicht im 90-Grad-Winkel erfolgten. Auch befindet sich das Mittelschiff nicht zu 100 Prozent in der Achse der Vierung, sodass die Hauptachse der Kirche leicht schräg ist. Über diesen Ausbruch aus dem Diktat des rechten Winkels, dem schon alte Baumeister folgten, wurde eine feine Bewegung in die Kirche gebracht, die sich in einem Spiel aus Licht und Herrlichkeit widerspiegelt. Das für den Kirchenbau verarbeitete Fichtenholz stammt aus nachhaltiger Forstwirtschaft der Rhön. mwl

A

B

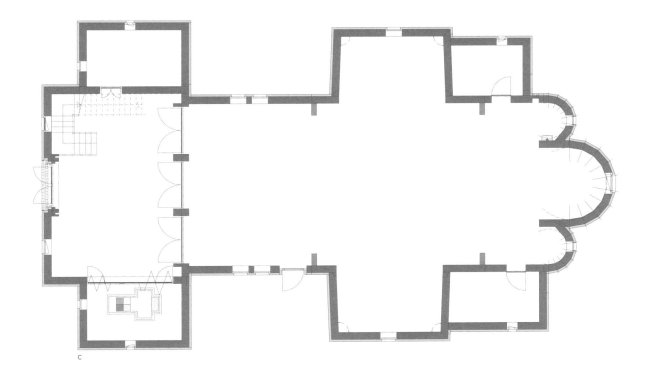

C

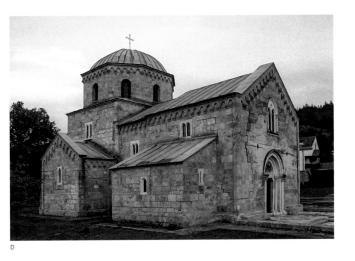

D

A → Der hölzerne Rohbau der Kreuzkuppelkirche, der final in Gänze einen mineralischen Putz erhält, wurde in nur 14 Tagen aufgestellt.

B → Gut zu erkennen: Die mit einem Holzmörtel versiegelten, gerillten Brettlagen lassen eine stehende Luftschicht im Bauteil entstehen, die die Dämmwirkung der MHM-Elemente erhöht.

C → Der Grundriss der einschiffigen Kirche entspricht einer Kreuzform, wobei das Langhaus länger als der Chor ist und auch die Querhäuser in Grundriss und Höhe kleiner ausfallen.

D → Das Vorbild: Die um das Jahr 1270 erbaute, einschiffige Klosterkirche Gradac in Serbien, basiert auf der byzantinischen Architektur, die mit Elementen aus der Romantik und Gotik versehen wurde.

Bauherr Gesellschaft zur Förderung der orthodoxen Spiritualität e. V. (GFOS e. V. Geilnau), Eiterfeld-Unterufhausen (D), www.spyridon-skite.de

Architektur Norman Heimbrodt Architekt, Hünfeld (D), www.heimbrodt.com

Holzbau Herrmann Massivholzhaus GmbH, Geisa (D), www.herrmann-massivholzhaus.de

Leimbinder-Rundbögen W. u. J. Derix GmbH & Co., Niederkrüchten (D) Poppensieker & Derix GmbH & Co. KG, Westerkappeln (D), www.derix.de

Statik / Tragwerk Mineralisches Untergeschoss: Dipl.-Ing. Jürgen Held, Hünfeld (D); Holzbau: Dipl.-Ing. Christian Heil, Künzell (D), www.heil-bsb.de

Stahlbeton-Unterkellerung Aventa-Nord GmbH, Sittensen (D), www.aventa-nord.de

Kirchenfenster Schreinerei Hartmut Both, Tann (D), www.both-wintergarten.de

Außenputz Ampora Wärmedämmung GmbH, Darmstadt (D)

Nutzfläche 532 m²

Umbauter Raum 2766 m³

Baukosten Keller + Holzrohbau 600 000 Euro

Verbaute Holzmenge 300 m³

Kohlenstoffanteil (C) 75 t

CO_2-Speicherung 275 t

Vierseithof mit Reminiszenz an die Tradition alter Markthallen

Südlich von Hamburg setzt ein neuer Bauernhof siedlungsgeografische Akzente auf flachem Land: der Biohof Overmeyer in Seevetal. Die Vielfalt der Materialien und Ausführungen erzeugt eine gelungene Symbiose von ökologischem Holzbau und biodynamischer Landwirtschaft.

Gemeinhin werden Bauernhöfe in Europa seit Dekaden stillgelegt oder zu Wohnzwecken umgewidmet. Komplette Neubauten, noch dazu aus Holz und im Außenbereich, standen nirgendwo auf der Agenda – bis jetzt. Das Bauherren-Ehepaar hatte bereits seit 1995 erfolgreich einen gepachteten Biobauernhof mit Hofladen betrieben. Einzig ein Neubau jedoch konnte den unterschiedlichen Nutzungsbedürfnissen und Erfordernissen eines zeitgemäßen Biolandbaus mit eigener Veredelung und Direktvermarktung in Gänze entsprechen. Dabei half die wirtschaftliche Bedeutung, die der Hof mit 21 fest angestellten Mitarbeitern sowie 13 Minijobbern für die ländliche Region hat, für das Bauvorhaben im Außenbereich durch eine Änderung des Flächennutzungsplans eine Baugenehmigung zu erhalten.

Kleinsiedlungsähnlicher Charakter
Die Landwirte initiierten in Eigenregie einen Architekturwettbewerb, aus dem ein städtebaulich-freiraumplanerisches Konzept hervorging, das sich an der in Mitteleuropa verbreiteten, ruralen Baukultur der Vierseithöfe orientiert. Bei dieser historischen Hofform wurden die einzelnen Wohn- und Wirtschaftsgebäude in einer gegenüberliegenden Geometrie angeordnet. Das Zentrum prägte ein großer Platz, von dem aus die Gebäude in die vier Himmelsrichtungen wiesen.

Für den Biohof wurde eine offene Form gewählt, die die Besucher – täglich mehrere Hundert – anspricht und einlädt. Ferner sollte über die Anordnung der einzelnen Gebäude auf der grünen Wiese ein eigener, siedlungsähnlicher Charakter entstehen, der einer Verlorenheit in der weiten Landschaft entgegenwirkt. Damit dieser Ortsrahmen nicht allzu steif ausfällt, wurden die Einheiten nicht, wie historisch üblich, im rechten Winkel, sondern leicht verdreht zueinander erbaut. Von der innen liegenden Hofstelle werden sämtliche Gebäude erschlossen: das Wohnhaus ebenso wie die Markthalle mit Hofladen und der Manufaktur, des Weiteren die Scheune sowie die Pferde- und Hühnerställe. Der Spagat zwischen Nähe und Freiraum ist gelungen; Blickkontakte stellen Bezüge zwischen den wirtschaftlichen Einheiten her, die an Ort und Stelle wieder verbinden, was unsere arbeitsteilige Wirtschaft auseinandergerissen hat: Wohnen, Arbeiten und Freizeit, Produktion, Veredelung und Direktverkauf an die Endkunden, außerdem natürlich die Selbstversorgung.

Bauen und Arbeiten ohne Reibungsverluste
Der gesamte Komplex wurde in moderner Holzrahmen- bzw. Holztafelbauweise mit vorgefertigten Elementen, vorab aufmontierter Fassadenschalung und unterschiedlichen Außenbekleidungen ausgeführt. Aufgrund

Das Wechselspiel von Materialien und Oberflächen, Form und Linienführung gleicht einer architektonischen Komposition, die dem Biobauernhof einen lebenskräftigen und zeitlosen Charakter verleiht.

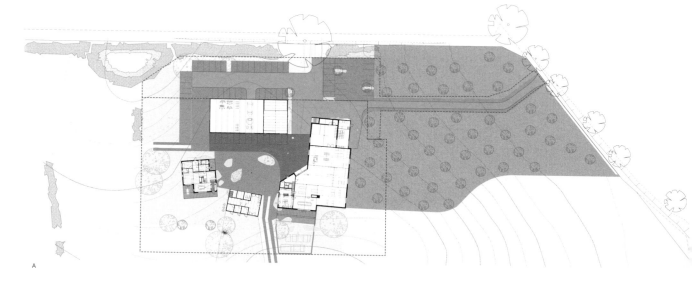

A

B

C

D

ᴀ → Die Wohn- und Wirtschaftsgebäude gruppieren sich gemäß der traditionellen Form des Vierseithofes um den zentralen Innenhof, der neben seiner „Verteilerfunktion" auch als Ort der Kommunikation und Begegnung dient.

ʙ → Das gelungene Zusammenspiel von Entwurfsplanung und Landschaftsarchitektur bildete die Grundlage für die ebenso abwechslungsreiche wie stilvolle Ausführung des Biobauernhofes.

ᴄ → Der Hofladen lässt den Geist alter Markthallen wieder aufleben und offenbart mit gebotener Transparenz, was in ihm steckt.

ᴅ → Die Tragwerksstruktur des dreischiffigen Hofladens mit Manufaktur macht sich zwei Materialqualitäten zu eigen: die von Stahl und Holz.

ᴇ+ꜰ → Die kleinsiedlungsähnliche Form des Vierseithofes fügt sich stimmig in die Weite der Landschaft ein. Die leicht schiefwinklige, aufgelockerte Geometrie der Gebäude zueinander integriert die gewachsene Streustruktur niedersächsischer Gehöfte.

ɢ → Die zentrale Hofstelle mit Wohnhaus, Scheune, Stall und Bioladen fügt sich organisch in die umgebende Feldflur ein und offenbart den unmittelbaren Bezug zum biodynamischen Landbau.

E

F

G

der räumlichen Nähe übernahm das Hamburger Architekturbüro Scaven Hütz die Ausführung und Bauleitung. Während das Kölner Büro BeL Sozietät für Architektur für die Genehmigungs- und in kleinen Teilen auch für die Werkplanung verantwortlich zeichnete, lag das Gros der Werkplanung beim Büro Scaven Hütz, das auch neue Elemente in die Innen- und Außengestaltung mit einbrachte. Bei der Wahl der Holzbauweise spielte für die Landwirte der Faktor Zeit eine zentrale Rolle, galt es doch den Neubau zeitlich ohne Reibungsverluste in den laufenden Landbaualltag zu integrieren. Der nachwachsende Rohstoff Holz als Baumaterial war den Biobauern ohnehin sympathisch. Zudem überzeugten sie die aufgrund des hohen Vorfertigungsgrades der einzelnen Holzbauteile exakt zu planenden Bauphasen mit einer realistisch kalkulierbaren Bauzeit. Das Hofensemble besticht durch sein heterogenes Erscheinungsbild, das von den unterschiedlichen Oberflächen geprägt wird.

Wechselspiel der Fassaden und Oberflächen

Auf Holzfassaden in vielgestaltigen Ausführungen folgen Verblendmauerwerke aus Klinker, die die lokale Baukultur miteinbeziehen und zugleich die hölzernen Oberflächen dezent kontrastieren. Die vertikalen und horizontalen Wechselspiele der hölzernen Oberflächen erzeugen eine organische Vitalität, die den Ursprung des fruchtbaren Landbaus widerspiegelt. Die Umsetzung erfolgte beim Wohnhaus mit einer horizontalen Rhombusschalung aus witterungsresistenter, sibirischer Lärche in unterschiedlichen Stärken. Den Hofladen wiederum bekleideten die Zimmerer mit einer Rhombusschalung aus europäischer Lärche. Der sich unmittelbar anfügende Bereich der Lager hingegen wartet mit zwei unterschiedlichen Lärchenholzfassaden auf: Auf eine Bonanzastülpschalung aus unbesäumten, abgeborkten Schwartenbrettern, die nicht nur durch ihre sägeraue Oberfläche eine Art Wildweststil erzeugt, folgt der Kühltrakt mit vertikal besäumten Brettlagen unterschiedlicher Breite, die auf Lücke verlegt wurden und den Bezug zu Natur und heimischer Scholle fortführen. Diese Vielfalt setzt sich auch bei der Dacheindeckung fort. Während der zweigeschossige Laden-Büro-Trakt mit rotbraunen Dachziegeln gedeckt wurde, finalisierte man das Lager mit einem extensiv begrünten Pultdach und den Bioladen mit Trapezblechen. Das Wohnhaus trägt gar beides: Ziegel und Gründach. Durch diese Abwechslungen erfährt der einheitliche Kleinsiedlungscharakter des Biohofes einen permanenten Bewegungsimpuls, der den natürlichen Wandel der Dinge trägt und spiegelt. Die Entwicklung ist als das verstanden worden, was sie ist: ein stetiger Prozess. Architektur und Landbau sprechen hier ein und dieselbe Sprache.

Schaumglasschotter und Zellulosedämmung

Die Gründung der Bodenplatten bei den allesamt nicht unterkellerten Gebäuden erfolgte auf einer lastabtragenden Schicht aus Recycling-Schaumglasschotter. Dieses relativ leichte und alterungsbeständige Material übernimmt zugleich die Drainagefunktion sowie die außen liegende, wärmebrückenfreie Dämmung gegenüber dem Erdreich. Die Holzrahmenkonstruktion des Vierseithofes besteht aus Konstruktionsvollholz und wurde, ebenso wie die Dachelemente, mit einer ökologischen Einblasdämmung aus recycelten Zellulosefasern gedämmt. Die Aussteifung der äußeren Rahmenkonstruktion wurde innenseitig über 15-mm-OSB (Außenwand) bzw. über 25-mm-OSB (Ladendach) sichergestellt. Brandschutztechnisch erfüllt der Biohof die Anforderung F 30. Dazu versah man die Stahlbauteile mit einem Brandschutzanstrich. Die Holzrahmenelemente erfüllen die Vorgabe durch ihren Wandaufbau mit einem U-Wert von 0,17 W/m²K: Auf innenseitige, 15-mm-OSB- und GKF-Platten (Holzspan/Gipskarton) folgt das gedämmte, 24 Zentimeter messende Ständerwerk, das außen mit einer 18 Millimeter starken Holzweichfaserplatte finalisiert wurde. Die Dachelemente zeigen an der sichtoffenen Unterseite 25 Millimeter dicke OSB-Platten, während die obere Seite mit 15 Millimeter dicker MDF-Platten abgeschlossen wurde. Einzig die Innenwand zum Lager musste F 90 B entsprechen, sodass hier beidseitig Doppelbekleidungen mit 15-mm-Gipsfaserplatten anzubringen waren.

Tragwerkkonstruktion aus Holz und Stahl

Das Kernstück des Gemüsehofes, der 500 Quadratmeter große Bioladen mit angeschlossener Veredelungsmanufaktur, dazu das „Wohnzimmer" – eine Art gute Stube mit Kamin, Sofas, Esstischen und Panoramablick auf die Felder – sowie Lager- und Kühlräume, wartet mit einer konstruktiven Reminiszenz an die Tradition alter Markthallen auf. Das dreischiffige Satteldach des Mischbaus verfügt über eine Spannweite von jeweils 8,75 Meter bei einer 30-Grad-Dachneigung. Das sichtoffene Haupttragwerk besteht aus unterspannten Stahl-Satteldachbindern, die innen auf Rundrohrstahlstützen lagern. In der äußeren Holzrahmenwand werden sie von dort eingegliederten Stahlbetonstützen getragen, die gleichzeitig auch der Gebäudeaussteifung dienen. Alternativ haben die Statiker bei der Trennwand zum Lagerbereich die Stahlbinder auf in die Holzwände integrierte Holzstützen aufgelagert. Dabei sind die auf den Stahlbindern liegenden, einfeldrigen Pfetten-Dachelemente statisch über an die Binder aufgebolzte Langhölzer angeschlossen worden.

Das Erdgeschoss beherbergt den Bioladen, zudem den Technikraum, das Lager, die Manufaktur sowie ein

Kunden-WC. Das Obergeschoss, in dem die Büro- und Personalräume untergebracht sind, liegt auf einer sichtoffenen Konstruktion aus BSH-Trägern, die im Ladenbereich von zwei aussteifenden Stahlbetonstützen abgefangen wird. Dagegen wurden das Erdgeschoss und die Decke der aus zwei Einheiten bestehenden, zweigeschossigen Scheune aus Stahlbeton erstellt, während Obergeschoss und Wände den Holzrahmenbau als offene, zimmermannsmäßige Konstruktion zeigen. Das kompakte Wohnhaus der Bauherrenfamilie erinnert an nordamerikanische Farmhäuser; die Südseite wartet mit einer „Porch" (=überdachte Terrasse) auf, die mit einem weiten Dachüberstand von 2 Metern einen wetterunabhängigen Außensitz ermöglicht.

Wärme aus Kühlsystem

Die Versorgung der Gebäude mit Heizenergie und Warmwasser wurde mehrstufig konzipiert. Die Grundlast wird durch die Nutzung der Abwärme der ganzjährig betriebenen Kühlanlagen sichergestellt: 20 laufende Meter an Kühlregalen und -tresen im Hofladen, ein 2 Meter langer Kühltisch in der Manufaktur sowie 3 weitere Kühlräume sorgen für die nötigen Wärmemengen. Ein Wärmetauscher entzieht dem Verflüssiger diese Energie und führt sie zwei Pufferspeichern von jeweils 1500 Litern zu. Von dort erfolgt die Energieverteilung in die Fußbodenheizungen von Wohnhaus, Bioladen und Manufaktur, die mit einer geringen Vorlauftemperatur von 30 bis 35 Grad Celsius angefahren werden. Einzig der Bürobereich verfügt über individuell regelbare Heizkörper. Zudem arbeitet im Wohnhaus, dessen Innenwände in Teilen einen ökologischen Naturlehmputz tragen, ein zentral platzierter Scheitholzofen mit einer Leistung von 6 Kilowatt, mit dem auch gekocht und gebacken werden kann. Für winterliche Lastspitzen sowie zur Redundanz steht eine Gasbrennwerttherme bereit. mwl

A

B

A → Das Wohnhaus verfügt über eine horizontale Rhombusschalung aus witterungsresistenter, sibirischer Lärche in unterschiedlichen Stärken von 27 bis 40 Millimetern, die angebracht mit Lücken von bis zu 10 Millimetern den vitalen Charakter von Haus und Hof bekunden.

B → Was ein Auslaufmodell schien, kehrt mit hoher, holzbaulicher Attraktivität und Qualität zurück: Der bäuerliche Familienbetrieb mit einer gelebten Identität, der die bewusst einkaufenden Menschen anspricht und einlädt.

Bauherr Overmeyer GbR, Emmelndorf / Seevetal (D), www.overmeyer-landbaukultur.de

Architektur Leistungsphase I–IV BeL Sozietät für Architektur BDA, Köln (D), www.bel.cx

Architektur Leistungsphase V–IX Scaven Hütz Architekt, Hamburg (D), www.scavenhuetz.de

Holzbau Bioladen / Manufaktur / Lager / Scheune Cordes Holzbau, Rotenburg / Wümme (D), www.cordes-holzbau.de

Holzbau Wohnhaus / Pferdestall Meisterkollektiv, Rosengarten (D), www.meister-kollektiv.de

Tragwerksplanung Leistungsphasen I–IV Ingenieurbüro Jürgen Bernhardt, Köln (D)

Tragwerkplanung / Statik Dr. Möller & Oberhokamp Beratende Ingenieure im Bauwesen, Lemgo (D), www.statik-owl.de

Städtebauliches Konzept und Landschaftsarchitektur Urban Catalyst Studio, Berlin (D), www.urbancatalyst-studio.de BeL Sozietät für Architektur BDA, Köln (D)

Strategieentwicklung Günther van Ravenzwaay, Seevetal (D) Urban Catalyst Studio, Berlin (D)

Innenarchitektur Hofladen Architekturpraxis Anja Herold, Berlin (D), www.architekturpraxis.com

Wohnhaus 290 m²

Scheune 465 m²

Stall 185 m²

Hofladen 513 m²

Baukosten 3,5 Mio. Euro

Verbaute Holzmenge 207 m³

Kohlenstoffanteil (C) 52 t

CO_2-Speicherung 190 t

Aussichtsturm auf dem Pyramidenkogel

Oberhalb des Wörthersees in Kärnten, Österreich, ragt seit Juni 2013 ein Aussichtsturm 100 Meter in die Höhe. Das Bauwerk auf dem Pyramidenkogel hat eine Tragstruktur aus Holz und Stahl und gilt derzeit weltweit als das höchste dieser Art. Seine Geometrie basiert zwar nur auf vier Zahlen, dennoch brauchte es für die Bemessung und Fertigung der Bauteile neben ingenieurtechnischem Können auch viel kreatives Geschick.

An der Stelle des neuen Turms stand bis Oktober 2012 ein 54 Meter hoher Aussichts- und Fernsehturm aus Stahlbeton von 1968 – er wurde am Ende gesprengt. Nach einer Bauzeit von nur acht Monaten konnte die Gemeinde Keutschach bereits im Juni 2013 den neuen Aussichtsturm eröffnen. Schwierige Besitzverhältnisse, veränderte touristische Rahmenbedingungen und der schlechte Bauzustand des Vorgängerturms hatten die Gemeinde zum Neubau bewogen. Bei dem 2007 dafür ausgelobten Architekturwettbewerb stand der Wunsch nach einer zeitgemäßen Lösung im Vordergrund. Wettbewerbsvorgabe war außerdem, Holz als heimischen, ökologisch nachhaltigen und zugleich innovativen Baustoff zu verwenden. Darüber hinaus sollte der Turm eine einzigartige architektonische Gestalt erhalten und die heutigen Anforderungen an einen touristischen Anziehungspunkt erfüllen.

Die Idee: eine begehbare Skulptur

Das Siegerteam des Wettbewerbs wollte von Anfang an eine begehbare Skulptur mit einer nach allen Seiten offenen Konstruktion schaffen. Diese sollte rundum ein gleichermaßen interessantes Erscheinungsbild bieten, das aber nicht auf den Kreis zurückgreift. Überzeugen konnte dann die Idee einer geometrisch generierten Hülle, die von einem elliptischen Grundriss ausgeht. Der Grundriss schraubt sich – jeweils um ein bestimmtes Maß um sein Zentrum versetzt – zu einer Skulptur in die Höhe und bildet dabei eine organische, fast feminin anmutende Form.

Die aus dieser Grundidee hervorgegangene Turmkonstruktion besteht aus 16 einachsig geschwungenen Stützen aus Lärchen-Brettschicht(BS)-Holz. Die Stützenfüße sind auf einem elliptischen Grundriss angeordnet, ihre Achsen zeigen zum Mittelpunkt. Zehn elliptische

Die geschwungene Holz-Stahl-Konstruktion des Aussichtsturm auf dem Pyramidenkogel hat inklusive Antenne eine Gesamthöhe von 100 Metern. Bis zur höchsten Aussichtsplattform sind es 70,40 Meter. Von hier hat der Besucher einen atemberaubenden Ausblick auf Kärntens Seen und Berge.

Stahlringe, die sich alle 6,40 Höhenmeter um 22,5 Grad im Uhrzeigersinn drehen, und 80 Diagonalstreben steifen die spiralförmig nach oben strebende Konstruktion aus.

Die Bauaufgabe erforderte eine enge Zusammenarbeit der Architekten und des Tragwerksplaners: In den verschiedenen Schritten der Entwurfsplanung waren die konstruktiven Überlegungen mit den geometrischen Anforderungen nach und nach so in Einklang zu bringen, dass aus der Hüllform nach mathematischen Grundsätzen eine Reihe gleicher Bauelemente in einer geordneten Gesamtstruktur entwickelt werden konnte.

Dabei fand der Tragwerksplaner mit einer bildhaften Idee zur Lösung: Er stellte sich das aus einer Ellipsenfläche extrudierte verwundene Volumen als Kuchen vor, den man von seinem Mittelpunkt aus – alle Ellipsenmittelpunkte liegen senkrecht übereinander – in gleich große Stücke teilt. Die dabei entstehenden geschwungenen Schnittkanten an den Rücken der Kuchenstücke ergeben Linien mit einer definierten Geometrie. An diesen Stellen können Stützen mit genau diesem Linienverlauf angeordnet werden. Damit musste die Tragstruktur der Stützen nicht der Verwindung der Hüllform folgen, sondern konnte als Ensemble einachsig gekrümmter Stützen konzipiert werden, die sich an die Hüllform anschmiegen.

Vier Zahlen zur Beschreibung der Konstruktion

Die Geometrie der Konstruktion lässt sich nun anhand von vier Zahlen beschreiben: Dies sind die beiden Durchmesser der Ellipse (R1 = 10 m, R2 = 17,30 m), die Anzahl der Stützen (n = 16) – damit ist wie bei einem Speichenrad der Winkel zwischen den Speichen und damit der Drehwinkel der Stützen vorgegeben, deren Achsen alle zum Mittelpunkt zeigen (360°/16 = 22,5 Grad) – sowie der vertikale Abstand der Ellipsen von 6,40 Meter. Mit diesen Werten konnte das Drahtgittermodell konstruiert und der Rest daraus abgeleitet werden.

Iterative Annäherung ans Berechnungsmodell

Die Tragwerksplaner gaben die Konstruktion in ein räumliches Stabwerksprogramm ein. Die Herausforderung bestand dabei vor allem im Ansetzen der realistischen Windlasten bei einem nicht zentralsymmetrischen Baukörper. Als Grundlage diente ein Klimagutachten, das speziell für diese Konstruktion und diesen Errichtungsort erstellt worden war. Daraus ergab sich ein Windgeschwindigkeitsmittelwert von 25 m/s in 10 Metern Höhe und eine Böengeschwindigkeit einer Zweisekundenböe von maximal 38 m/s.

Die Ingenieure betrachteten an ihrem Stabwerk die Auswirkungen dieser Windlasten von acht Windrichtungen und versuchten die Vorverformungen für die Berechnung nach Theorie II. Ordnung realitätsnah

einzuschätzen. Windkanalexperten führten dann mit den daraus berechneten Bauteildimensionen an einem maßstabsgetreuen 3-D-Modell (M 1:75) Windkanalversuche mit Windanströmungen aus denselben acht Richtungen durch, um Annahmen und Berechnungen zu überprüfen. Die Ergebnisdifferenzen wurden analysiert und im Stabwerksmodell so korrigiert, dass Rechenmodell und Modellversuch übereinstimmten.

Die Bemessung der Stützenquerschnitte

Die höchsten Belastungen der Stützen ergaben sich jeweils an den kleinen Ellipsenradien. Sie wandern mit der Verdrehung des Turmes an den schlankesten Stellen mit. Da die aufzunehmenden Kräfte über die Turmhöhe von unten nach oben abnehmen, treten die für die Bemessung der Stützenquerschnitte maßgebenden Beanspruchungen ganz unten auf, zwischen den gelenkig gelagerten Fußpunkten und den ersten „Ellipsenspitzen". Mit Blick auf die Einheitlichkeit wurden alle Stützen konstant mit Querschnittsabmessungen von 32 × 144 Zentimeter dimensioniert, aber – je nach statischen Erfordernissen – in den unterschiedlichen Festigkeitsklassen GL28c, GL28h und GL32h ausgeführt.

Stahlelemente zur Aussteifung

Die Aussteifung der sich verwindenden Turmkonstruktion übernehmen die zehn Ellipsen, die als Stahlkastenbögen segmentweise zwischen die Stützen eingebaut bzw. biegesteif an sie angeschlossen wurden, sowie 80 Diagonalen aus Stahlrundrohren. Diese Verstrebungen sind nur in den höher beanspruchten Bereichen, also in den Bereichen der kleinen Ellipsenradien, erforderlich, sodass hier jeweils vier Diagonalen eingebaut wurden. Im Grunde handelt es sich um acht Fachwerkstränge, die von oben schräg über den Turm bis zur Basis führen.

Detailplanung und Vorfertigung mit Millimetertoleranz

Für die Detailplanung des Holzbaus und zur Vorbereitung von CNC-Plänen für den Abbund erhielt das ausführende Unternehmen die Vorgabe einer Millimetertoleranz. Die H-förmigen Stahlteile und Bolzen mit Innengewinde wurden zur optimalen Lasteintragung mit Epoxidharz in die Holzquerschnitte eingeklebt. Die Holzbau-Ingenieure entwickelten ein exaktes 3-D-Computermodell, das alle Geometrien samt Ausfräsungen für Anschlussbleche und andere Verbindungsmittel beinhaltete. Es bildete die Grundlage für die CNC-Bearbeitung aller Holz- und Stahlbauteile.

Aus dem Montagekonzept der Tragwerksplaner ging auch die Dreiteilung der 65 Meter hohen Stützen in je zwei 26 Meter lange Stücke und ein 13 Meter langes Stück hervor. Anders als man auf den ersten Blick meinen könnte, handelt es sich nicht um 16 Stützen-

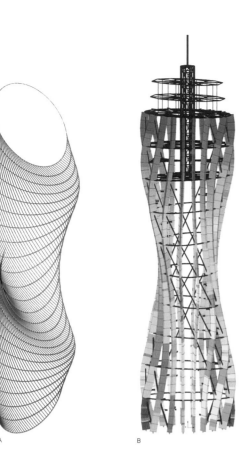

A

B

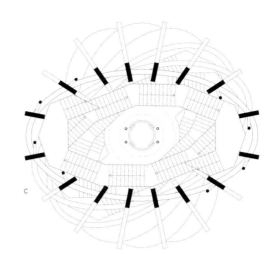

C

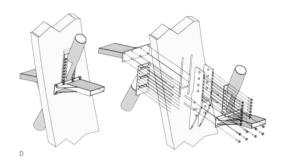

D

E

F

A → Grundidee: Man stelle sich einen Stapel Karten mit elliptischer Form vor und verdrehe ihn über die Höhe.

B → Isometrie des räumlichen Stabwerks mit farbig gekennzeichneten Beanspruchungszuständen der BS-Holz-Querschnitte. Rot kennzeichnet die größte Beanspruchung.

C → Horizontalschnitt auf 38,86 Meter Turmhöhe mit den darunter liegenden regelmäßig verdrehten Ellipsenebenen. Die Stützenachsen zeigen zum Mittelpunkt.

D+E → Dank exakter Detailplanung und perfektem CNC-Abbund konnten alle Verbindungsmittel passgenau eingebaut und alle Bauteile auf der Baustelle widerstandsfrei verschraubt werden.

F → Die Ausfräsungen wurden passgenau mit 5 Millimeter Spiel ausgeführt. Dieser „Spalt" wurde nach dem Einlegen der Stahlteile mit Epoxidharz vergossen.

unikate, sondern jede Stütze kommt aufgrund der einfach symmetrischen Konstruktion zweimal vor. So ergeben sich „nur" acht verschiedene Stützengeometrien. Wegen der ungleichen Dreiteilung kommt man bei den 48 Einzelelementen, die sich auf 32 lange und 16 kurze Stücke aufteilen, dennoch auf 48 Unikate.

Stufenweise Stützenmontage

Das Montagekonzept sah für den ersten „Montageschuss" abwechselnd 26 Meter lange und 13 Meter kurze Stützenteile vor, um dann beim stufenweisen Arbeiten nach oben die jeweils überstehenden Stützenbereiche als Montagehilfe zu nutzen.

Bis das erste Stützenrund mit den Stahlrohrbögen der beiden ersten Ellipsen und den Diagonalverstrebungen zu einer stabilen Struktur zusammengeschlossen war, konnten die Basisstützen abgespannt werden. Das war bei den nächsten zwei Montageschüssen aufgrund der Höhe nicht mehr möglich. Durch die versetzte Anordnung konnten sich aber die folgenden Stützenteile des nächsten Montageschusses – hierfür wurden durchgängig lange verwendet, um den Versatz zu erhalten – an den jeweils benachbarten „überstehenden" Stücken abstützen. Beim letzten Montageschuss setzten wieder abwechselnd kurze und lange Stützenteile auf die vorhergehenden auf, sodass alle Stützen auf gleicher Höhe enden.

Fünfzigjährige Nutzungsdauer und solides Brandschutzkonzept

Konzipiert ist der Turm für eine Nutzungsdauer von fünfzig Jahren. Für die Tragwerksplaner war der konstruktive Holzschutz daher schon im Entwurf zentrales Thema. Die Detailanschlüsse wurden vor dem Hintergrund eines optimalen konstruktiven Holzschutzes entworfen. Zwar dürfen laut Eurocode 5 (EC 5) frei bewitterte

verklebte Holzkonstruktionen (Nutzungsklasse 3) gar nicht gebaut werden. Der Tragwerksplaner konnte der Norm aber entsprechen, indem er bei der Bauteildimensionierung auf die erforderlichen Stützenquerschnitte 15 Millimeter Randdicke aufschlug und diese als Hüll- bzw. Schutzschicht für den tragenden Kern angesetzt hat. Die Holzkonstruktion selbst ist dadurch statisch nur zu 70 Prozent ausgelastet.

Die Anschlüsse der Ellipsenelemente und Diagonalstreben an die BS-Holz-Stützen erfolgten zudem auf Abstand, sodass hier keine Feuchtigkeit ansteht bzw. Feuchtigkeit jederzeit abtrocknen kann. Dadurch, dass die Verbindungstechnik in die Holzquerschnitte eingeklebt ist, ergibt sich außerdem eine Art Versiegelung, die einen Wassereintritt in die Knoten verhindert und das Holz schützt. Auch die abfallend gefrästen Kanten der Stützenstöße sorgen dafür, dass der Anschluss trocken bleibt.

Für die Genehmigung des Holzturms war des Weiteren ein solides Brandschutzkonzept erforderlich. Seine Standsicherheit muss im Brandfall so lange gewährleistet sein, bis alle Personen evakuiert sind. Gleichzeitig dürfen sich Brand und Rauch nicht ausbreiten, eine sichere Flucht auf dem angrenzenden Gelände muss möglich sein. Die baulichen Anforderungen stellen eine Feuerwiderstandsdauer von 90 Minuten sicher. Zwei Fluchttreppen dienen als Rettungswege. Rauch- und Brandabschnitte verhindern eine Brandausbreitung. Bei Bedarf können 300 Kubikmeter Löschwasser über die Sprinkleranlagen verteilt werden. Hinzu kommen eine Blitzschutzanlage, Sicherheitsbeleuchtung, eine Sicherheitsstromversorgung, ein Sicherheitsaufzug, eine frühzeitige Branderkennung und Alarmierung über Brandmeldeanlagen sowie die Videoüberwachung aller Turmbereiche. sjf

A → Reißverschlussartiges Montagekonzept

B → Die witterungsgeschützte „Skybox" liegt auf knapp 57,60 Meter Höhe. Der eigentliche Baukörper hat eine Höhe von 64 Metern, darauf wurde der Turmkopf samt den beiden offenen Aussichtsplattformen mit der jeweiligen Geschosshöhe von 3,20 Metern aufgesetzt.

C → Kurze und lange Stützen wechseln sich im ersten Montageschuss ab. Die unterschiedlich hohen Stützen ermöglichen eine stufenweise Fortsetzung der Montage, bei der die jeweils nächsten Stützen von den zuvor montierten seitlich gehalten werden können.

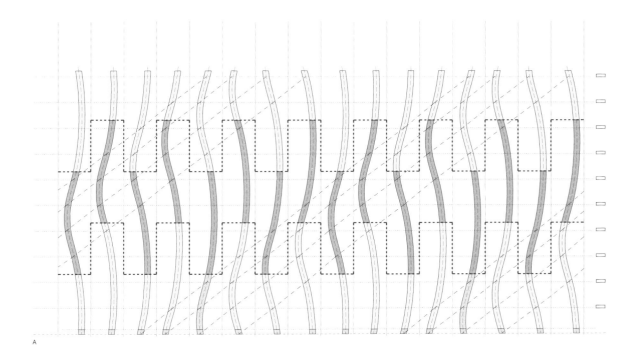

A

B

C

Bauvorhaben Holzaussichtsturm auf dem Pyramidenkogel in Keutschach am See (A)

Bauweise Ingenieur-Holz-Stahlbau

Bauzeit Oktober 2012 bis Juni 2013 (davon zwei Monate Turmrohbau)

Baukosten ca. 8 Mio. Euro (ohne Steuern)

Bruttogeschossfläche 700 m²

Bauherr Pyramidenkogel Infrastruktur GmbH & Co KG, Klagenfurt (A), www.pyramidenkogel-ktn.at

Projektmanagement Kastner ZT-GmbH, Klagenfurt (A), www.kastner-zt.eu

Architektur Klaura Kaden + Partner ZT GmbH, Klagenfurt (A): Architekt Mag. Markus Klaura, www.klaura.at, Architekt Mag. Dietmar Kaden, www.kaden.cc, Architekt Dipl.-Ing. Erich Laure, www.arch-laure.at

Tragwerksplanung Lackner & Raml ZT GmbH, Dipl.-Ing. Markus Lackner, Villach (A), www.zt-ble.at

Statische Prüfung Création Holz GmbH, Herisau (CH), www.creation-holz.ch, und Rubner Holzbau GmbH, Ober-Grafendorf (A), www.holzbau.rubner.com

Windkanalversuche Wacker Ingenieure, Birkenfeld (D), www.wacker-ingenieure.de

Holzbau (Werkplanung und Fertigung) Rubner Holzbau GmbH, Ober-Grafendorf, Zweigstelle Villach (A), Projektabwicklung und Montage in Finkenstein (A), www.holzbau.rubner.com

Stahlbau (Werkplanung und Fertigung) Zeman & Co GmbH, Wien (A), www.zeman-stahl.com

Verbaute Holzmenge 600 m³

Kohlenstoffanteil (C) 150 t

CO_2-Speicherung 550 t

Linktipp Der Turmbau im Zeitraffer: http://tinyurl.com/k6j3fru

Einen Bogen schlagen für Wildtiere

Seit 2012 ist Deutschlands zweite Grünbrücke in Holzbauweise montiert: über die B 101 bei Luckenwalde. Ihre Konstruktion orientiert sich an dem bewährten Pilotprojekt von 2004, der Brücke über die B 96. Diese Brücken könnten Vorbild für die bundesweit beschlossenen Querungsbauwerke zur Wiedervernetzung von Naturräumen werden.

Die Bundesstraße B 101 ist neben den beiden Bundesautobahnen A 9 und A 13 die wichtigste Verbindung zwischen Berlin und Südbrandenburg. Damit sich die Städte und Gemeinden hier wirtschaftlich entwickeln können, ergänzen Bundes- und Landesstraßen das weitmaschige Autobahnnetz. Um die Verkehrsströme zu bündeln, wurde die B 101 im Streckenabschnitt von Luckenwalde bis zum Autobahnanschluss bei Ludwigsfelde vierspurig ausgebaut. Seit August 2012 überspannt bei Luckenwalde eine Grünbrücke die Fahrbahn.

Grünbrücke schützt Mensch und Tier

Grünbrücken sind erdüberschüttete und bepflanzte Überführungsbauwerke, die für den gefahrlosen Wildwechsel besonders von Reh-, Rot- und Schwarzwild gedacht sind. Sie sorgen dafür, dass Naturräume, die von Straßen zerschnitten sind, für die Fauna vernetzt bleiben. Denn Wild wandert auf bestimmten Wegen, die oft quer über Straßen führen, zur Paarung in fremde Reviere. Ohne sichere Übergänge bedeuten solche Wildwechsel eine tödliche Gefahr für Menschen und Tiere.

Mit Blick auf die vielen Wildkollisionen und Verkehrstoten bei Wildunfällen sind sich Naturschützer und Straßenbaulastträger inzwischen darin einig, dass die Zahl der Querungshilfen zur Wiedervernetzung der Naturräume deutlich erhöht werden muss.

Holz – der künftige Standard?

Der Großteil der bestehenden Grünbrücken in Deutschland ist in Beton- oder Stahlverbundbauweise gebaut – lediglich zwei davon sind aus Holz, eine dritte wurde 2015 genehmigt. Eine der beiden Brücken überspannt seit 2004 bei Wilmshagen, südöstlich von Stralsund, die B 96, den sogenannten Rügen-Zubringer. Sie war lange deutschlandweit – vermutlich sogar weltweit – die einzige Grünbrücke aus Holz. Die andere spannt ihren Bogen seit Sommer 2012 über die B 101 bei Luckenwalde. Sie orientiert sich an den Planungsgrundsätzen der ersten, die sich nach mehreren Jahren als bewährt erwiesen haben.

Beide Bauwerke wurden von der DEGES (Deutsche Einheit Fernstraßenplanungs- und -bau GmbH) im Auftrag des Bundes und der Länder Mecklenburg-Vorpommern und Brandenburg entwickelt und betreut.

Bemerkenswert bei der zweiten Grünbrücke war, dass der Wunsch, sie in Holz zu bauen, vom Landkreis über das zuständige Ministerium für Infrastruktur und Landwirtschaft (MIL) an die DEGES herangetragen wurde.

Sie kann Leben retten: Die Wildbrücke über die B 101 bei Luckenwalde ist die zweite Brücke aus Holz in Deutschland, über die Wildtiere eine Bundesstraße überqueren können.

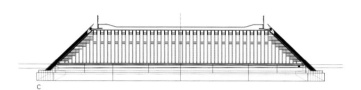

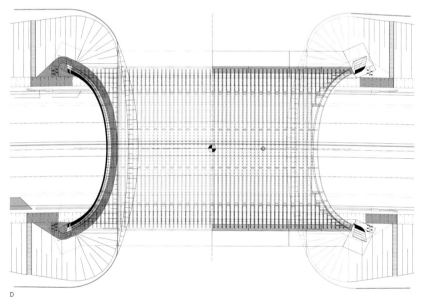

Aufbau Wildbrücke:
- Aussaat RSM 7.2.2
- 30 cm Mutterboden
- 15 cm Mineralsubstrat (nur im Scheitelbereich)
- Grobkörnige Böden nach ZTVE-StB 09
- Schleppblech
- Geogitter
- Nagetierschutz aus Edelstahlgitter
- Trenn- bzw. Filtervlies aus verrottungsfestem Polyethylen
- Drainage-Verbundstoffmatte
- Trenn- bzw. Filtervlies aus verrottungsfestem Polyethylen
- Schutz- und Drainagevlies
- Wurzelschutzfolie mit Schutzlage, bitumenbeständig,
  rhizomenbeständig, FLL-geprüft, Oberseite beschiefert
- Polymerbitumen-Schweißbahn, zweilagig
- Trenn- bzw. Filtervlies aus verrottungsfestem Polyethylen
- Polymerbitumen-Schweißbahn
- Inertol-Haftanstrich
- 14,2 cm Brettsperrholz
- 20/100 cm BS-Holz-Bögen GL28h aus Lärche, e = 80 cm

A → Visualisierung der Primärkonstruktion in Holzbauweise auf Betonwiderlagern bzw. Streifenfundamenten

B → Die Zwickel zwischen dem letzten senkrechten Bogen und dem geneigten Portalbogen füllen Bogensegmente und Querträger.

C → Längsschnitt

D → Grundriss

E → Querschnitt

Man hatte vom Pilotprojekt Wilmshagen erfahren und war von der dort erstmals realisierten Synthese aus Funktion, Form und Material positiv eingenommen.

Holz als Gewinner beim Variantenvergleich

Im Vorfeld der Ausschreibung erstellte die DEGES einen Variantenvergleich zwischen einem Stahlbetonrahmen und einem Dreigelenkbogen in Holzbauweise. Das Ergebnis lautete: „Aus technischen, funktionalen und wirtschaftlichen Gründen ist eine Holzkonstruktion zu bevorzugen."

Neben den Aspekten Konstruktion, Kosten und Gestaltung sprach vor allem auch die kurze Montagezeit für die Holzbauweise, da die Brücke über fließendem Verkehr zu errichten war. Zudem bietet Holz zwei weitere Vorteile: Eventuell durch Brände beschädigte Tragwerksteile lassen sich relativ einfach austauschen. Dasselbe gilt für mechanische Schäden am Tragwerk durch Unfälle. Zusätzliche Argumente für Holz waren die bessere Ökobilanz und die landschaftsgestaltende Wirkung des nachwachsenden Baustoffs.

Auch der gegenüber Beton kaum höhere Aufwand für die Erhaltung und die gute Dauerhaftigkeit überzeugten beim Pilotprojekt in Wilmshagen. Den Nachweis lieferte unter anderem die Überprüfung der Holzfeuchte im Oktober 2011: Sie lag in 4 Zentimeter Tiefe zwischen 13,4 und 15,3 Prozent, was der Nutzungsklasse 2 nach DIN 1052 entspricht.

Damit konnte die DEGES den Bauwerksentwurf für die neue Wildbrücke analog zur ersten erstellen und das Projekt europaweit ausschreiben.

Grünbrücken sind anders zu planen als Straßenbrücken

Grünbrücken unterscheiden sich von Straßenbrücken vor allem durch geringere Nutzlasten. In Ausnahmefällen können sie aber auch Fahrzeuglasten tragen. Die Gestaltungsrichtlinien sind aufgrund der verschiedenen Nutzungen unterschiedlich. Speziell für Grünbrücken gelten folgende Regeln, die bei der Planung zu berücksichtigen sind:

- Der Brückenstandort muss im Bereich eines Hauptwanderweges der Tiere liegen. Dafür sind entsprechende Untersuchungen in der Natur erforderlich, sofern es nicht bereits spezielle Karten gibt.
- Das Geländeprofil muss für den Wildwechsel so gestaltet werden, dass die Tiere es annehmen.
- Die Nutzungsbreite im Scheitel der Brücke sollte nach dem Merkblatt für Querungshilfen im Mittel 50 Meter betragen, kann aber im eingeschnürten Scheitelbereich auf etwa 40 Meter verringert werden.
- Besonderes Augenmerk ist auf Bepflanzung, Blendund Lärmschutz sowie die Absturzsicherung zu

richten. Die Schutzwände sollten mindestens 2 Meter hoch sein und sich über die beiden Brückenenden hinaus trichterförmig aufweiten.
- Die Bepflanzung entlang der Zäune und auf der Brücke ist abhängig von der Wurzeltiefe. Im Scheitelbereich sollten die Überschüttung und die mögliche Wurzeltiefe bei etwa 50 Zentimetern liegen. Zu den Widerlagern hin wird sie dann schnell größer.

Bogen – ein optimales Tragwerk

Wie bei der ersten Grünbrücke wählten die Planer auch für die neue, knapp 40 Meter lange Überführung Dreigelenkbögen aus Lärchen-Brettschicht(BS)-Holz als Haupttragwerk (GL28h, Gesimsbalken: GL24h). Anders als bei der ersten nutzten sie dafür jedoch nicht den klassischen Druckbogen mit einem Radius, sondern einen Korbbogen, der drei Radien (R1 = 9,55 m, R2 = 19,35 m, R3 = 33,50 m) vereint. Bei dieser Bogenform verstärkt sich die Krümmung zum Widerlager hin. Das ist sowohl für das notwendige Lichtraumprofil als auch für den Kraftfluss im Tragwerk von Vorteil.

Mit einer lichten Höhe von 7,50 Meter überspannen die 100 Zentimeter hohen und 20 Zentimeter breiten Bögen rund 32 Meter. Stahlgelenke auf den Widerlagern und im First bilden das statische System aus. Im Achsabstand von 80 Zentimetern reihen sie sich zu einem „Tunnel" aneinander.

Im Portalbereich sind die Bögen um 45 Grad nach innen geneigt. Die Zwickel sind mit entsprechenden Bogensegmenten und Querhölzern konstruktiv geschlossen. Die Schrägstellung ermöglicht eine vorteilhafte Ausleuchtung der „Röhre" und erlaubt die Anlage standfester Böschungen.

Das Sekundärtragwerk bilden gekrümmte Brettsperrholz(BSP)-Elemente mit 142 Millimeter Dicke. Sie überdecken die Bogenbinder, an die sie von oben mit Senkkopfschrauben aus Edelstahl angeschlossen sind. Die Scheibenwirkung dieser „Beplankung" sorgt für die Aussteifung und Stabilisierung des Gesamtsystems in Querrichtung. Die gekrümmte Schale trägt außerdem die Auflast aus der Erdüberschüttung (bis etwa 130 kN/m²) und leitet sie in die Bogenbinder ein.

Montage von der Bauwerksmitte nach außen

Nach Herstellung der Gründung und der Unterbauten in Stahlbeton samt Verankerungspunkten dauerte die Montage der gesamten vorgefertigten Holzkonstruktion lediglich vier Tage – je zwei Tage an zwei Wochenenden. Eine Vollsperrung der B 101 war somit nur für sehr kurze Zeit erforderlich. Die weiteren Arbeiten an der Brücke konnten danach bei fließendem Verkehr mit halbseitiger Sperrung erledigt werden. Zur Stabilisierung bzw. Kippsicherung für Transport und Montage spannten die

Monteure jeweils zwei Halbrahmen mit 100 Zentimeter hohen und 20 Zentimeter breiten Druckhölzern (b = 24 bzw. 28 cm im Bereich der Portalbögen) über durchgehende Gewindestangen zu Zwillingsträgern zusammen. Sie montierten sie von der Mitte des Bauwerks aus mithilfe von vier Autokränen. Dabei wurden die gegenüberliegenden Binderpaare jeweils zuerst auf den Widerlagern fixiert und dann durch Absenken im First zusammengeführt.

Die je nach Position auf den Bögen unterschiedlich gekrümmten BSP-Platten wurden exakt an die Steigung der BS-Holz-Binder angepasst. Auch die Unterkonstruktion für die Portalträger wurde im Werk vorgefertigt. Die Verschalung mit Fassadenprofilen aus Accoya-Holz dagegen erfolgte vor Ort. In der Verschalung befinden sich mehrere Revisionsklappen, damit der Zustand der Träger jederzeit überprüft werden kann.

Eine Besonderheit stellen die beiden als Randabschluss liegenden Portal- bzw. Gesimsbalken mit einem Querschnitt von b/h = 40/40 Zentimeter dar: Wegen der geneigten Portalbögen sind sie zweifach gekrümmt.

Das A und O: Schutz vor Feuchtigkeit

Zum Schutz vor Feuchtigkeit folgt auf die BSP-Schale ein mehrlagiger Abdichtungssonderaufbau aus Bitumen-Schweißbahnen, ergänzt durch eine Drainage an den Kämpferlinien zur Verhinderung von Stauwasser, eine ausgetüftelte Konstruktion zur Feuchtigkeitskontrolle und einen Durchwurzelungsschutz. Ein kontinuierliches Feuchtemonitoring sorgt dafür, dass bei Undichtigkeiten sofort eingegriffen werden kann.

Die Holzkonstruktion erhielt einen Lasuranstrich, der unter anderem als Schutz vor aufgewirbeltem Wasser dient. Gegen wechselnde Durchfeuchtung schützt jedoch auch die natürliche Belüftung, die sich mit den durchfahrenden Fahrzeugen ergibt. Sie sorgt für schnelles Abtrocknen von Spritzwasser. Eine Tausalzbeaufschlagung hat sogar konservierende Wirkung.

Erdüberschüttete Holzkonstruktion

Zuletzt folgte die Erdüberschüttung der gesamten Fläche zur Bepflanzung des Geländes mit Rasen und Buschwerk. Dafür wurden im Firstbereich 70 Zentimeter Boden und im Traufbereich 7 Meter aufgebracht. Auf dem Bauwerk und längs der B 101 haben die Planer 2 Meter hohe Irritationsschutzwände vorgesehen.

Die Eigenlast der Brückenkonstruktion spielt bei Grünbrücken, anders als bei Fußgänger- und Straßenbrücken, eine untergeordnete Rolle, obwohl auch hier Holz Vorteile bietet, so zum Beispiel durch die geringere Baugrundbelastung.

Der Holzbrückenbau hat sich in den vergangenen zehn Jahren sehr positiv entwickelt und ermöglicht dauerhafte Brückenbauwerke. Grünbrücken in Holz bieten die Chance, ökologische Ziele mit einer ansprechenden Ästhetik zu verbinden. sjf

174

A

B

→ Der Abdichtungssonderaufbau wurde erst vor Ort aufgebracht. Der zweifach gekrümmte Gesimsbalken ist hier noch gut zu sehen.

→ Die Verschalung der Portalbögen mit Accoya-Holz erfolgte ebenfalls vor Ort.

→ Montage der jeweils zu Zwillingsträgern zusammengespannten Halbrahmen mit Autokränen

→ Zuerst auf den Widerlagern angeschlossen, werden die Binderhälften durch Absenken im First zum Bogen zusammengeschlossen.

→ Als wirtschaftlichstes Tragwerk ermittelten die Planer eine Tonnenschale aus BS-Holz-Bindern in Korbbogenform, kombiniert mit einer BSP-Decke als sekundäres Tragwerk. Damit lassen sich die Auflasten aus der Erdüberdeckung auf kürzestem Weg zu den Widerlagern ableiten. Die Scheibenwirkung dieser „Beplankung" sorgt zudem für die Aussteifung und Stabilisierung des Gesamtsystems in Querrichtung.

C

Bauvorhaben Grünbrücke in Holzbauweise bei Luckenwalde

Bauweise Erdüberschüttetes Bogentragwerk aus Lärchen-BS-Holz mit BSP-Decke und mehrlagigem Abdichtungssonderaufbau, Fundamente und Widerlager in Stahlbeton

Bauzeit Unterbauten je Widerlagerseite 5 Wochen

Bauzeit Überbau Februar bis Oktober 2012 (einschl. Vorfertigung der Holzträger, Erdbau und Irritationsschutzwände)

Baujahr 2012

Baukosten gesamt 3 Mio. Euro (davon 0,3 Mio. Euro für Betonbau (Fundamente, Widerlager) und 2,7 Mio. Euro für Holzbau, Erdüberschüttung und Irritationsschutzwände)

Bauherr DEGES – Deutsche Einheit Fernstraßenplanungs- und -bau GmbH, Berlin (D), www.deges.de, im Auftrag des Bundes und der Länder Brandenburg und Mecklenburg-Vorpommern

Tragwerksplanung Schwesig + Lindschulte GmbH, Rostock (D), www.lindschulte.de

Prüfingenieure Blaß & Eberhart, Karlsruhe (D), www.ing-bue.de

Holzbauarbeiten, Projektleitung und Ausführung Schaffitzel Holzindustrie GmbH + Co. KG, Schwäbisch Hall (D), www.schaffitzel.de, und Schaffitzel+Miebach, Faszination Brücken GmbH, Lohmar (D), www.schaffitzel-miebach.com

Betonbau (Fundamente, Widerlager), Ausführung ARGE ARIKON/DIW

Verbaute Holzmenge ca. 680 m³

Kohlenstoffanteil (C) 170 t

CO_2-Speicherung 623 t

Scheitellänge 38,9 m

Spannweite zwischen Widerlagern 32 m

Brückenfläche 1245 m²

BS-Holz Lärche GL28h ca. 506 m³

BS-Holz Lärche GL24h ca. 13,5 m³

BSP Fichte ca. 1820 m² bzw. ca. 158,44 m³

Fassadenprofile ca. 100 m² acetyliertes Holz

Stahlteile ca. 70,5 t

Stahlbeton (Fundamente) 1060 m³

Irritationsschutzwand ca. 680 m²

Erdbau ca. 27 000 m³

D

E

Ein Flughafen setzt neue Maßstäbe

Der Großflughafen in Norwegens Hauptstadt wird um einen Terminal und einen Flugsteig erweitert. Die Architektur im Passivhausstandard mit hölzernen Tragwerken aus Brettschichtholz-Leimbindern in außergewöhnlichen Dimensionen und Design ist ebenso wegweisend wie das Energiekonzept: Die Kühlung erfolgt mit Schnee.

Bis 2029 investiert Norwegen über 6 Milliarden Euro in den Ausbau und die Modernisierung seiner Flughafeninfrastruktur. Davon erhält der Großflughafen Oslo etwa 1,7 Milliarden Euro. Mit dem Ausbau kann dessen jährliche Kapazität von derzeit 24,2 Millionen auf dann 28 Millionen Passagiere angehoben werden. Für die Architekten und Planer gilt es sicherzustellen, dass das aus mehreren Einzelbauvorhaben bestehende Gesamtprojekt nicht nur bei fortlaufendem Betrieb, sondern bei parallel weiter steigenden Fluggastzahlen ohne Reibungsverluste termingerecht realisiert wird. Dieser ökonomische Faktor war maßgeblich für die Entscheidung, wesentliche Teile der Erweiterung in moderner Holzbauweise mit hohem Vorfertigungsgrad realisieren zu lassen.

Wirtschaftsfaktor Duty-free-Shops
Das auch während der Ausbauphase sich stetig erhöhende Fluggastaufkommen führt zu voraussichtlichen Mehreinnahmen von etwa einer halben Milliarde Euro, die es ohne Störung zu generieren gilt. Denn insbesondere die Duty-free-Shops zeichnen, neben Restaurants, Cafés und den Parkgebühren, für einen erheblichen Teil der Einnahmen des Flughafens verantwortlich. Diese ertragsstarken kommerziellen Flächen werden mit der

Erweiterung von derzeit ca. 10 800 Quadratmeter auf dann etwa 20 000 Quadratmeter verdoppelt. Das Bauvorhaben umfasst die Modernisierung und Modifizierung der in- und aushäusigen Verkehrswege sowie die Errichtung von drei großvolumigen Hallenbauten: Dabei handelt es sich um eine Erweiterung des bestehenden Fernverkehrsbahnhof, einen zweiten Terminal mit Ankunfts- und Abfertigungsbereich und um einen dritten Flugsteig mit elf zusätzlichen Luftlandebrücken. Da Norwegen bei öffentlichen Bauvorhaben vermehrt auf den nachwachsenden Rohstoff Holz setzt, werden bzw. wurden die Dachtragwerke der drei Gebäude aus Brettschichtholz (BSH) realisiert, während das Dach des neuen Flugsteiges Pir Nord final mit schwedischen Eichenholzlamellen bekleidet werden wird.

Qualitätslevel „Null-Toleranz"
Das auch als Leimholz bezeichnete Brettschichtholz besteht aus Brettlagen, die mittels Keilzinkung und Verleimung in der Länge kraftschlüssig miteinander zu Lamellen verbunden werden. Im Anschluss werden die einzelnen Lamellen aufeinandergestapelt, flächig miteinander verklebt und unter hohem Druck zu kompakten Bauteilen verpresst. Die einzelnen Lamellen

Der Großflughafen Oslo nach Fertigstellung der aktuellen Erweiterung im April 2017 mit dem zweiten Terminal Sentralbygg Vest (Mitte – rechts) und dem zusätzlichen Flugsteig Pir Nord (vorne).

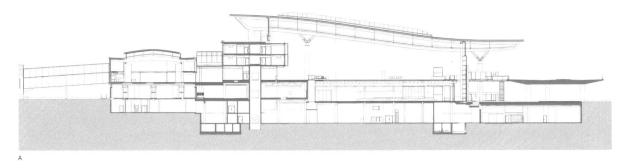

A

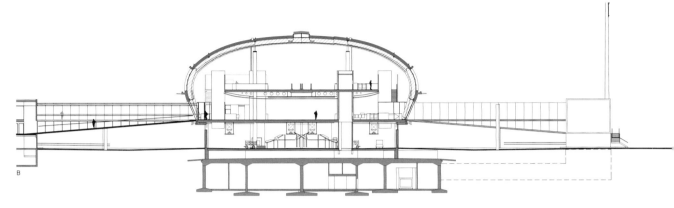

B

C

A → Schnitt des neuen Terminals Sentralbygg Vest.

B → Schnitt der neuen Luftlandebrücke Pir Nord.

C → Flugverkehr und Architektur in statischer, funktionaler und formaler Vollendung: Die flügelähnlichen Leimbinder des neuen Terminals treten aus der Gebäudehülle heraus.

können vor der Verleimung gekrümmt werden, was die Herstellung von gerundeten Trägerformen ermöglicht.

Die weit fortgeschrittene technische Entwicklung erlaubt es, enorme Längen und große Querschnitte bei einer weitestgehend freien Formgebung zu realisieren, die BSH-Träger für große Spannweiten im Hallen- oder Brückenbau prädestiniert. Die millimetergenaue Vorfertigung der BSH-Träger für den norwegischen Flughafen galt es in höchster Qualität mit einer – wie es Oslo festgelegt hatte – sogenannten „Null-Toleranz" termingerecht zu produzieren und zu liefern. Dafür waren unter anderem große Produktionshallen nötig, um wetterunabhängig arbeiten zu können. Ein zentrales Kriterium bei der Auftragsvergabe, das das deutsche Unternehmen W. u. J. Derix / Poppensieker & Derix, welches die Tragwerke für Oslo aus FSC- bzw. PEFC-zertifiziertem Holz angefertigt hat, erfüllen konnte. Das Holzleimbau-Unternehmen verfügt über sechs CNC-Bearbeitungsanlagen an zwei Produktionsstandorten auf denen konstruktive Bauteile bis zu einer Länge von 65 Metern bearbeitet werden können – rekordverdächtig, nicht nur in Europa.

Präzise & termingerecht

Die Produktion der Leimbinder erfolgt durch einen in Gänze vollautomatischen, computergesteuerten Planungs- und Ausführungsprozess. Die Planungsdaten aus dem 3-D-Konstruktionsprogramm des Holzbau-Ingenieurs wandern direkt in die CNC-gesteuerten und mit Lasertechnik ausgestatteten Abbundstraßen. In diesen erfolgen sämtliche Bearbeitungen der Brettschichthölzer wie Längs-, Schräg- und Gehrungsschnitte sowie Bohrungen und Konturfräsungen in allen Winkeln und Neigungsgraden. Auch große Bauteilquerschnitte können über die fünfachsigen Präzisionsmaschinen, die eine dreidimensionale Bearbeitung ermöglichen, in einem Prozess gefertigt werden. Dieser Vorgang inkludiert auch die in Oslo erforderlichen Einschnitte für Schlitze in unterschiedlichen Tiefen und Größen, die für die Anschlüsse und Verbindungen mit Stabdübeln, Stahlblechen und -stiften an tragenden Knotenpunkten benötigt werden. Aufgrund der Vielzahl an zu verleimenden, großen Bauteilen entwickelten W. u. J. Derix / Poppensieker & Derix eigens für das Bauvorhaben Oslo eine Blockpresse, um dem geforderten Qualitätslevel in einem definierten Zeitrahmen entsprechen zu können. Final wurden sämtliche BSH-Bauteile über eine Distanz von 1300 Kilometern just in time auf der Baustelle angeliefert.

BSH-Stahlbeton-Mischkonstruktion

Die Tragwerkarchitektur der neuen Passagier-Abfertigungshalle mit Namen Sentralbygg Vest besteht, wie schon beim ersten Terminal, aus einer BSH-Stahlbeton-Mischkonstruktion. Mit seiner rechteckigen Grundform von 126 Metern Länge und 95 Metern Breite dockt der neue Terminal unmittelbar an den ersten an. Die zentrale Konstruktion bilden sieben Hauptachsen aus BSH-Zwillingsfachwerkträgern, die von jeweils zwei Stahlbetonrundstützen im Abstand von 54 Metern abgefangen werden. Dabei kragen die Fachwerkträger an der zum Flugfeld ausgerichteten Seite stolze 23 Meter aus, während sie sich an der gegenüberliegenden Seite mit 13,65 Metern bescheiden. Kräftige Stahlkronen auf den Stahlbetonrundstützen nehmen die BSH-Zwillingsfachwerkträger in Höhen von 18,80 bzw. 12,80 Meter in einem Abstand von je 3 Metern auf. Die länglich geschwungenen, großdimensionalen Kragarme, deren Querschnitte sich gen Ende elegant verjüngen, wecken Assoziationen an die gewaltigen Flügel von Interkontinental-Airlinern, die hier beinahe schwebend leicht ihren statischen Auftrag erfüllen. Die Maße ihrer blockverklebten Ober- und Untergurte sprechen für sich: 89 Zentimeter breit und 53 Zentimeter hoch (oben) bzw. 73 Zentimeter breit und 105 Zentimeter hoch (unten). Während die Ober- und Untergurte sowie die Endstäbe in den Hauptfachwerksträgern mit fein geschliffenen Oberflächen sichtoffen ausgeführt wurden, bekleidete man die Seitenflächen dazwischen mit Sperrholztafeln. Als Unterkonstruktion zwischen der Hauptkonstruktion fungieren BSH-Sekundärfachwerkträger, die in einem Achsabstand von 6 Metern bei einer Spannweite von etwa 15 Metern sowie einer Höhe von 2,50 Metern symmetrisch angeordnet sind.

Bogenbinder für Flugsteig

Insgesamt besteht die Dachkonstruktion des neuen Terminals aus 138 Primär- bzw. Sekundär-BSH-Fachwerkträgern, die in Nordrhein-Westfalen fertig vorproduziert und dann termingerecht nach Norwegen transportiert wurden. Sentralbygg Vest steht auf einer Grundfläche von rund 12 000 Quadratmetern, wobei die zukünftige Nutzfläche, bedingt durch einen mehrgeschossigen Ausbau, 52 000 Quadratmeter betragen wird. Der neue Flugsteig zum Andocken der Flugzeuge mit Namen Pir Nord weist bei einer Länge von 320 Metern eine Fläche von 63 000 Quadratmetern aus und erinnert aufgrund seiner Fächerform an ein riesiges Düsentriebwerk.

Mit einer Breite von 120 Metern dockt der Flugsteig an den Terminal 1 an, verjüngt sich stetig in Richtung des Flugfeldes, um nach etwa 160 Metern in eine symmetrische Röhre zu münden, die 46 Meter breit und 16 Meter hoch ist. Sein Tragwerk besteht aus 28 geschwungenen, doppelten BSH-Bogenbindern. Aufgrund der Verjüngung differieren die ersten elf Hauptachsen in ihrer Größe, während die restlichen 17 Achsen der sich anfügenden Röhre in der konstruktiven Ausführung identisch sind. Je Hauptachse wurden die BSH-Zwillingsträger mit

Querschnitten zwischen 28 × 120 Zentimetern und
28 × 250 Zentimetern im Abstand von 32 Zentimetern
platziert. Die längsten BSH-Einzelbauteile der Träger,
die mit Schlitzblechen biegesteif gestoßen wurden,
weisen eine stattliche Länge von 47 Metern auf.

Terminal im Passivhausstandard

In Norwegen ist der Passivhausstandard seit 2015 für
alle Neubauten vorgeschrieben. Demnach müssen
mindestens 50 Prozent des Wärmebedarfs durch erneuerbare Energien gedeckt werden. Der Primärenergiebedarf für die Versorgung mit Beleuchtungs-, Heiz- und
Kühlenergie soll im neuen Terminal Sentralbygg Vest im
Vergleich zum Verbrauch des Terminals 1, der für die
Energieversorgung pro Jahr etwa 293 kWh/m² benötigt,
laut Berechnung nur noch bei etwa 147 kWh/m² liegen,
ergo eine Reduktion von 70% erzielen. Die klimafreundliche Energieversorgung des Flughafens ist modular
aufgebaut. Zum einen wird die Geothermie genutzt: Zwei
Schachtbrunnen zapfen ein großes Grundwasserreservoir unter dem Flughafengelände an und führen das
Wasser über Tauchmotoren Wärmepumpen zu, die diesem
durch Verdichtung die Energie entziehen, welche dann
entweder in die Niedrigenergie-Fußbodenheizung oder
in den Kühlkreislauf eingespeist wird. Dabei arbeiten
die beiden Brunnenkreisläufe getrennt voneinander: Im
ersten wird im Sommer im Verhältnis zur Außentemperatur relativ kaltes Wasser hochgepumpt und im Winter
wieder zurückgeführt. Im zweiten wird im Winter im
Verhältnis zur Außentemperatur relativ warmes Wasser
hochgepumpt, das im Sommer zurückgeführt wird.
Auf diese Weise wird das Grundwasserreservoir sowohl
mit Blick auf die Wassermenge als auch auf dessen
Temperatur immer wieder ausgeglichen.

Wärmeenergie aus Klärwasser – Schnee zur Kühlung im Sommer

Ein weiterer Baustein der Energieversorgung besteht
in der Nutzung der am Flughafen anfallenden Abwässer.
In der Aufbereitungs- und Kläranlage werden sie in
einem ersten Schritt gereinigt. In einem zweiten Schritt
entzieht dann eine Rückgewinnungsanlage mit Wärmetauscher dem geklärten Wasser die Abwärme. Danach
führt man einem Teil des geklärten Abwassers diese
Wärme wieder zu und leitet dieses Wasser über eine Pipe-
line mit einer Temperatur von 10 bis 16 Grad Celsius
in die Wärmepumpenstationen des Flughafens zurück.

Das System zur sommerlichen Kühlung des Pir Nord
ist einzigartig. In einem 30 000 Kubikmeter großen
Bassin wird mit einem Volumen von insgesamt
90 000 Kubikmeter im Winter Schnee eingelagert bzw.
oberirdisch aufgeschichtet und zur Isolation mit Holz-
spänen abgedeckt. Dadurch verlangsamt sich der Schmelz-
prozess im Sommer. Einem Gletscher ähnlich sickert das
Wasser langsam durch den Schneekörper. Am Boden
des Bassins wird das Schmelzwasser bei einer Temperatur
von knapp über null Grad Celsius aufgefangen und
zu einem Wärmetauscher geleitet. Dieser entzieht dem
Tauwasser Energie und führt sie der Kühlungs- und
Lüftungsanlage des neuen Flugsteigs zu. Danach wird
das Wasser wieder zum Bassin zurückgeführt, sodass
sich das Schneekühlsystem – bis zu einem gewissen
Grad – wieder aufladen kann und der Prozess in Gang
bleibt. Die konventionelle Lüftung kann durch die
Nutzung der lokalen Ressource Schnee deutlich kleiner
dimensioniert werden beziehungsweise soll nur zur
Redundanz oder zu Spitzenlastzeiten genutzt werden.
Zudem hat der Flughafen Oslo in Zukunft weniger
Probleme mit großen Schneemengen. mwl

Bauherr Avinor AS bzw. Oslo Lufthavn AS, Gardermoen (NO), www.avinor.no

Architektur Nordic Office of Architecture, Oslo (NO), www.nordicarch.com
Cowi AS, Oslo (NO), www.cowi.com
Norconsult AS, Sandvika (NO), www.norconsult.no
Aas-Jakobsen AS, Oslo (NO), www.aas-jakobsen.no
Per Rasmussen AS, Vøyenenga (NO), www.ipras.no

Projektmanagement ÅF Advansia AS, Lysaker (NO), www.afconsult.com

Bauausführung Dachtragwerk Kruse Smith AS, Kristiansand (NO),
www.kruse-smith.no

Tragwerksplanung + Statik Sweco Norge AS, Oslo (NO), www.sweco.no

Holzbau BSH-Tragwerke W. u. J. Derix GmbH & Co., Niederkrüchten (D)
Poppensieker & Derix GmbH & Co. KG, Westerkappeln (D), www.derix.de

Stahlteile und Verbindungsmittel Brüninghoff GmbH & Co. KG, Heiden (D),
www.brueninghoff.de

Transport BSH-Träger Ernst Laumeyer GmbH, Westerkappeln (D),
www.laumeyer.de

Baubeginn 2011

Fertigstellung (geplant) April 2017

Gesamtbaukosten 1,7 Milliarden Euro

Verbaute Holzmenge 3 500 m³

Kohlenstoffanteil (C) 875 t

CO_2-Speicherung 3 208 t

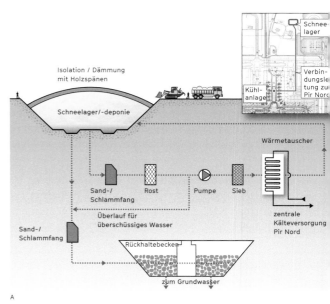

A

A → Einmalig, nicht nur in der internationalen Flughafenwelt: Aus einem Bassin zur Lagerung und Aufschichtung von Schnee wird kühles Wasser zur Klima- und Lüftungsanlage des Pir Nord geführt.

B → Holzbau im 21. Jahrhundert: millimetergenau vorproduzierte und über 1300 Kilometer rechtzeitig gelieferte Brettschichtholz-Träger

C → Das Tragwerk des neuen Flugsteigs Pir Nord wird von Bogenbindern gebildet.

D → Die moderne Tragwerkkonstruktion des Terminals besteht aus Holz, Stahl und Beton. Die Ober- und Untergurte der Fachwerkträger wurden blockverleimt. Die Sekundärträger bestehen ebenfalls aus Fachwerken.

E → Die außergewöhnlichen, 90 Meter überspannenden Brettschichtholz-Dachbinder der Passagier-Abfertigungshalle Sentralbygg Vest werden von Sichtbetonstützen getragen.

181

B

C

D

E

Bildnachweis

Autoren

Susanne Jacob-Freitag ist diplomierte Bauingenieurin. Sie war zehn Jahre Redakteurin bei einer deutschen Holzbau-Fachzeitschrift. Seit 2007 schreibt sie als freie Journalistin schwerpunktmäßig über Ingenieur-Holzbau und Architektur. Sie ist Inhaberin des Redaktionsbüros manuScriptur in Karlsruhe.

www.manuscriptur.de

Marc Wilhelm Lennartz, Diplom-Geograph, studierte Physische Geographie und Wirtschaftsgeographie, Städtebau, Siedlungswesen, Verkehrspolitik und Boden-kunde an der Rheinischen Friedrich-Wilhelms-Universität Bonn. Er arbeitet als freier Fachjournalist, Referent und Buchautor in den Segmenten moderne (Holzbau-)Architektur, Städtebau, erneuerbare Energien und nachwachsende Rohstoffe.

www.mwl-sapere-aude.com

The Natural Change in Urban Architecture
INVENTED BY RHOMBERG

Über die Cree GmbH
Cree – der Name ist der naturverbundenen Lebensweise der gleich-
namigen Ureinwohner Amerikas entlehnt und steht für Creative
Resource & Energy Efficiency – ist als Teil der renommierten Rhomberg-
Gruppe die logische Konsequenz aus vier Generationen Hochbau-
Erfahrung. Das 2010 gegründete Unternehmen will mit innovativen
Strategien Impuls- und Ideengeber für einen besseren Umgang mit der
Natur sein. Neue Ansätze sollen den Ressourcen- und Energieeinsatz
im Lebenszyklus von Gebäuden vermindern und den Erfordernissen des
Klimawandels Rechnung tragen. Vision ist ein Hybrid-Holzhochhaus
mit bis zu 30 Stockwerken und 100 m Höhe, das einen minimierten
Energie- und Ressourceneinsatz von der Planung bis zum Rückbau
bietet. Mittel zum Zweck ist das LCT (LifeCycle Tower)-System. Mit dem
LCT ONE-Büroturm in Dornbirn und dem Illwerke Zentrum Montafon
in Vandans hat Cree mittlerweile gleich doppelt den Beweis angetreten,
dass das Konzept unter realen Nutzungsbedingungen funktioniert.
Zudem wurde im bayerischen Memmingen ein dreistöckiges Misch-
nutzungsgebäude mit Büros und Penthouse-Apartments in der
Systembauweise errichtet.
www.creebyrhomberg.com

Lektorat: Anke Schild
Projektkoordination: Alexander Felix, Petra Schmid
Herstellung: Amelie Solbrig
Layout, Covergestaltung und Satz: Atelier Landolt / Pfister

Library of Congress Cataloging-in-Publication data
A CIP catalog record for this book has been applied for at the Library
of Congress.

Bibliografische Information der Deutschen Nationalbibliothek
Die Deutsche Nationalbibliothek verzeichnet diese Publikation in der
Deutschen Nationalbibliografie; detaillierte bibliografische Daten
sind im Internet über http://dnb.dnb.de abrufbar.

Dieses Buch ist auch als E-Book (ISBN PDF 978-3-0356-0456-6;
ISBN EPUB 978-3-0356-0461-0) sowie in englischer Sprache erschienen
(ISBN 978-3-0356-0454-2).

© 2016 Birkhäuser Verlag GmbH, Basel
Postfach 44, 4009 Basel, Schweiz
Ein Unternehmen der Walter de Gruyter GmbH, Berlin / Boston

Gedruckt auf säurefreiem Papier, hergestellt aus chlorfrei gebleichtem
Zellstoff. TCF ∞

Printed in Germany

ISBN 978-3-0356-0455-9

9 8 7 6 5 4 3 2 1

www.birkhauser.com